同济大学刑事辩护研究中心精选刑事案例集

二审辩护

同济大学刑事辩护研究中心 编

主　编　周小羊　刘　磊
副主编　方　园　吴正红
支　持　扬子鳄刑辩

同济大学出版社
·上海·

图书在版编目(CIP)数据

二审辩护 / 同济大学刑事辩护研究中心编；周小羊，刘磊主编. -- 上海：同济大学出版社，2025.6.
ISBN 978-7-5765-1603-6

I. D925.210.5

中国国家版本馆CIP数据核字第20258RF392号

同济大学刑事辩护研究中心精选刑事案例集

二审辩护

同济大学刑事辩护研究中心　编

周小羊　刘　磊　主编　　方　园　吴正红　副主编

责任编辑　熊磊丽　　**责任校对**　徐逢乔　　**封面设计**　张　微

出版发行	同济大学出版社　www.tongjipress.com.cn	
	（地址：上海市四平路1239号　邮编：200092　电话：021-65985622）	
经　销	全国各地新华书店、网络书店	
排　版	北京华艺世纪缘科技发展有限公司	
印　刷	江阴市机关印刷服务有限公司	
开　本	710mm×1000mm　1/16	
印　张	21.25	
字　数	337 000	
版　次	2025年6月第1版	
印　次	2025年7月第2次印刷	
书　号	ISBN 978-7-5765-1603-6	
定　价	89.00元	

本书若有印装质量问题，请向本社发行部调换　　版权所有　侵权必究

序 言

欣闻《二审辩护》即将付梓，通读辩护律师的办案经验与心得心语，并欣然为序。众所周知，改革开放以来，中国刑事辩护事业经历了凤凰涅槃般的新生与快速发展。优秀而卓越的律政精英们是中国刑事法治发展的亲历者与见证者。他们通过其自身的法务实践，维护了当事人的合法权益。每一起刑事案件的有效辩护，均有律师们钻研法律、勤奋撰写辩护词以及庭审内外展现辩护技艺的身影。不论是大功告成的二审改判案件，还是二审虽憾犹荣而引发媒体关注的案件，抑或是二审发回重审后检察机关撤诉的案件，刑事辩护律师们兢兢业业的执业精神与专业、职业化的法律素养是其中的关键所在。从当代世界法律文明发展的趋势观察，优秀的律师团体既是形成法律共同体的有机组成部分，亦是法律人积极影响社会的重要方式。对于法学院的莘莘学子们应如何领会"像职业法律人那样思考"，本书亦是最佳的注解参考。

掩卷深思，感慨良多。法治不应当仅仅是抽象玄妙的理论，更包含着深入人心的法治精神、疏而不漏的法律制度、先进深厚的法律文化与充满生机的司法实务。法律人既要关注宏观层面的司法变革，亦要关注中观、微观方面的法治细节，而这些细节往往体现于个案的过程正义与结果正义上。每一个案件的控辩双方的输赢固然重要，但更重要的是司法过程中程序公正与实体公正的实现程度如何。我国虽然是成文法国家，但具体的个案所彰显的具体法治越来越受到社会的广泛关注，在媒体时代与互联网时代的背景下更是如此。

每一次成功的辩护，既是刑辩律师个人执业经验的提升，亦是法律共同体共同维系司法正义的体现。相信本书的出版，定能为中国刑事辩护事业的发展带来裨益，亦为有志于从事刑事法学与刑事辩护研究的法律同道中人提供充实的案例样本。同心同德同舟楫，济人济事济天下。秉承同济校训，相信优秀的刑事辩护律师们，定能与其他法律人及支持法治的有识之士一起推动刑事辩护制度的实践发展。

是为序。

蒋惠岭

同济大学法学院院长

2025年3月23日

目 录

序言

01 当事人认罪认罚的案件何以最终无罪
　　——张某某串通投标案二审发回重审后检察机关撤回起诉 …… 001

02 四次一审四次二审
　　——黄某宁职务侵占案辩护的"八年抗战" ………………… 008

03 刀下留人：故意杀人罪案死刑复核阶段"保命"之辩
　　——一审、二审法院判处黄某某死立执，发回重审后改判死缓 … 020

04 单位犯罪中，实际控制人罪责几许
　　——叶某骗取贷款案二审改判缓刑、撤销巨额追缴 ………… 026

05 谁给被害人致命一击
　　——疑窦丛生的江西省龙南市蓝某和故意伤害案 …………… 034

06 故意杀人还是故意伤害
　　——死缓改判有期十五年案情纪实 …………………………… 045

07 有明显效用的兽药能不能认定为伪劣产品
　　——猫版"药神"案二审改判 ………………………………… 053

08 雪中取火，再铸火为雪
　　——指控W某诈骗罪二审发回重审判决无罪案办案手记 …… 064

09 刑事辩护手记
　　——来自最高人民法院的希望 ………………………………… 075

10 乡音易改案难纠，假枪真罪何时休
　　——阜阳通厕器握把涉枪案重审纪实 ………………………… 082

11 "传言敲诈勒索案"的成功辩护
　　——徐某被控敲诈勒索罪二审发回后刑期"实报实销" ……… 094

12 医院副院长深陷借贷风波
　　——揭秘1 000万元公款流转案背后的改判逻辑 …………… 102

13 受贿罪二审发回重审，终获减轻处罚
　　——李某甲受贿减轻处罚案 …… 108

14 一句话引起法官重视，审计报告被否定
　　——假冒注册商标案二审发回重审，重审得以大幅度改判 …… 120

15 一审领刑十二年　重审撤诉获自由
　　——诈骗罪二审无罪记 …… 124

16 从非法经营罪，到危险作业罪，再到检方撤诉到终无罪 …… 135

17 一场误会被控诈骗　无罪辩护绝处逢生
　　——求职诈骗宣告无罪案辩护手记 …… 140

18 坚持无罪辩护，以刑期"实报实销"告终
　　——合同诈骗案从十年改判四年半 …… 148

19 一起"信访型"寻衅滋事案件的八年无罪之路 …… 158

20 从重刑到"实报实销"
　　——一起冤案的辩护历程 …… 165

21 谜案告破，神秘敲诈犯竟是同窗好友
　　——巨额敲诈精准辩护，原审刑期改判减半 …… 173

22 涉恶两罪并罚被判四年半，二审改判缓刑 …… 183

23 王某污染环境二审改判案 …… 192

24 两年四审
　　——记一起刑事自诉案件的无罪辩护 …… 194

25 认罪认罚案件，上诉后依然发回重审获得改判
　　——裁判文书的大数据陷阱 …… 201

26 民营企业家被控挪用资金1.15亿元
　　——二审未开庭即撤销原判，发回重审，刑期"实报实销" …… 205

27 消失了的"对方男子"
　　——一起撤回起诉的故意伤害案 …… 215

28 历尽艰辛，非法制造枪支案二审成功改判缓刑 …… 222

29 冲动是魔鬼，口角之争酿成惨案
　　——赖某涉嫌故意杀人罪一案 …… 228

30 历经七年七审，少年故意伤害无罪案 …… 235

31 猎狐归案，二审成功改判
　　——打掉"非吸罪"十年刑期降至六年 …………………… 242
32 从三年有期到缓刑
　　——崔某某涉枪案的有效辩护 …………………………… 252
33 一案变更三罪名，他到底犯了什么"罪"
　　——冯某寻衅滋事案两次发回重审纪实 ………………… 256
34 法理结合二审为民营企业减轻罚金 ………………………… 260
35 深挖隐藏在照片中的辩点
　　——被控共同参与诈骗200余万元案二审改判 ………… 269
36 一家三口涉嫌贩毒被判死刑　历经六年辩护改判留命 …… 277
37 语言上的威胁能否构成暴力型抢劫
　　——王某某抢劫案经二审改判诈骗案 …………………… 293
38 改变一审法院对涉案财物数额的虚高认定
　　——吴某涉嫌故意毁坏财物罪二审改判无罪案 ………… 298
39 从三年实刑到缓刑
　　——王某销售伪劣产品罪二审辩护实录 ………………… 304
40 刑法修正案（十一）出台后，职务侵占的数额标准如何认定
　　——职务侵占案二审改判纪实 …………………………… 312
41 历经七载，外籍被告人成功保命 …………………………… 319
42 倒贴成了"诈骗"，史上最倒霉的"诈骗犯"
　　——诈骗案从实刑改判合同诈骗并刑期"实报实销" …… 326

01 当事人认罪认罚的案件何以最终无罪
——张某某串通投标案二审发回重审后检察机关撤回起诉

祸从天降，有冤难言

2019年4月20日，某电器贸易有限公司法定代表人张某某被安徽省某县公安局拘留。根据安徽省某县人民检察院指控，张某某在五个工程项目招标中伙同他人串通投标，五个项目合计中标金额两亿余元。尽管张某某已经签署《认罪认罚具结书》，但其在一审庭审中辩解，案涉招标项目中有两个他只提供了被邀标企业的资料，并不知道是否进行了招标程序。在此基础之上，一审辩护人陈晨律师细究不同项目的背景和具体情况，针对性地提出：对于涉案的新增交控系统项目和文艺中心装饰项目，存在先施工后招标的情况，后补招标材料是政府为完善回购项目拨付财政资金的需要，而不是法律意义上的招标，因此不存在串通投标；而针对G237工程项目，在该项目的招标过程中，张某某既没有实施过串通投标报价的实行行为，也不成立串通投标的帮助犯，综合全案证据张某某不构成串通投标罪。

安徽省某县人民法院审理后认为，公诉机关指控的五起串通投标事实中，有两起是否实际履行了招标程序，事实不清、证据不足，故采纳辩护意见，该部分指控不能成立。但一审法院仍然认为，指控的另三起串通投标事实成立。2021年9月7日，某县人民法院判决被告人张某某犯串通投标罪，判处有期徒刑一年三个月，缓刑一年六个月，并处罚金人民币一百万元。

前路漫漫，坚持才有希望

张某某不服一审判决，委托我依法提起上诉。我在认真研读一审判决书和全案证据材料后，认为一审判决事实认定和法律适用均存在根本性错误，张某某的行为不构成串通投标罪，不应被追究刑事责任。

（一）细分事实，见招拆招

我首先针对一审认定的三起案涉投标项目进行了研判和复盘。

其一，某县新增交控系统项目。一审判决认定，2016年4月，在某县新增交控系统项目招投标过程中，张某某利用江苏某公司、徐州某公司等共三家公司参与投标，向每家公司提供30万元投标保证金和600万元的预交工程拆迁费用，并制作了三家公司的投标报价、标书等材料。最终张某某控制的江苏某公司以2 980万元的报价中标。后该项目追加总金额至3 805万元。该项目建设完毕经验收合格，工程款全部汇入江苏某公司账户。

其二，某县文艺中心装饰项目。一审判决认定，2016年7月，在某县文艺中心装饰项目公开招标过程中，张某某为中标该项目，以承担保证金、费用以及中标公司提取管理费为条件，联系郑州某公司徐州项目部负责人、江苏某公司经营部经理，要求二人安排所在的公司参加投标，并授意二人联系其他公司一起参加投标。后经二人联系，某公司徐州分公司等公司参加投标。其间，张某某为五家公司提供了共计150万元投标保证金，统一制作了该项目的经济标（报价），形成投标文件，然后由上述公司参与投标。最终郑州某公司以1 468万元的价格中标。中标公示期结束后，张某某以郑州某公司的名义缴纳项目招标代理费合计13.32万元。后该项目追加总金额至1 730万元，项目款全部汇入张某某实际控制的银行账户。

一审判决认为，以上两起事实虽然存在先施工后招标的情形，且项目由中标人全额垫资建设，但未经招标垫资施工及招标程序是否规范不能成为串通投标并将串通投标行为合法化的依据，该行为损害了招标人及其他投标人的利益，故应定性为串通投标。针对该两起指控，我认为，一审判决仅从串通投标罪行为要件这个单一角度考察，忽略了对案涉项目招标背景、招标时项目施工和完成情况的全面查明，且忽略了对串通投标罪结果要件的全面分析，由于事实认定不完整，加之对法律条文的理解断章取义，案件被错误定性。

其三，某县 G237 工程项目。一审判决认定，2017 年 8 月 29 日，某县 G237 工程项目对外招标，张某某为中标该项目，找到荣某公司负责人刘某某，要求借用其公司的资质参与该项目的投标，经双方商议，该项目由张某某和荣某公司共同投标。为确保荣某公司中标，刘某某等人先后联系到集某公司、汉某公司等五家公司负责人，要求上述公司参加该项目投标。2017 年 9 月 15 日，荣某公司向五家公司各提供 80 万元投标保证金，同年 9 月 18 日，张某某向荣某公司汇入 160 万元。最终荣某公司以 129 933 万元的报价中标。中标公示期结束后，张某某缴纳了该项目的招标代理费 25.6 万元。项目实际由张某某和荣某公司共同承建。一审判决认为，张某某与荣某公司共同出资为六家投标公司缴纳投标保证金，其行为符合《中华人民共和国招标投标法实施条例》第四十条所列举的串通投标情形，张某某与荣某公司共同施工、受益等事实，足以证明其行为构成串通投标罪。针对该起指控，我认为张某某不是本起事实适格的犯罪主体，其并未参与 G237 工程项目，并且张某某未实施与其他投标人串通报价的行为，一审判决根据《中华人民共和国招标投标法实施条例》第四十条规定推定张某某构成串通投标罪不具有合理性，且混淆了不同法律关系的界限。

（二）辩法析理，精益求精

我于上诉期内接受委托后，深感此案辩护具有难度。一审中，张某某对指控事实不持异议并签署了《认罪认罚具结书》，如上诉中对事实提出异议，可能会导致检察机关的抗诉而使张某某陷入不利境地。一审中，安徽山石律师事务所陈晨律师做了大量的工作，使得案件的争议焦点已经明朗。如何在一审的基础上提出新的意见，争取二审法官的重视和认可，是诉讼中必须面对的，若解决不好，二审辩护效果将大打折扣。为此，我围绕以下四点展开工作。

1. 会商研判，找准角度

在对张某某上诉理由的把握上，我与陈晨律师充分沟通研判要不要对事实部分提出异议。如果提，可能导致司法机关认为当事人反悔认罪，进而可能引起检方抗诉；如果不提，虽可避免当事人陷入不利境地，但二审可能会认为当事人对事实没有异议而不作为审理重点。经过反复权衡，确定了两步走的方案，即在上诉状中对事实部分的异议作淡化处理，避免诉讼对抗升级；同时基于二审全面审查的原则，由我提出事实证据的异议，避免二审不作审理重点。

在评估这一方案的可行性之后，我迅速为张某某起草上诉状，将上诉请求确定为：一审法院对本案的部分关键事实未进一步查明，继而造成对张某某的判决有失客观公正，请求二审法院开庭审理，在查明事实的基础上依法予以改判。上诉内容重点就没收违法所得和投标保证金等表达异议，未触及根本性问题。

随着二审程序的启动，我需要及时向二审法官提交对一审判决的意见，因此进一步厘清案件的争议焦点成为当务之急。在此方面，参与一审辩护的陈晨律师将他的前期工作成果毫无保留地提供给了我，使我在较短的时间内，迅速了解了争议事实对应的证据情况。与此同时，案件当事人张某某也将涉案事实的来龙去脉作了详细介绍，对我存有的疑问逐项予以解释，使得我更深入地掌握了案件事实。在此基础上，确定二审的重点辩护方向是：在事实层面上，案涉第一、二起项目招标背景、招标时项目施工和完成情况的是否查明，有无损害投标人和其他投标人利益的事实；案涉第三起项目，张某某有无串通投标报价的行为。在适法层面上，本案串通投标的形式与实质是否达成内在统一。

2. 聚焦争点，充分论证

厘清争议后，我对案涉事实进行证据分析：在第一、二起招标项目上，着重论述两个项目是政府招商引资项目，由张某某全额垫资实施，在施工完毕后，为完善工程款拨付手续，进行了形式意义而非实质意义的招标；在整个招投标过程中，无证据证明投标人和其他招标人有利益受损的情形。在第三起招标项目上，着重分析现有证据不能证明张某某实施了与他人串通投标报价的行为，也不能证明张某某有教唆或帮助行为，同时结合同案其他被告人在审判阶段移送管辖后，受案单位未追究本起串通投标事实的程序事实，进一步分析论证该起指控证据不足。

政府投资项目在已经施工的情况下招标，实际施工人组织有关公司参与投标的行为，不应评价为串通投标罪；串通投标报价是本罪的行为要件，应当有确实充分的证据加以证明。

3. 多措并举，促成开庭

争取二审开庭审理，在法庭上充分表达辩护观点，是促进改判的重要环节。若不开庭审理，往往意味着二审法官已对案件形成了基本看法。本案基于诉讼策略的考虑，当事人上诉时并未过多地表达对事实证据的异议，若辩护意见不能及时向法官输出并影响其判断，一旦二审采取书面审理，辩护工作将陷入非常被动的局面。为此，我一边联系专家论证，一边准备辩护意见和相关申请文书，并主动对接二审法院，通过提交系列辩护材料，努力影响和促成法官作出开庭审理的决定。

在辩护意见中，我针对一审判决认定事实存在的缺陷作了翔实的证据分析，表达了对案件事实证据的异议。同时一并提交所涉证据编制目录，便于审理法官的查核。在调取证据申请中，我提出第三起串通投标事实中，在审判阶段移送管辖的相关人员，受案机关的处理文书应予调取，若其他办案机关未作犯罪处理，则本案欠缺正当性。同时还申请调取一审庭审录像，以判明一审有无对质证中的异议作出处理。在二审开庭审理申请中，我对案件事实证据的异议逐项列明，提出本案符合法律、司法解释规定的应当开庭审理的情形。这一系列辩护工作的开展获得了预期效果，二审法院于2022年1月27日开庭审理本案，辩护意见得以当庭发表。同时，我对出庭检察员的不同意见予以及时回应，使法庭对案件的事实全貌和争议焦点有了全面的把握。

4. 延伸辩护，论理说法

庭审结束后，我并没有懈怠，而是针对出庭检察员发表的意见，及时提交了庭后补充辩护意见。

出庭检察员认为，第一起串通投标事实因未损害其他投标人利益，故不构成串通投标罪。我尽管赞同该结论，但对其认为"在案证据不能够证明该项目在招投标时已经施工完毕"的观点仍然表达了异议。对第二起串通投标事实，我援引出庭检察员的观点，认为同样存在未损害其他投标人利益的情形，遵循解释逻辑的一致性原则，也不能认定该事实构成犯罪。对第三起串通投标事实，出庭检察员的核心观点是张某某知道荣某公司串通投标，并积极提供了部分投标保证金，故构成串通投标罪。我据此分析提出，检方将张某某作为荣某公司串通投标的帮助犯，但荣某公司及其负责人并未被追诉，根据帮助犯从属正犯的刑法理论，也不应对张某某予以追诉。

该庭后补充辩护意见紧紧围绕出庭检察员的观点逐一反驳，使辩护意见更加立体和完整，我坚信通过正反两个方面的充分说理，能够影响二审法官的判断。

柳暗花明，功夫不负有心人

2022年3月3日，二审法院以原判事实不清、证据不足为由，裁定撤销原判、发回重审。某县人民法院另行组成合议庭审理本案期间，某县人民检察院以事实不清、证据不足为由，决定对张某某等四人全部撤回起诉。某县人民法院于2022年7月27日裁定准许撤回起诉。至此，该案以实质无罪画上句号。

回顾反思，尽心尽责铸功成

（一）诉讼程序周折越多，往往蕴含的辩护空间越大

一般而言，一审判决有罪的案件，若想二审改判，现实中难度很大，这也是我接受委托时的顾虑。但本案在审查起诉阶段两次退查、两次延长审查期限，审判阶段又两次延期补充侦查，提起公诉同案被告人中有五人被撤回起诉，二人被移送管辖，这一颇多周折的诉讼过程背后，必然是司法机关对案件存在认识分歧。虽然检察机关退查提纲不再入卷，辩护人不清楚检察机关希望查清什么，但多次补查说明案件的事实证据必有问题，这恰恰是辩护的空间所在，正式介入案件后，辩护人的这一判断得到了印证。

（二）通力协作是有效辩护的助推器

尽职尽责地维护委托人的合法利益是律师基本的职业道德。二审阶段我和陈晨律师共同接受当事人委托后，参与一审辩护的陈晨律师为辩护人提供了无私的帮助。本案的侦查卷有八卷，一审审判正卷有九卷，基于串通投标的证据特点，案卷材料中有大量的书证，这些书证对应的案件事实

均需要通过言词证据加以解释和联结。从头梳理不仅耗时，而且一时半会难以抓住要领，从时效上难以保证辩护效果。陈晨律师将前期工作成果毫无保留地提供给我，同时与我一起分析研判一审中相关辩护意见未采纳的原因，从而找准症结，对症下药。双方的通力协作才助推本案取得良好辩护效果。

（三）变被动为主动，将辩护工作向庭前和庭后延伸

由于二审阶段是否开庭审理存在不确定性，如果消极等待，极有可能陷入被动。因此，案件到达二审法院后，我主动与主审法官对接，在口头表达初步意见后，又陆续在庭前提交了书面辩护意见、相关申请文书、专家论证意见等，并约见主审法官当面沟通，从而让法官知晓一审判决存在的问题，以促成二审开庭审理。庭审结束后，又在当庭回应出庭检察员意见的基础上，系统性地整理出书面补充意见，使辩护观点得以完整地呈现并有案可查。辩护律师的主阵地虽在法庭审理，但庭前、庭后的辩护延伸，对增加说服效果大有裨益。

（四）在证据不变的前提下讲述不同于判决认定的事实

本案一审认定的事实并不全面，或者说只截取了对当事人不利的部分。对我而言，运用证据、分析证据，讲清事实全貌，消除片面认定带来的影响，是基础性的辩护工作。为此，我围绕涉案投标项目有没有施工完毕和是否具备招标条件、串通投标报价有没有证据证明、招标人和其他投标人的利益有没有受损等核心事实作了翔实的证据分析，使二审法官注意到原审查明的事实存在问题，同时也为法律适用的论证作了铺垫。

承办律师

奚玮，西北政法大学法学硕士、中国政法大学法学博士、北京师范大学刑事法律科学研究院博士后。现为北京盈科（芜湖）律师事务所名誉主任暨刑事辩护中心主任，中国刑事诉讼法学研究会理事，安徽省律协刑事法律专业委员会副主任，安徽师范大学法学院教授、博士生导师。

02 四次一审四次二审
——黄某宁职务侵占案辩护的"八年抗战"

2023年12月5日,黄某宁辩护人仲若辛收到湖北省孝感市中级人民法院刑事裁定书。裁定书驳回黄某宁上诉,维持原判。

此前,黄某宁涉嫌职务侵占、非国家工作人员受贿案历经一审、二审,发回重审后的一审、二审,再审后的一审、二审,再审后发回重审的一审、二审。总共四次一审、四次二审,让黄某宁经历了非同寻常的八年诉讼。根据生效判决,黄某宁的七年六个月的刑期于2024年1月23日结束。这意味着黄某宁终于走出了看守所,可以回家陪父母过年。

通缉令背后的大案

黄某宁系湖北某科技股份有限公司(以下简称HW公司)股东、总经理。2014年3月3日,该公司法定代表人李某的女儿李某甲(公司董事)到孝感市公安局报案称:黄某宁任HW公司总经理期间,虚开增值税专用发票、侵占公司财产并涉嫌商业贿赂。

2014年4月22日,孝感市公安局对黄某宁以涉嫌职务侵占罪立案侦查;同年8月13日,孝感市人民检察院对黄某宁以涉嫌职务侵占罪做出批捕决定,此时黄某宁因办理儿子上学事宜而身在加拿大。

2014年12月1日,公安部将黄某宁列为重点追逃对象,并通过国际刑警组织发布通缉令,对其进行全球通缉;2015年4月15日,孝感市公安局以黄某宁涉嫌非国家工作人员受贿罪立案侦查。

警方承诺：不采取强制措施

2015年8月17日，孝感市公安局发布《致黄某宁的一封信》。信中说："我们了解到你是在案发以前出国办理儿子（上学）事宜，并不是被公安机关通缉而潜逃出国，而是被通缉后滞留在国外而不能入境。"信中要求黄某宁回国配合调查，主动说明情况，并提到，前一年孝感警方在境外成功劝返和抓获经济犯罪嫌疑人9人，劝返的人员全部没有采取限制人身自由的刑事强制措施，现已得到从宽处理。

在信的末尾，孝感警方还写道："我们向你郑重承诺，只要你回国投案自首，保证对你不采取限制人身自由的刑事强制措施。"

2015年12月24日，黄某宁从美国洛杉矶搭乘南航航班抵达广州白云机场，主动回国配合案件调查。

从合作伙伴到兄弟反目

HW公司成立于2004年10月14日，经营范围为电气设备、电子设备等。安排报案的李某，为该公司法定代表人、董事长，被通缉的黄某宁为该公司总经理、董事。公司经营由李某总负责，黄某宁负责技术研发。

HW公司成立之初，有5个自然人股东，李某、黄某宁两人均为大股东。后经多次股权变更，两人依然是大股东，股权比例分别为李某43.3%、黄某宁26.81%。

HW公司年产值上亿元，经营状况良好。公司逐步做大后，董事长李某将公司大部分资金用于新建厂房，黄某宁认为没有建房的必要，双方在公司经营理念方面产生分歧。2013年初，公司因经营策略失误流失一个重要客户，此事成为双方反目的导火索，李某认为这是黄某宁个人原因造成的，二人因此陷入信任危机。

2013年5月28日，李某下发董事会决议，要求黄某宁将其2011年到2012年的工资和奖金退回公司，称这是违法所得。黄某宁要求查账，但遭到李某拒绝。在此情况下，黄某宁觉得双方失去合作基础，遂于

2013年6月18日向李某提交辞职申请书，交接完所有公司财物后离开HW公司。

2014年3月，李某安排工作人员到孝感警方报案，称黄某宁涉嫌职务犯罪。黄某宁家人认为，醉翁之意不在酒，李某报案并非为了追究其刑事责任，其真实目的在于利用刑事手段压制争夺其股权。

2014年7月18日，李某以HW公司名义在孝感市中级人民法院对黄某宁提起民事诉讼，要求黄某宁赔偿因其离职给公司造成的损失3 000余万元，包括："因没有产品技术及工艺资料，LNC公司的8份订单无法生产，造成9 119 883.15元的损失；因产品得不到后续的技术支持，LNC公司退货6票，丢失4票货物，造成公司经济损失499 832.182元；2013年7—12月停产，造成经营性损失3 842 500元；原告辞退43名职工支付的经济补偿金207 900元；停产期间支付的人员工资1 986 001.1元，社保费用394 089.53元；公司为支付银行贷款请求关联公司向外借款支付的利息352万元。"

黄某宁家属认为，李某说的所谓损失，在法律上不具有合理性，与黄某宁离职不具有因果关系，所以难获法院判决支持。李某对这一点其实心知肚明，他要的不是判决，而是利用刑事手段压制黄某宁，逼其调解。

黄某宁在收到公安机关的来信之后，于2015年12月24日从加拿大回国。第二天晚上，在孝感一宾馆，黄某宁被孝感警方要求签署李某事先准备好的调解协议书，协议书的内容为："黄某宁自愿将其持有的HW公司26.81%股权作价1 000万元转让给李某，1 000万元由李某直接支付给HW公司，作为黄某宁对公司的赔偿"。调解协议书注明："交孝感市公安局一份。"

这份协议书显示的签署日期为12月20日，而此时黄某宁身在国外。协议书的日期为何倒签？黄某宁家属认为，其意在掩盖黄某宁被警方人身控制情况下被迫签订调解协议的事实。

半年后的2016年6月16日，孝感市中级人民法院出具了具有法律效力的《民事调解书》，黄某宁将其HW公司的股权悉数无偿转给了李某。至此，李某大功告成。黄某宁家属的猜测得到印证。

第一次一审：判处有期徒刑十三年

但黄某宁被迫放弃全部公司股权，并未换来人身自由。孝感警方也似乎忘记了他们不对黄某宁采取"限制人身自由的刑事强制措施"的承诺。调解协议书签订后，黄某宁取保候审，但在之后的2016年7月27日被孝感市公安局逮捕。接着，黄某宁身陷囹圄八年，迎来八年的曲折诉讼历程。

2017年4月13日，孝感市孝南区人民法院对孝感市孝南区人民检察院指控黄某宁犯职务侵占罪、非国家工作人员受贿罪一案作出刑事判决，认定黄某宁犯职务侵占罪，判处有期徒刑八年，并处没收财产人民币100万元；犯非国家工作人员受贿罪，判处有期徒刑八年，决定执行有期徒刑十三年，并处没收财产人民币200万元。

警方不兑现之前"不采取限制人身自由的刑事强制措施"的"郑重承诺"；诉讼中途，李某又出尔反尔撤回谅解书。十三年有期徒刑，加上1800余万元的财产刑，这样的判决结果，让黄某宁感觉上当了。

一审判决认为，被害单位HW公司虽于2016年6月24日对黄某宁出具了谅解书，但黄某宁至今未履行谅解书规定的义务，依法不予从轻处罚。对此说法，黄某宁予以驳斥：其公司股份已经按照调解协议的约定过户给李某，全部义务已经履行完毕，何来"至今未履行谅解书规定的义务"？

黄某宁不服该判决，认为自己无罪，提出上诉。仲若辛律师介入二审辩护。

二审不开庭，被迫网络公开

2017年5月，二审辩护人仲若辛到孝感中级人民法院阅卷。主审法官明确告知，本案采取书面审理不开庭，要求辩护人尽快提交辩护词。辩护人阅卷后认为，本案是一个地地道道的冤案，因此，向法庭提出了书面的要求开庭的申请、调取证据申请、司法鉴定申请，接着又提供了大量装订成册的书证材料。主审法官虽然多次打电话催促辩护人提交辩护词，但被辩护人拒绝。在这个过程中,主审法官从未向辩护人告知二审合议庭组成人员,从未告知申请回避的权利。

《中华人民共和国刑事诉讼法》(以下简称刑事诉讼法)规定,被告人对第一审认定的事实、证据提出异议,可能影响定罪量刑的上诉案件,应当组成合议庭,开庭审理。而本案中,黄某宁对一审认定的事实、证据均提出异议,这些异议涉及本案关于有罪、无罪的重要判断;黄某宁及辩护人在二审期间申请法庭收集、调取大量证明其无罪的证据,应由法庭安排收集、调取,并经当庭质证。孝感市中级人民法院宁愿书面审理而不依法公开开庭审理,着实令人费解。

2017年8月,主审法官再次给辩护人打电话要辩护词。辩护人回复已经申请开庭,而且依照刑事诉讼法规定,本案应当开庭审理,在法院决定是否开庭之前,提交辩护词显然是不够规范的。主审法官说:"开庭不开庭,我说了也不算。"

为了防止二审不开庭而迅速维持原判,辩护人被迫在网上公开案情,以期引起湖北司法机关的关注。2017年9月初,《通缉令背后的大案》在微信公众号上发表,引起湖北司法机关的重视,三日后,孝感市中级人民法院裁定将本案发回重审。

第二次一审:改判有期徒刑十一年三个月

发回重审后的开庭审理期间,黄某宁继续坚持无罪意见,辩护人仲若辛继续为其做无罪辩护。

2018年4月24日,孝感市孝南区人民法院第二次作出一审判决,认定黄某宁犯职务侵占罪,判处有期徒刑七年三个月,并处没收财产人民币100万元;犯非国家工作人员受贿罪,判处有期徒刑七年,并处没收财产人民币100万元,决定执行有期徒刑十一年三个月,并处没收财产人民币200万元。

虽然比第一次判决的刑期少了近两年,但黄某宁再次上诉。孝感市中级人民法院于2018年6月11日作出刑事裁定,驳回上诉,维持原判。

第三次一审：异地审判 改判有期徒刑七年六个月

孝感市中级人民法院的二审裁定发生法律效力后，黄某宁被送到湖北某监狱服刑。其父黄某良不服判决，以原裁判事实不清、证据不足，黄某宁应当无罪为由，向孝感市中级人民法院提出申诉。孝感市中级人民法院经审查认为，其父的申诉理由符合法律规定的应当重新审判的情形，遂于2019年6月5日作出再审决定。2020年12月16日，该院以事实不清、证据不足为由，裁定撤销原判，发回孝感市孝南区人民法院重审。

因黄某宁案已经过孝感市孝南区人民法院的两次一审，黄某宁及其父母对该院的两次裁判结果均不服，故请求孝南区人民法院回避，将本案移送至其他法院审理。

经孝感市孝南区人民法院请示，孝感市中级人民法院于2021年1月11日指定孝感市下辖的汉川市人民法院依照刑事第一审程序审理本案。

由此，黄某宁迎来了第三次一审。

2021年11月9日，黄某宁涉嫌职务侵占、非国家工作人员受贿罪一案由汉川市人民法院在孝感市孝南区人民法院审判庭公开开庭审理。庭审中，黄某宁对公诉机关指控的犯罪事实及罪名均提出异议。辩护人仲若辛当庭发表意见认为，本案起诉书指控的事实不清、证据不足，应当改判黄某宁无罪。原审裁判依据虚假证人证言定罪，造成错判，且认定职务侵占罪的款项来源和去向均属事实不清、证据不足；辩方提供的证据足以证明职务侵占罪和非国家工作人员受贿罪不能成立。

2021年12月13日，汉川市人民法院经审理后作出第三次一审判决，认定黄某宁犯职务侵占罪，判处有期徒刑七年三个月，并处没收财产人民币100万元；犯非国家工作人员受贿罪，判处有期徒刑六个月，决定执行有期徒刑七年六个月，并处没收财产人民币100万元。

黄某宁不服该判决，再次提出上诉。这是本案的第三次上诉。

新增三项罪名立案侦查　律师做无罪辩护

黄某宁案再审的二审期间,其父母多次向孝感市公安局控告 HW 公司董事长、法定代表人李某私设"小金库"虚开增值税专用发票、以借款形式挪用公款 1 779 万元、侵占 HW 公司财政拨款 680 万元等涉嫌六个方面的犯罪。

孝感市公安局于 2021 年 10 月 15 日对 HW 公司及李某、黄某宁涉嫌虚开增值税专用发票罪、挪用资金罪和职务侵占罪进行立案侦查,后以 HW 公司及李某、黄某宁涉嫌虚开增值税专用发票罪、虚开发票罪和挪用资金罪三项罪名移交孝感市人民检察院审查起诉。孝感市人民检察院指定汉川市人民检察院对本案审查起诉。

三项新增罪名审查起诉期间,黄某宁的辩护人仲若辛向汉川市人民检察院提出,侦查机关认定黄某宁涉嫌虚开增值税专用发票、虚开发票和挪用资金罪的犯罪事实不清、证据不足,三项新增罪名依法均不能成立。该无罪辩护意见获汉川市人民检察院采纳。

汉川市人民检察院经审查认为,黄某宁的行为依法不构成虚开增值税专用发票、虚开发票和挪用资金罪,但是根据侦查的情况将 HW 公司、李某、黄某宁以涉嫌非法购买增值税专用发票罪起诉至汉川市人民法院。起诉书认定,2010 年 12 月至 2013 年 6 月间,HW 公司及其主要负责人李某、直接责任人黄某宁为了虚增公司业绩,通过支付开票费用等,向其他公司购买虚开的增值税专用发票、增值税普通发票、建筑发票、运输发票等,以虚增资产,虚增成本费用。起诉书认为,被告单位 HW 公司违反增值税专用发票管理规定,非法购买增值税专用发票,被告人李某作为直接负责的主管人员,被告人黄某宁作为直接责任人员,其行为均触犯了《中华人民共和国刑法》第二百零八条、第二百一十一条,应当以非法购买增值税专用发票罪追究刑事责任。

2023 年 5 月,经与检察机关协商,黄某宁自愿签署《认罪认罚具结书》,对其涉嫌非法购买增值税专用发票的罪名以及量刑七个月有期徒刑的检方建议予以认可。

第四次一审：仍判有期徒刑七年六个月

2023年5月10日，孝感市中级人民法院以原判认定部分事实不清为由，裁定撤销原判，再次将黄某宁涉嫌职务侵占、非国家工作人员受贿罪一案发回汉川市人民法院重审。根据《中华人民共和国刑事诉讼法》规定，本次重审与新增的非法购买增值税专用发票案合并审理。

2023年7月4日，本案在汉川市人民法院公开开庭审理。和之前多次开庭不同的是，本案的第四次一审开庭，HW公司也被以非法购买增值税专用发票罪起诉（单位犯罪），公司法人代表李某也出现在被告人席，接受审判。此前的2020年12月30日，湖北孝感当地法院根据有关公司的申请，裁定受理HW公司破产清算一案，并于2021年1月6日指定了清算组管理人。这个曾经年产上亿元、辉煌一时的HW公司，已处于破产边缘。

2023年9月7日，汉川市人民法院作出一审判决，以非法购买增值税专用发票罪，分别判处HW公司罚金3万元，李某拘役5个月缓刑6个月、罚金2万元，黄某宁拘役4个月、罚金2万元。加上之前的职务侵占罪、非国家工作人员受贿罪，数罪并罚，黄某宁仍被判处有期徒刑七年六个月，刑期至2024年1月23日止。

对汉川市人民法院的上述一审判决，黄某宁再次提出上诉。

由此，黄某宁案进入第四次二审。

二审期间，主审法官决定不开庭审理，辩护人当面向主审法官阐述辩护意见，并提交书面意见。

2023年12月5日，孝感市中级人民法院作出二审裁定，驳回上诉，维持原判。

至此，黄某宁涉嫌职务侵占、非国家工作人员受贿案历经孝感当地法院的四次一审和四次二审，终于告一段落，距黄某宁被逮捕羁押的时间已近八年。

办案人员的投诉与我的答辩

在黄某宁案辩护过程中，辩护人一边辩护，一边对办案人员的违法行为进行控告，同时通过网络公开。2023 年 7 月，HW 公司法人代表李某投诉辩护人。投诉称，辩护人"涉嫌以不正当方式影响依法办理案件行为及不正当竞争行为"。南京市律师协会就此立案调查。

对于李某的恶意投诉，仲若辛律师向南京市律师协会提出答辩如下：

投诉人李某系湖北孝感人，HW 公司法定代表人。在本人辩护的 HW 公司总经理黄某宁被控职务侵占罪一案中，李某是我多年来一直坚持不懈控告的对象。

自 2017 年 5 月份以来，我通过多种途径控告李某涉嫌经济犯罪，控告其利用与当地公安机关的不正当关系，以刑事手段介入其和黄某宁之间的经济纠纷。

《通缉令背后的大案》写于 2017 年 5 月，文章所述均为事实。文章发表多年以来的案件走向也证明，文章所述属实。简述如下：

第一，黄某宁案从我 2017 年介入二审时起，经历了发回重审的一审、二审。然后因为我和黄某宁的坚持不懈的控告申诉，案件进入再审，之后又经历了发回重审一审，二审，目前案件又被发回重审，正在一审审理过程中，尚未宣判。湖北孝感两级法院不断改判的过程足以说明，黄某宁案件确实是个错案。

第二，因为我和黄某宁家属的不断控告，李某最终被追究刑事责任。其被孝感市下辖的汉川市人民检察院指控经济犯罪，目前已经开庭结束，尚未宣判。以上足以说明，李某是涉嫌犯罪的，我的坚持控告是正确的。

第三，孝感市公安局 2015 年 8 月 17 日发出的《致黄某宁的一封信》，所附联系人徐某炳，当时为孝感市公安局党委委员、副局长。多年来我一直在控告其违法办案，以刑事手段介入经济纠纷，涉嫌违法犯罪。2021 年 10 月，时任孝感市公安局党委委员、副局长徐某炳涉嫌严重违纪和职务违法，接受孝感市纪委监委纪律审查和监察调查，并被采取留置措施。2022 年 4 月，徐某炳被开除党籍、开除公职，涉嫌犯罪问题被移送检察机关依法审查起诉。2023 年 2 月 28 日，湖北省纪委监委对原孝感市公安局党委委员、副局长徐某炳违规接受私营企业主宴请，为其"站台背书"等问题进行通报。以上足以说明，主导黄某宁案办理的孝感市公安局副局长徐某炳是个犯罪分子。

六年以来，我一直在坚持控告李某及非法办案的孝感公安机关。事实证明，我的控告是正确的。近八年来，黄某宁一直处于羁押状态。作为黄某宁的辩护人，我认为自己不仅有为其洗清冤屈的责任，也有对违法犯罪行为进行举报控告的责任。不这样做，就对不住一个法律人的良知。

即便不是一名律师，作为一名普通公民也有对违法犯罪行为进行控告的权利。《中华人民共和国宪法》第四十一条规定，中华人民共和国公民对于任何国家机关和国家工作人员，有提出批评和建议的权利；对于任何国家机关和国家工作人员的违法失职行为，有向有关国家机关提出申诉、控告或者检举的权利，但是不得捏造或者歪曲事实进行诬告陷害。对于公民的申诉、控告或者检举，有关国家机关必须查清事实，负责处理。任何人不得压制和打击报复。

《中华人民共和国刑事诉讼法》第八十四条规定，对于有下列情形的人，任何公民都可以立即扭送公安机关、人民检察院或者人民法院处理：（一）正在实行犯罪或者在犯罪后即时被发觉的。

对照宪法、法律条文，我觉得这些年我做得还很不够，辩护工作和控告举报工作还有一些不足。尤其是只坚持控告，而未能有勇气把违法犯罪分子直接扭送司法机关。

"宜将剩勇追穷寇，不可沽名学霸王。"我争取在以后的工作中，鼓足干劲，练好身体，该出手时就出手，力争把犯罪分子直接扭送司法机关，这样既有利于社会、有利于人民、有利于维护公平正义，也可以让那些犯罪分子失去反扑好人的能力和机会。

综上，李某对我的投诉，实际上是对我多年控告其犯罪的打击报复，请律协领导明鉴。

南京律师协会经调查后认为，现有证据不足以证明仲若辛律师存在投诉所称违规行为，投诉不成立，并于2023年12月将该结果告知投诉人李某。

尾声：案结事未了

2013 年黄某宁从 HW 公司离职时，HW 公司聘请的会计师事务所对其进行了长达半年的离职审计，结果是黄某宁没有任何经济问题。孝感市公安局劝说黄某宁回国时，承诺不采取限制人身自由的强制措施。黄某宁出于对自己清白的确信以及对司法公正的期待，于 2015 年 12 月 24 日回国配合公安机关调查。但刚一归国就被孝感警方控制在宾馆，被警方召集与 HW 公司律师商谈所谓调解协议书，被迫放弃公司股权，签署 HW 公司出具所谓的谅解书。调解协议书中甚至还公然写道："协议书一式四份，原被告双方各持一份，交孝感市中级人民法院一份，交孝感市公安局一份"。孝感警方违法介入经济纠纷，一目了然。

李某等人借用警方要挟，通过起诉的方式向黄某宁追偿毫无法律根据的所谓巨额损失。黄某宁被迫在孝感市中级人民法院签订《民事调解书》，将其在 HW 公司的股权全部无偿划归李某。就这样，惧于警方的威胁逼迫，黄某宁将上亿元资产无偿拱手相让。黄某宁原本以为可以借此彻底了结与李某的个人恩怨，孰料黄某宁一签署完调解书，就被检察院批捕。HW 公司也随即撤回其谅解书。孝感司法机关本应信守承诺，立即释放黄某宁，以维护司法机关的信誉，但黄某宁已被羁押七年有余，法院还判处其没收财产 100 万元，退赔所谓非法所得 100 多万元。黄某宁一家人可谓是人财两空。

本案值得各位法律人深思。

承办律师

仲若辛，毕业于华东政法学院、南京大学法学院，获法学学士、法律硕士学位。1994 年起从事律师工作，拥有 30 年刑事辩护经验。北京观韬中茂（南京）律师事务所高级合伙人、观韬（全国）刑民交叉法律研究中心主任、刑事辩护业务委员会副主任，江苏省律师协会刑事委员会委员（第九届），南京市律师协会刑事委员会副主任（第七届）、刑事法律风险防控委员会副主任（第八届），南京师范大学法学院客座教授，河海大学法学院实务导师，南京财经大学法学院法律硕士行业导师。荣获"南京市优秀刑事辩护律师"称号，多个无罪辩护成功案例入选江苏省律师协会《江苏省典型刑事案例汇编》、南京市律师协会《金陵律师无罪辩护案例精选》《扬子鳄刑辩精选刑事案例集——无罪辩护》等。

03 刀下留人：故意杀人罪案死刑复核阶段"保命"之辩

——一审、二审法院判处黄某某死立执，发回重审后改判死缓

一个炸炮毁掉了两个家庭

1991年的一个晚上，黄某某与自己的朋友喝完酒回家途中，经过吴某某家门口，看到吴某某和朋友黄某1、黄某2在家里一起喝酒。在这个充满酒精的夜晚，黄某某没有像往常一样直接回家休息，而是进屋和他们一起畅饮。然而，这个看似平常的聚会上，一场暴力事件正在悄然酝酿。其间，黄某某与黄某1、黄某2两人发生了一些争执，随着矛盾的逐渐激化，争吵演变成一场肢体冲突，黄某1和黄某2追打黄某某并将其按倒在地。黄某1和黄某2二人为兄弟关系。在吴某某的极力制止下，黄某某挣脱后逃走。随后黄某某前往同村村民家附近的猪栏处，取出自己原先藏匿于此的两枚炸炮，心里想着要对黄某1、黄某2实施报复。取出炸炮后，黄某某返回吴某某家，见大门关着，便开始踢门。陈某某（吴某某妻子）听到踢门声后背着孩子前来开门，就在大门打开的一瞬间，黄某某手中的一枚炸炮当即在门内炸响。这到底是黄某某脱手所致，还是黄某某故意投掷，难以说得清楚，但黄某某随即逃离现场。黄某某手中的炸炮刚好扔到了陈某某身上，陈某某被炸炮击中胸部当场死亡。案发后，黄某某畏罪潜逃到省外藏匿起来，再也不敢和亲戚朋友有任何联系，隐姓埋名躲躲藏藏心惊胆战地生活了27年。

法网恢恢，疏而不漏，潜逃27年之久的黄某某于2018年被公安机关抓获。2019年一审法院判处被告人死刑立即执行；被告人不服上诉，二审维持原判，并报送最高人民法院进行死刑复核。

死刑复核辩护是免死的最后一道屏障

一审判决黄某某死刑立即执行，黄某某的家属带着渺茫希望求助律师。龚振中律师、黄露仪律师接受委托担任黄某某涉嫌故意杀人罪一案的二审的辩护人，全力以赴辩护，但二审判决仍是维持原判。虽然二审判决没有改判，但是黄某某的家属经过全程见证了两名律师二审阶段的辩护工作，基于对两名律师的信任和肯定，又继续委托两名律师作为黄某某死刑复核阶段的辩护人，依法为其辩护。死刑复核是人民法院依法对案件是否核准死刑的一项重要程序，关系到被告人的生命和社会公平正义，也是保证死刑案件质量的最后一道屏障。

辩护律师参与死刑复核阶段工作，是保障被告人合法权益的重要环节，也是我国法律规定的辩护律师在刑事诉讼中的职责之一。

为全面深入了解案情，在接受委托后，两名律师详细查阅该案一审、二审阶段的全部案卷材料，认真反复研究一审和二审判决书和全案证据，并依法多次会见了黄某某。辩护人更加全面地了解和掌握了该案的案件情况和证据材料。辩护人检索大量案例作为参考，并多次实地走访案发现场。龚律师、黄律师与当事人家属全力沟通，致力于获得被害人家属的书面谅解，不放弃任何会见当事人、和家属沟通、和最高人民法院法官沟通的机会。自案件移送最高人民法院，龚律师、黄律师和最高人民法院保持充分沟通，及时表达辩护意见和调解进展。根据案情、证据及法律规定，在全面分析、认真研究全案材料的基础上，两名律师与法官就案件事实和证据材料进行了交流和辩论，并为黄某某发表了不应当核准死刑立即执行的辩护意见。

面对一审和二审法院都以黄某某犯故意杀人罪判处死刑立即执行这一残酷的事实，在最高人民法院对死刑复核过程中，只有通过被告人及其家属对受害者的家人进行全面的补偿，并且得到受害者家属的谅解，才能够有所转机。二审开庭的时候，经过审判长的调解，被告人与被害人家属一方并未达成和解协议，但是辩护律师并没有就此放弃。龚律师、黄律师多次与被害人家属联系，并积极组织双方和解，对被害人家属表达黄某某真诚的歉意。最后，经调解，被告人及家人对被害人所受经济损失进行了全面的补偿，并取得了被害人家属出具的书面谅解书。辩护律师当即向最高人民法院递交了有关资料。最高人民法院死刑复核主审法官亦前往案件发生地，与当事人的家人沟通，确认了案件情况和谅解的真实性。最后，经辩护人和主审法官的调解，终于为案件的被告人争取到一丝生机。

最高人民法院复核后，裁定不予核准二审法院维持原判以故意杀人罪判处黄某某死刑的判决；经审查认为，量刑不当，裁定撤销原判、发回重审。案件发回重审后，黄某某委托龚律师与黄律师继续为其辩护，辩护律师捕捉本案的焦点问题，充分结合本案的量刑情节，经充分的辩护工作后，法院采纳律师建议，黄某某被判处死刑缓期二年执行，至此，案件最终迎来了刀下留人、成功保命的再二审结果。

保 命 之 辩

龚律师、黄律师在辩护过程中展现出了专业严谨的工作态度，认真研究案件材料，严格把关案件证据，深入挖掘有利情节，认真分析法律法规，为生命辩护。以下是辩护要点：

1. 本案属于一起涉及农村农民犯罪案件，法院在审判此案时应充分考虑我国当前处理农村农民犯罪中的有关宽严相济的刑事政策，谨慎定罪量刑

最高人民法院于1999年10月27日印发的《全国法院维护农村稳定刑事审判工作座谈会纪要》明确指出，涉及农村中犯罪案件、农民犯罪案件的审判工作，直接关系到党在农村工作中的方针、政策能否得到贯彻落实。正确处理好这类案件，不仅仅是审判工作的问题，而且是一个严肃的政治问题。

最高人民法院在《在审理故意杀人、伤害及黑社会性质组织犯罪案件中切实贯彻宽严相济刑事政策》中明确指出，注重法律效果与社会效果的统一。严格依法办案，确保良好法律效果的同时，还应当充分考虑案件的

处理是否有利于赢得人民群众的支持和社会稳定，是否有利于瓦解犯罪、化解矛盾，是否有利于罪犯的教育改造和回归社会，是否有利于减少社会对抗，促进社会和谐，争取更好的社会效果。

实践中，故意杀人、伤害案件从性质上通常可分为两类：一类是严重危害社会治安、严重影响人民群众安全感的案件，如极端仇视国家和社会，以不特定人为行凶对象的；一类是因婚姻家庭、邻里纠纷等民间矛盾激化引发的案件。对于前者应当作为严惩的重点，依法判处被告人重刑直至判处死刑。对于后者处理时应注意体现从严的精神，在判处重刑尤其是适用死刑时应特别慎重，除犯罪情节特别恶劣、犯罪后果特别严重、人身危险性极大的被告人外，一般不应当判处死刑。

2. 充分考虑各种犯罪情节、主观恶性和人身危险性

（1）犯罪情节包括犯罪的动机、手段、对象、场所及造成的后果等，不同的犯罪情节反映不同的社会危害性。从本案的犯罪起因看，系被害人丈夫邀请黄某某到家中饮酒，其间被害人丈夫的朋友与黄某某发生争吵，并将其打倒在地。黄某某持炸炮回到被害人家中只是出于要吓唬打他的人，出一口气的目的，并非想置其于死地。

从双方平时关系看，被告人与被害人平时关系一直很好，没有矛盾。因此，被告人并不具备非要致被害人于死地不可，以达到杀人目的的犯罪动机，被告人只是想吓唬一下在被害人家中做客的打伤他的人，无意中误伤了被害人。从被告人使用的犯罪工具看，作案工具炸炮并不是事先准备好的，而是被告人被他人打倒在地后想到之前猪栏里放有两枚炸炮可以吓唬下打他的人，这两枚炸炮是黄某某的朋友很久之前给其玩耍的。犯罪后果也可以分为一般、严重和特别严重几档。在实际中一般认为故意杀人、故意伤害一人死亡的为后果严重，致二人以上死亡的为犯罪后果特别严重。本案中，被告人的犯罪行为致被害人一人死亡，犯罪后果严重。根据严格控制和慎重适用死刑的政策，坚持统一的死刑适用标准，确保死刑只适用于极少数罪行极其严重的犯罪分子。

（2）《在审理故意杀人、伤害及黑社会性质组织犯罪案件中切实贯彻宽严相济刑事政策》的第十条、第十六条明确了被告人的主观恶性和人身危险性是从严和从宽的重要依据，在适用刑罚时必须充分考虑。

从主观恶性看，主观恶性是被告人对自己行为及社会危害性所抱的心

理态度，在一定程度上反映了被告人的改造可能性。一般来说，经过精心策划的、有长时间计划的杀人、伤害，显示被告人的主观恶性深；激情犯罪，临时起意的犯罪，因被害人的过错行为引发的犯罪，显示的主观恶性较小。对主观恶性深的被告人要从严惩处，主观恶性较小的被告人则可考虑适用较轻的刑罚。本案中，被告人黄某某酒后因被人打倒在地，一时气愤，在不清醒的状态下临时起意拿炸炮吓唬他人，并非蓄意谋划，可见其主观恶性较小。从人身危险性来看，黄某某平时表现较好，激情犯罪，系初犯、偶犯。

基于以上理由，在案件的起因和过程中，被告人在主观上只存在伤害被害人身体的犯罪故意，但并不存在杀人动机和目的，因此，本案宜定性为故意伤害（致死）罪，而不宜以故意杀人定罪量刑。

3. 关于对本案的定罪量刑的建议

（1）被告人事后积极赔偿被害人家属，有明显悔罪表现。被告人的家属在案发不久后已经赔偿被害人家属4 000元，且在二审中愿意与被害人家属继续协商赔偿事宜，且最后全部赔偿被害人家属并取得被害人家属出具的谅解书。

（2）被告人自愿认罪悔罪，主观恶性和社会危害性较小。

综上，恳请法院处理本案时，在遵循罪刑法定和罪刑相适应原则的同时，充分考虑本案的上述事实和情节，根据被告人行为的主观动机、社会危害性及其家庭所面临的实际困难，本着教育为主的原则，给被告人一条悔过自新的出路，建议法庭对被告人判处死刑缓期执行。

辩护的不是一个案子，而是一个人的生命

随着重审判决的作出，黄某某涉嫌故意杀人罪一案总算尘埃落定，历经一审、二审、死刑复核、发回重审，在龚律师、黄律师的努力下，终于争取到了由死刑立即执行改判为死缓，迎来了成功"保命"的结果。

刑事辩护是一项非常重要的工作，刑事案件动辄涉及当事人的自由抑或是生命。因此，我们要认真对待每一个案件，兢兢业业履行作为辩护人的职责，尽最大努力维护当事人合法权益、争取一个最好的结果。

正如2024年春节热播电影《第二十条》中的经典台词"我们办的不

是案子，是别人的人生"，对于死刑复核案件的辩护，我们更要秉持高度的责任心，格外慎重。因为这关系到一个人的生命，所以要在法律框架内尽力争取每一丝希望，不能放过任何一个论点，充分利用所有的有利条件，争取一切可能的机会。为此，辩护律师在办理该案时，十分注重与当事人家属之间的沟通，致力于获得被害人家属的谅解，不放弃任何会见当事人、和家属沟通、积极和最高人民法院法官沟通的机会。与此同时，辩护律师借助当下有利的一些法律法规，如"宽严相济"、慎用死刑等司法政策，详细论证、充分阐述该案判处死刑立即执行的不当性，为生命辩护。

承办律师

龚振中，广西望之辩律师事务所首席律师，中国政法大学法学博士，广西大学兼职副教授、硕士生导师，广西壮族自治区律师协会刑事专业委员会副主任。曾办理和指导过1 000多件刑事案件，为数百名被告人进行过刑事辩护；有过数十起二审死刑改判为死缓、缓期执行、不批捕、不起诉、无罪的成功案例；发表过数十篇刑事方面的专业文章，个人专著或合著《刑事辩护类案检索指引》等。

黄露仪，广西望之辩律师事务所执行主任，广西壮族自治区律师协会刑事专业委员会秘书长。黄露仪律师执业十年中，作为辩护人办理过南宁市某某档案馆单位受贿案、广西北海H某某特大传销案（该案被告78名，查封资产上亿元，是中华人民共和国成立以来北海最大的传销案件）、M某某等人合同诈骗案（该案涉案诈骗金额3亿多元，涉及著名民营企业，融资性贸易案件）、广西住建厅副厅长F某某受贿案、崇左工商局支队长H某某行贿受贿案等刑事案件。

04 单位犯罪中，实际控制人罪责几许
——叶某骗取贷款案二审改判缓刑、撤销巨额追缴

案情简介

2010—2015年，A建设有限公司（以下简称A公司）在B银行某区支行申请最高额授信贷款。为了通过审批获取贷款，上诉人叶某作为A公司的法定代表人、实际控制人，在明知其四川分公司位于四川省某市的土地和厂房未办理产权证书的情况下，仍分别于2010年和2013年两次指使他人伪造了抵押贷款所需要的房屋、土地产权证书、他项权证等虚假材料，提交给B银行某区支行，并签订了相关协议和贷款合同。其间，B银行某区支行先后17次向A公司发放贷款共计人民币9 500万元。A公司已陆续偿还本金人民币5 000万元及相关利息。

2016年后，A公司及上诉人叶某未能偿还贷款。2016年8月，B银行某区支行将包括A公司在内的系列债权转让给相关国有资产管理公司处置，并先后收回A公司土地和房产的拍卖款人民币2 805万元、存款人民币37 042元及二次转让收益人民币17 600元。截至公安机关立案侦查时，B银行某区支行共计损失人民币16 895 358元。

案发后，上诉人叶某向公安机关投案，如实供述自己的犯罪事实。2021年12月27日，A公司被某市某区人民法院宣告破产并终结破产程序。某区人民法院一审判决叶某犯骗取贷款罪，判处有期徒刑二年六个月，并处罚金人民币二十万元；继续向叶某追缴银行损失的16 895 358元并发还给受害单位。叶某不服一审判决，提起上诉。

办 案 过 程

尚学刑辩团队接受二审委托后,立即指派陈志学、陈志才律师共同办理该案。辩护人多次与叶某沟通,并认真细致地查阅了全部卷宗材料,厘清了本案错综复杂的事实关系,并在此基础上发现了本案中有利于当事人的相关事实疑点。此后,辩护人结合相关法律规定,从事实、证据及量刑多方面向二审法院提出法律意见并书面申请公开开庭审理本案。经过长期的坚守与不懈努力,某市中级人民法院最终采纳了辩护人的建议,组成合议庭并公开开庭审理本案,同时邀请了五名市级人大代表参与旁听,最终某市中级人民法院依法撤销一审判决,改判上诉人叶某缓刑,且不再继续向叶某追缴银行损失 16 895 358 元。

辩 护 思 路

辩护人认为,一审法院对本案诸多贷款基本事实认定不清,证据不足,适用法律错误,量刑畸重,尤其是对骗取贷款数额、银行损失、贷款发放过程中 B 银行某区支行的重大过错等直接影响对上诉人叶某最终定罪量刑的问题存在争议。为查明案件基本事实,使得上诉人叶某罚当其罪,有必要公开开庭审理本案,从而作出最终的公正判决。

(一)虚假材料骗取贷款的基本数额认定错误,二审应开庭审理

本案贷款抵押品众多,且多是真实的,其中的虚假材料,即四川分公司押品的权证只是全部贷款中的一部分,B 银行某省分行某区支行对此均作了明确划分,某区支行在确定放款金额时也是区分认定抵押物价值的。同时,该部分虚假抵押证件虽与取得银行贷款具有一定的因果关系,但不是取得全部授信的必要条件。所以,即使提前将四川分公司押品的虚假证件撤出,也不会导致银行停止对 A 公司 9 500 万元的全部贷款,而仅仅是减少相应的贷款额度而已。故而,一审判决对本案骗取贷款具体数额的基本事实认定错误,对上诉人叶某的最终定罪量刑产生了严重影响,根据《中华人民共和国刑事诉讼法》第二百三十四条第一款规定,二审法院应当对本案进行开庭审理。

（二）银行的损失金额认定错误

1. "损失"的范围认定错误

《最高人民检察院、公安部关于公安机关管辖的刑事案件立案追诉标准的规定（二）》中，将骗取贷款罪的"损失"限定为"直接经济损失"。当下无论是理论界还是实务界，骗取贷款中造成银行损失都倾向实际损失，不包括利息。《刑法学》第5版（张明楷著）关于骗取贷款罪的注释是"根据立案标准，其中的直接经济损失，不应当包括利息在内"；《实务刑法评注》（喻海松编著）也提出，在银行重大损失的认定上，应限于直接经济损失且仅限于贷款本金，对于信贷资金的利息等间接损失不应当认定在内……现行司法实践中，根据最高人民法院《刑事审判参考》第962号案例——江树昌骗取贷款案以及江苏省部分法院的相关案例，"直接经济损失"应当限定为本金且应当扣除已经支付的利息。一审判决在认定B银行某区支行的"损失"时，未扣除A公司已经支付的利息1 167万余元，不符合法秩序的统一性。

2. 从"损失"中扣除的不良资产转让收益金额认定错误

本案涉资产转让记录显示，某区支行为了实现债权以降低损失，对案涉A公司不良资产作了转让处置，由B银行某省分行统一打包转让至D资产公司。但是一审判决认定银行损失时，并未将某区支行在资产转让中所得收益予以扣减，甚至都未能查明本次转让的实际价款。而一审判决中扣减的所谓"1.76万元"，与B银行某区支行并无直接关联性，该项事实的认定明显错误，并且对本案定罪量刑存在重大影响。

（三）关于本案中银行的责任问题

本案的贷款抵押属于混合抵押，四川分公司土地、房产仅仅是混合抵押财产的一部分，同时，辩护人认为，B银行某区支行存在重大过错，且该过错也是促成贷款成功的重要因素，而并非仅仅一个外因，具体分述如下。

（1）A公司需贷款项目是客观真实的项目，有四川省某区管委会的情况说明佐证，B银行某区支行行长郑某和公司部主任刘某也曾实际考察过工地，后来因为经济大环境因素和当地土地政策的调整等客观原因未能正常建设和运营。

（2）B银行某区支行相关人员只考察过一次A公司的工地和厂房，之后办理相关抵押手续时，均未按规定进行现场考察和评估，而是由A公司直接提交了四川分公司的相关土地、厂房抵押手续。其贷款流程不符合《中华人民共和国商业银行法》《贷款通则》和《中行银行抵质押担保管理办法（试行）》的相关规定，B银行某区支行没有进行贷前的调查、估值和审查，没有进行贷中的合同签订、抵押品查验和法律手续的落实，贷后没有对抵押品进行核查、价值监控和估值，风险信息处理等，尤其是没有对抵押品处所状态进行现场核实和检查。

（3）A公司提交的抵押证件为扫描件而非原件，且办证时间为2009年12月16日（四川省某区管委会出具的情况说明当中承诺办理证件时间为2010年年底），涉案证件虚假性明显。

（4）银行在发现虚假手续时，可以要求A公司增加其他抵押物，也可以降低贷款的授信额度。

同时，辩护人还注意到，B银行某省分行2010年5月20日批复，四川分公司抵押物的价值是2 000万元，即对应2 000万元授信额度。提供四川分公司资产假证是不能直接取得9 500万元的贷款授信额度的，另外7 500万元的抵押全部是由A公司的土地、厂房和叶某夫妇个人房产进行的合法混合抵押。也就是说，四川分公司资产的抵押价值仅仅占全部贷款抵押价值的1/5左右。

2010—2015年，A公司先后17次向B银行某区支行借款，前后累计贷款总额为9 500万元，A公司已经陆续还款本金5 000万元和利息1 167万元（合计人民币6 167万元）。2016年后未能继续还款，后银行通过民事诉讼加执行程序，先后收回A公司土地厂房拍卖款2 805万元和存款等。立案时，B银行某区支行真正实际损失应为521.73万元，还不包括B银行第一次打包转让给国有D资产公司的金额。

（四）关于本案A公司实际控制人叶某的处理和应否继续追缴赃款问题

辩护人认为上诉人符合适用缓刑的条件，根据《中华人民共和国刑法》第七十二条规定，"对于被判处拘役、三年以下有期徒刑的犯罪分子，同时符合下列条件的，可以宣告缓刑……：（一）犯罪情节较轻；

(二）有悔罪表现；（三）没有再犯罪的危险；（四）宣告缓刑对所居住社区没有重大不良影响。"本案属于破坏金融管理秩序类犯罪，上诉人叶某骗取贷款的最终目的是出于扩大经营规模，取得的贷款基本上全部直接用于企业生产经营，前后借款 17 笔，其中 13 笔均已经按照合同履行，偿还本息。后因经营不善和市场风险等客观因素叠加造成贷款不能按期偿还，直至企业破产。结合本案上诉人叶某贷款有积极还款意愿，主动恶性相对较小，案发后主动投案，如实供述犯罪事实，主动接受财产刑处罚，希望二审法院能够给予上诉人叶某一定的缓刑考验期限。

同时，本案为一起单位犯罪，因案涉公司破产，检察机关仅仅对单位直接负责的主管人员提起公诉，案涉公司或叶某在骗取贷款犯罪过程中违法所得的财物，按照《中华人民共和国刑法》第六十四条规定应当予以追缴或责令退赔。而本案在案证据不能证实上诉人叶某将贷款用于个人目的，故追缴对象应为案涉公司，同时案涉相关债权已经司法途径进行了民事诉讼和执行，故一审法院判决继续向上诉人叶某追缴银行的损失不符合《中华人民共和国刑法》中关于单位犯罪处理的相关规定。

办 案 结 果

2023 年 4 月 10 日，某市中级人民法院采纳了辩护人的意见，依法撤销原一审判决，改判上诉人叶某缓刑，且不再向上诉人叶某追缴银行损失 16 895 358 元。

办 案 心 得

（一）全面梳理证据，厘清错综复杂的案件事实关系

案件基本事实是对犯罪嫌疑人或被告人定罪量刑的基础，没有案件事实，就如同无源之水、无本之木。所以，在接受委托后，辩护人注重核心事实的对照和印证。认定犯罪的证明标准是"证据确实、充分"，即"综合全案证据，所认定事实已排除合理怀疑"。辩护人在阅卷过程中

应重点查阅证据之间是否存在矛盾,尤其是针对关键待证事实的各方证据,应全面审阅。通过全面阅卷,辩护人挖掘出银行存在重大过错,且该过错也是促成贷款成功的重要因素,而并非公诉机关认为的一个普通外因。

(二)立足本案事实,充分寻找有利于上诉人的辩点

在厘清案件基本事实的基础上,辩护人从指控事实与基本事实之间是否矛盾,以及现有证据是否充分证明指控事实两方面着手,寻找对上诉人有利的辩点,并适时向法院提交辩护意见。

如贷款用途之辩,未被挥霍或用于违法、风投活动,主要用于正常生产经营的,应谨慎追诉追责。实践中涉嫌骗取贷款罪的案件,贷款用途被虚构是比较常见的情形。从众多骗取贷款或者贷款诈骗相关案例中也可以发现,行为人真正拿到贷款后,大多不会按照约定的用途使用,而是另作他用。辩护人认为,只要是出于正常的企业运营需要,即便有小部分用于偿还个人债务等其他用途,但大部分用于生产经营活动的,在定罪量刑的问题上也应当慎之又慎。本案中,上诉人叶某取得银行贷款后,并未用于自身挥霍,在此,就需要正确把握和理性认识贷款发放与企业经营现实之间的多重矛盾,在量刑上应当给予充分考量。

(三)通过法律检索,层层解码本案所涉罪名

辩护人通过检索骗取贷款罪未能全额退赃判处缓刑的类案,并结合上诉人认罪悔过的态度,竭尽所能帮助本案当事人依法争取缓刑的机会。骗取贷款罪不同于普通暴力型或者侵财型犯罪,其作为金融犯罪的一种,除刑事法律规定之外,还会涉及大量的金融法律法规。辩护人在接受委托后,秉承着一贯的办案方式,首先进行全面的法律检索。在进行法律检索时,奉行"三个穷尽"的原则,即穷尽相关法律规定、穷尽相关理论研究、穷尽相关裁判案例。

(四)精准把控案件,积极启动二审开庭审理

实践中,上诉的二审刑事案件开庭审理实属不易,辩护人要把控案件的基本事实,找出严重影响案件定罪量刑的事实和证据,并按照《中华人

民共和国刑事诉讼法》第二百三十四条规定，及时向二审法院提出对一审认定的事实、证据存在异议，可能影响定罪量刑，要求组成合议庭，开庭审理的书面要求，积极启动二审开庭审理。

（五）司法审判机关的担当和辩护人的坚持是本案成功的关键

辩护人和承办法官的有效沟通，在行业内是个经久不衰的话题，可谓仁者见仁，智者见智。在现实工作中，由于律师与法官的角色和定位各不相同，对案件事实和法律适用的看法难免会有不同见解，因此，辩护人的观点不可能与法官完全相同。鉴于此，辩护人穷尽一切合理合法的手段，务实高效地开展与法官的沟通交流就显得尤为重要。本案历时较长，其间辩护人一直与司法机关保持良性沟通，并及时提交辩护意见。唯如此，辩护人才能将案件办理得更加顺畅、处理得更加有效，才能获得委托人的认可和法官的尊重。当然，司法机关也非常有担当，在客观准确评定案件事实和证据的基础上，最终采纳了辩护人的二审辩护意见，对本案作出了缓刑和不再向个人继续追缴银行损失的判决，在个案的处理中，实现了法律效果和社会效果的统一。

写 在 最 后

二审判决后，上诉人叶某再次见到辩护人陈志学、陈志才，并表达了对二人由衷的谢意，称："到现在我的心情还没有平静下来，恍如在做梦，我以为二审法槌敲下的那一刻，我就要被送去监狱，与家人分离。我都已经做好了去监狱的准备了，现在改判了……我可以重新规划我的后半生了……"同时，他也表示，在缓刑期间，一定会遵纪守法，好好反思，以后做一个脚踏实地的守法公民。

刑事辩护最大的价值就是依法保障当事人的合法权利，让无罪的人免受冤屈，让有罪的人罚当其罪，这或许就是包括辩护人在内的所有刑辩律师的成就感与荣誉感所在，也是毕生追求的信念。今后尚学刑辩团队将再接再厉，用专业的刑辩技能和勤勉的工作态度，为依法治国、全面推进中国式现代化新实践贡献更多的法治力量。

承办律师

陈志学,江苏尚学律师事务所主任,从事律师执业20余年,现任泰州市律师协会副会长兼刑事业务委员会主任、泰州市法学会刑事诉讼法学研究会会长,江苏省刑事专业律师,江苏省律协刑事业务委员会委员,江苏省律协刑事培训授课专家库成员,江苏省律协刑事专业人才专家库成员。

陈志才,江苏尚学律师事务所行政副主任,尚学刑辩团队核心成员,泰州市法学会刑事诉讼法学研究会副秘书长,泰州市律师协会刑事业务委员会秘书。

05 谁给被害人致命一击
——疑窦丛生的江西省龙南市蓝某和故意伤害案

2020年正月初四,我接到了江西省龙南县(2020年6月撤县改市)故意伤害案被告人蓝某和及其四姐的委托,担任蓝某和的二审辩护人。认真看完了赣州市中级人民法院(以下简称"赣州中院")以故意杀人罪对蓝某和作出的死刑判决书以及蓝某和本人写的上诉状,我发现该案确实存在不少疑点。

廖某翔命丧公安局大院,蓝某和因故意杀人被判死刑

2017年9月8日上午,已在江西省赣州市龙南县公安局(现龙南市公安局,以下简称"龙南公安局")干了三年辅警的蓝某和向领导提交了辞职报告。

当晚21时许,蓝某和与朋友张某强等人在当地KTV休闲娱乐。其间,蓝某和、张某强与被害人廖某翔发生口角,后被人劝开。蓝某和、张某强准备离开KTV时,在大门口看到廖某翔一方有多人聚集在赣BL9×××海马轿车旁。这时,廖某翔发现准备离开的蓝某和,突然驾驶赣BL9×××海马轿车冲向蓝某和,后又反复开车冲撞蓝某和,蓝某和虽紧急避让但仍与被廖某翔所驾轿车碰撞上。海马轿车还撞倒了KTV的一扇大门,大门玻璃被撞碎。蓝某和避开后与张某强上前阻拦并用木凳砸海马轿车,廖某翔驾车逃离,蓝某和发动赣B31×××别克车与张某强一起驾车追赶廖某翔。

蓝某和与张某强开车在城区公共道路上追赶廖某翔的车辆约10分钟。22时43分许，廖某翔驾车撞开龙南公安局大门栏杆，冲进公安局大院内并将车开上大楼阶梯平台，蓝某和也驾车紧跟进入，并根据公安民警廖某文的要求用所驾车辆将公安局大门堵住防止廖某翔驾车逃窜。蓝某和、张某强对公安民警和值班保安称该车驾驶员开车撞了人、有吸毒的嫌疑，要求处置，并在公安局大院内继续拦截廖某翔的车，廖某翔遂驾车在公安局院内快速转圈。张某强在追逐途中先叫赖某胜和刘某到X酒店附近等候，后又告诉二人已到公安局院内。二人立即赶到，蓝某和、张某强告知二人廖某翔开车撞了自己，要将廖某翔拦截下来。蓝某和从公安局院内巡逻车上拿出钢管、锁足器等工具，对廖某翔车辆进行拦截，张某强、赖某胜、刘某持钢管、锁足器、小推车等工具对廖某翔所驾车辆进行拦截。

当晚22时51分许，公安民警廖某文用钢管等工具截停了廖某翔车辆，现场十余名公安民警对廖某翔所驾的车辆一阵猛烈地乱打乱砸，蓝某和、张某强也来到驾驶室旁砸车窗玻璃。在公安民警一阵乱打乱砸的逼迫下，廖某翔后从驾驶室爬到副驾驶室准备下车。在其打开车门探身出来倒地的过程中，蓝某和绕到副驾驶室侧靠车尾的位置，用手持锁足器从上往下连续挥了两下，分别打到廖某翔屁股和背部。廖某翔倒地后，蓝某和上前用脚踢了廖某翔肩部一下，被公安民警拉住。公安民警检查廖某翔身体状况后，随即拨打了120急救电话，随后医院救护车将廖某翔拉走。之后，蓝某和、张某强、赖某胜、刘某自行离开了公安局。经120出诊医生现场确认，被害人廖某翔当场死亡。经鉴定，被害人廖某翔符合重度颅脑损伤引起颅内压升高，形成小脑扁桃腺疝，压迫脑干，导致呼吸衰竭死亡。其中，廖某翔身上共有15处伤。

事后，公安民警对廖某翔所在包厢内人员进行吗啡、甲基安非他命、氯胺酮联合检测试剂检测，结果毫无例外地全部呈吗啡阳性。

廖某翔死后，龙南公安局向廖某翔的家属支付了129万元赔偿金。

2018年7月4日，江西省赣州市人民检察院（以下简称"赣州市检察院"）以蓝某和构成故意伤害罪向赣州中院提起公诉。

在庭审中，蓝某和自始至终不认为廖某翔的死是其击打所为，而且当时所在的位置也打不到廖某翔的头部，廖某翔的死与他没有因果关系；张某强、赖某胜、刘某三被告人愿意认罪认罚；蓝某和的原一审辩护人认为蓝某和不构成故意伤害罪。

案件经过开庭审理，赣州中院认为：

被告人蓝某和故意伤害他人身体，致一人死亡，其行为构成故意杀人罪。被告人张某强、赖某胜、刘某持凶器追逐、拦截他人，情节恶劣；任意损毁他人财物，情节严重，其行为均构成寻衅滋事罪。公诉机关指控的犯罪事实和罪名成立。被告人张某强、赖某胜、刘某在寻衅滋事的共同犯罪中，均系主犯，但赖某胜、刘某系被张某强邀约前往案发地，作用小于张某强。被告人张某强归案后如实供述主要犯罪事实，具有坦白情节，依法可以从轻处罚。被告人赖某胜、刘某自动投案并如实供述主要犯罪事实，系自首，依法可以从轻处罚。被害人廖某翔在本案中存在过错，可以酌情对被告人蓝某和从轻处罚。被告人赖某胜有犯罪前科，酌情从重处罚。依照《中华人民共和国刑法》第二百三十四条第二款，第二百九十三条第一款第（二）、（三）项，第五十七条第一款，第六十七条第一款、第三款，第二十五条第一款，第二十六条第一款、第四款的规定，经赣州中院审判委员会讨论决定，判决：被告人蓝某和犯故意杀人罪，判处死刑，剥夺政治权利终身。被告人张某强犯寻衅滋事罪，判处有期徒刑三年六个月。被告人赖某胜犯寻衅滋事罪，判处有期徒刑二年九个月。被告人刘某犯寻衅滋事罪，判处有期徒刑二年六个月。

蓝某和提上诉，江西高院发回重审露曙光

蓝某和不服一审赣州中院对其犯有故意杀人罪的认定，更不服对其作出的死刑判决，遂向江西省高级人民法院（以下简称"江西高院"）提起上诉。

我接受委托后，在对案件卷宗中的全部证据材料，特别是现场监控、执法记录仪等视频资料反复进行全面、仔细的观看和研究后认为，被害人廖某翔是死在龙南公安局出警民警廖某文等十余人一阵乱打乱砸的出警处置过程中，全案没有充分的证据证明被害人的死亡系其头部伤势导致，也没有充分的证据证明蓝某和存在故意伤害被害人的行为，更没有任何证据证明被害人的死亡系蓝某和的行为所致。在蓝某和出现在副驾驶附近位置

的 4 秒时间内以及后续的数秒钟，不断有打砸声，根本不能排除系龙南公安局出警民警处置不当致被害人死亡的可能。龙南公安局出警民警廖某文等多人应同为本案的犯罪嫌疑人，龙南公安局亦是本案的刑事附带民事当事人。然而，龙南公安局却作为侦查机关自行对蓝某和进行立案，并将蓝某和作为故意伤害致被害人死亡的犯罪嫌疑人进行立案侦查。

我认为，赣州中院认定蓝某和故意杀人事实不清、证据不足；被害人廖某翔的死亡与蓝某和没有事实上和法律上的因果关系，赣州中院在案件判决过程中明显存在事实不清、证据不足而且程序严重违法的情况下，却以故意杀人罪判处蓝某和死刑。

由于案情重大，我分别向中纪委巡视组、江西省纪委和江西省人民检察院分别递交了《关于龙南市公安局出警处置不当致人死亡却让蓝某和"背锅"被判处死刑而涉嫌渎职犯罪的情况报告》。

情况报告发出后，我也与江西高院的案件承办法官多次进行了卓有成效的沟通。不久，江西高院作出裁定：撤销一审判决，发回一审法院重新审理。

峰回路转发回重审，蓝某和死刑改死缓

案件发回赣州中院重审时，公诉人在发表公诉意见时认为："虽然被告人蓝某和始终不承认击打了被害人头部，但本案证人证言、视听资料等证据充分，形成了证据锁链。"

据我对在案卷宗的全部证据材料，特别是现场监控、执法记录仪等视频资料进行的全面、仔细、反复的观看和研究可知：被害人廖某翔是死在龙南市公安局出警民警廖某文等十余人一阵乱打乱砸的出警处置过程中，全案没有确实充分的证据证明被害人的死亡系蓝某和的行为所致，也没有确实充分的直接证据或间接证据证明蓝某和系故意伤害被害人致死，更没有确实充分、合法的证据证明被害人的死亡系其头部伤势导致。本案中，在蓝某和出现在副驾驶附近位置的 4 秒时间内以及后续的数秒钟，现场不断传来激烈的打砸声，因此根本不能排除龙南公安局出警民警处置不当致被害人死亡的可能。龙南公安局出警民警廖某文、汤某平等多人应同为本案的犯罪嫌疑人，龙南公安局亦是本案刑事附带民事当事人。然而，龙南

公安局却作为侦查机关自行对蓝某和进行立案"自侦自查",并将蓝某和作为故意伤害致被害人死亡的犯罪嫌疑人进行立案侦查。本案被江西省高级人民法院发回重审后,赣州市公安局又依据管辖冲突的规定错误指定定南县公安局作为侦查机关,直接导致本案卷宗材料均不具有合法性和真实性。

我认为,公诉人在公诉意见称本案证据形成"证据锁链"观点,实际上是意味着本案没有直接证据证明蓝某和存在故意伤害行为。公诉人试图用间接证据定案,但用间接证据组成的"证据锁链"定案,则要求证据链中的每一环都不能出现任何问题,否则这个所谓的"锁链"就会彻底崩塌。比如,公诉人自始至终都没有向法庭提交执法记录仪视频、监控视频,其执法记录仪、监控的原件、原物和电子数据原始载体等证据原件,其提供的执法记录仪视频、监控视频均是复制件,因此不具有证据能力。不仅如此,作为侦查人员兼法医的蔡某文,集本案全部物证收集人、本案法医鉴定人、本案专案组成员、本案鉴定检材与样本送检者、证人等"六位一体"的多重角色,其身份合法吗?其出具的尸体鉴定意见以及参与送检的 DNA 鉴定意见合法吗?公诉人对于侦查机关是否有侦查权的问题仅以当庭"读法条"来应对而不作实质性回应……诸如此类,我认为,本案中的间接证据基本上都是虚假或伪造的证据,根本组织不了所谓的"证据锁链",起诉书是在编造一个荒诞不经的故事。公诉人应当举证证实被告人构成犯罪,但公诉人在没有完成举证责任的情况下反而指责被告人不认罪。

我在辩论中最后强调,本案作为人命案,在上述与被害人死亡密切相关的多处疑点在未得到有效排除的情况下,赣州中院在原一审判决中居然认定本案被告人蓝某和构成故意杀人罪,且是故意杀人罪中的唯一被告人,并判处其死刑。

赣州中院在重审后的判决书中认定:

"被告人蓝某和故意伤害他人身体,致一人死亡,其行为构成故意伤害罪。被告人张某强、赖某胜、刘某持凶器追逐、拦截他人,情节恶劣;任意损毁他人财物,情节严重,其行为均构成寻衅滋事罪。公诉机关指控的犯罪事实和罪名成立。被告人张某强、赖某胜、刘某在寻衅滋事的共同犯罪中，均系主犯，但赖某胜、刘某系被张某强邀约前往案发地，作用小于张某强。被告人张某强归案后如实供述主要犯罪事实，具有坦白情节，依法可以从轻处罚。被告人赖某胜、刘某自动投案并如实供述主要犯罪事实，系自首，依法可以从轻处罚。被害人廖某翔在本案中存在过错，可以酌情对被告人蓝某和从轻处罚。被告人赖某胜有犯罪前科，酌情从重处罚。依照《中华人民共和国刑法》第二百三十四条第二款，第二百九十三条第一款第（二）、（三）项，第五十七条第一款，第六十七条第一款、第三款，第二十五条第一款，第二十六条第一款、第四款的规定，经该院审判委员会讨论决定，判决：被告人蓝某和犯故意伤害罪，判处死刑，缓期二年执行，剥夺政治权利终身。被告人张某强犯寻衅滋事罪，判处有期徒刑三年六个月。被告人赖某胜犯寻衅滋事罪，判处有期徒刑二年九个月。被告人刘某犯寻衅滋事罪，判处有期徒刑二年六个月。"

江西高院终裁定，案结疑惑事未了

案件发回重审，虽然判决结果将罪名由原来的一审判决认定的故意杀人罪改为故意伤害罪，量刑由原来的死刑改为死缓。但由于蓝某和坚定地认为廖某翔的死亡并非其所为，因此，他最终还是毅然决然地再次向江西高院提起了上诉。

蓝某和上诉提出：①龙南公安局应当自行回避而没有回避，程序严重违法，其侦查取得的全部证据不具有合法性，不能作定案依据。发回重审期间，赣州市公安局指定由定南县公安局管辖本案没有法律依据，定南县公安局对本案没有管辖权。②廖某文持有的钢管上检出被害人的DNA，但没有收集、检验现场处置民警使用的器械、装备，不能排除其他人致被害人死亡的可能性。③安保室监控录像、执法记录仪视频没有原始载体，没有复制手续，且被剪辑过，真实性存疑，不能作为定案依据。④龙南公安局法医蔡某文既是侦查人员，又是鉴定人，违反"担任过本案侦查人员的，不能再担任鉴定人，应当自行回避"的规定。龙南公安司法鉴定中心和赣州市公安司法鉴定中心联合鉴定违反独立鉴定的规定。故本案鉴定不合法，联合鉴定无效。⑤被害人身上15处伤，蓝某和只打了2下，其他伤是现场处置民警造成的。蓝某和驾车追赶廖某翔以及协助龙南公安局警察抓捕廖某翔具有合法性、正当性、合理性，是公务行为。故被害人的死亡原因系龙南公安局警察在抓捕廖某翔的过程中处置不当。⑥证人证言前后不一致，相互矛盾，不能证明被害人是蓝某和打死的。定南县公安局侦查人员组织案发现场人员观看被剪辑过的执法记录仪视频，然后再为各个证人做讯问笔录，把所有矛头指向蓝某和，此行为属于串供作伪证。⑦被害人廖某翔有重大过错。⑧一审判决认定蓝某和故意伤害并致人死亡，事实不清，证据不足。本案没有任何证据足以证明蓝某和与被害人之间发生了身体接触以及致命接触。廖某翔的死亡与蓝某和没有事实上和法律上的因果关系。一审判决对不合法、不真实且与客观证据相矛盾的证据照单全收，依据这些证据材料认定蓝某和构成故意伤害罪，必然引发错案。请求二审法院宣告蓝某和无罪。

江西省人民检察院在二审开庭中，出庭检察官认为：

①龙南市公安局对本案有侦查管辖权。现场民警并未作为侦查人员参与侦查活动，而是作为案件目击证人出具证言证明案件事实，本案开展侦查活动的公安人员与案件当事人不存在近亲属等利害关系，不存在法定回避事由。因本案情况特殊，赣州市公安局指定定南县公安局补充侦查，定南县公安局具有指定管辖后的侦查权。未对回避作出决定之前，侦查机关不得停止侦查活动。龙南市、定南县公安机关侦查取得的证据可以作为定案依据。②被害人直接死因系被条形易挥动的钝器所致头部损伤，蓝某和系直接致伤被害人的人。现场公安人员控制被害人的行为并不影响其头部损伤致死的结果，更何况现场公安民警的处置行为，系受到蓝某和欺骗，误以为被害人危害公共安全才作出处置，蓝某和应当为此承担责任。现场处置民警使用的器械、装备等辩护人要求提取的物证与本案没有直接关系，没有调取的必要。③龙南市公安局刑事侦查大队出具的情况说明和证人廖某红的书面证言，证明龙南县公安局现场监控视频及执法记录仪视频由侦查人员依法收集、提取，来源合法。对于时长较长的视频仅进行过时长剪切，未改动视频原内容。由定南县公安局补侦的视频，在一审庭审时已经当庭播放，原审被告人张某强、赖某胜、刘某对于视频内容未提出异议。视听资料记录的过程流畅，时间显示连续，且与案件事实具有关联，依法可以采信。④相关法律规定，司法鉴定委托书应当载明委托鉴

定事项、与鉴定有关的基本案情等事项。鉴定人有权了解与鉴定有关的案件情况。鉴定事项确认书中应当包括案件情况摘要。因此本案中尸检报告载明案件基本事实符合司法鉴定的工作要求。委托鉴定单位应当指派熟悉案（事）件情况的两名办案人员送检。蔡某文作为熟悉案件情况的人员，向其他机构进行送检，并未违反规定。本案两名具有本专业鉴定资格的鉴定人独立进行了鉴定，并得出了一致意见，符合有关规定的要求。联合鉴定并未违反规定。本案鉴定意见的检材均系依法提取、保管，送检程序符合法律有关规定，并且检材与提取笔录记载的内容相符，检材可靠；侦查机关依法委托有鉴定的法定资质的鉴定机构、鉴定人员进行鉴定；鉴定程序、方法、过程符合有关专业规范要求，鉴定意见明确，与本案事实具有关联，并已依法告知，可以作为定案依据。⑤现场提取的另一根检出被害人DNA的铁管经侦查机关调查，系公安人员检查被害人伤情后转移至该铁管上，现场仅有一人持铁管击打被害人头部，没有第二个人存在击打行为。被害人不存在自身疾病导致死亡结果，也不存在紧急刹车等其他致死因素，蓝某和的击打行为即为被害人死亡的直接原因。至于被害人身体面部、头部挫伤在案发现场的磕碰行为可以形成，并非致死原因。⑥证人廖某文、杨某云、汤某平、徐某然等在场处置事件民警的证言可以证明本案的案件事实，没有相互矛盾。廖某文、汤某平的证言证明被害人下车过程中，蓝某和持铁管击打被害人头部的事实，现场人员只看到蓝某和一人击打了被害人头部。⑦一审判决依法采信的证据，均由本案侦查机关依照法定程序收集，证明内容客观真实，相互印证，形成了完整的证据锁链，足以证明原审认定的犯罪事实。上诉人的上诉理由不成立。⑧原审判决认定事实清楚、证据确实充分，定性准确，量刑适当，法律适用准确。

江西高院在（2023）赣刑终1号刑事裁定书中认为：

上诉人蓝某和持钢管击打被害人致其死亡，其行为构成故意伤害罪。原审被告人张某强、赖某胜、刘某持凶器追逐、拦截他人，情节恶劣，任意损毁他人财物，情节严重，其行为均构成寻衅滋事罪。鉴于被害人有过错，可以酌情对蓝某和从轻处罚，原审判处蓝某和死刑，缓期二年执行，量刑适当。张某强、赖某胜、刘某在寻衅滋事的共同犯罪中，均系主犯，但赖某胜、刘某系被张某强邀约前往案发地，作用小于张某强。张某强归案后如实供述主要犯罪事实，具有坦白情节，依法可以从轻处罚。赖某胜、刘某自动投案并如实供述主要犯罪事实，系自首，依法可以从轻处罚。赖某胜有犯罪前科，酌情从重处罚。蓝某和上诉提出他不构成故意伤害罪，蓝某和的辩护人要求对蓝某和宣告无罪的理由不能成立，本院不予采纳。江西省人民检察院出庭意见正确，本院予以支持。原审判决认定事实清楚、证据确实充分，定罪准确，量刑适当。审判程序合法。经本院审判委员会讨论决定，依照《中华人民共和国刑事诉讼法》第二百三十六条第一款第（一）项之规定，裁定如下：

驳回上诉，维持原判。本裁定为终审裁定。

不可否认，该案是在公诉机关没有确实的直接证据、间接证据情况下，运用逻辑推理认定蓝某和故意伤害致死被害人，而该案处置和侦查过程关于客观证据、间接证据以及侦查行为等中存在众多反常现象，公诉机关及一审判决对于这些关键性问题没有给予任何正面回应，终审裁定亦不能解我心头之惑。

（1）案发现场的上方原本有一可以鸟瞰案发处置现场全貌的监控，即龙南公安局办公大楼门口有自始存在的常备监控设备，但龙南公安局却出具"说明"，说该监控"坏了"。这"说明"，龙南公安局行政办公大楼门厅出入口是公安局监控盲区吗？

（2）处置案发现场至少有四部执法记录仪，其中两部记录仪在记录过程中根据需要"选择性摄录"，另外两部居然未打开，而案发后这些执法记录仪却被人收走了，至今去向不明，执法记录仪、监控的原件、原物和电子数据原始载体，蓝某和至今也未见到，这些监控视频、执法记录仪视频根本不具有证据能力。

（3）本案的侦查人员兼法医蔡某文，集本案全部物证收集人、本案法医鉴定人、本案专案组成员、本案鉴定检材与样本送检者、证人"六位一体"，很显然无法保证用于鉴定的检材不被污染，且其在鉴定之前的"案情摘要"中先入为主地作出"蓝某和邀约张某强、赖某胜、刘某在龙南县公安局用铁棍将廖某翔打伤"认定，在没有鉴定之前即对本案加害人、被害人、致伤工具、损害结果等与鉴定结论有关的要素事先向赣州市公安司法鉴定中心鉴定人员作出了"明示"。此情此景，本案的鉴定结论能作为定案证据使用吗？其出具的尸体鉴定意见以及参与送检的 DNA 鉴定意见合法吗？

（4）案发现场廖某文使用的两根钢管中的另外一根钢管、汤某平使用的一根钢管、刘某使用的一根钢管，这三根钢管作为与被害人死亡原因有关的重要物证，作为现场证据收集人的刑侦人员蔡某文等却未依法收集，这三根钢管至今去向不明。

（5）汤某平等现场处置众多警察使用的警棍，蔡某文等刑侦人员未依法收集，这些警棍至今去向不明。

（6）廖某文使用的钢管上存有被害人廖某翔的 DNA，根据执法记录仪记录显示，廖某文使用后扔了该钢管，并无证据证明其触碰被害人身体后再去用手接触该钢管。

（7）被害人身上 15 处伤的致伤原因、致伤工具到底是什么，至今没有合理的解释，鉴定人蔡某文对此也不能解释，出庭作证的现场处置警察对此也不能解释。

（8）证人杨某雲说"贴近被害人处置时，是将车门堵住不让被害人出来……被害人最后是从车子里爬出来的"，此情此景，蓝某和站在外围，其如何能用钢管打到被害人头顶并形成 3 厘米的挫裂伤？

（9）蓝某和案后离开现场时，既未带走钢管也未毁灭证据，而且自行离开根本未有任何人阻拦，这像是故意伤害被害人（致死）后作案者的正常反应吗？

（10）龙南公安局组织案发现场处置民警观看被剪辑过的执法记录仪视频，再为各个警察证人做讯问笔录，然后把所有矛头指向蓝某和。

（11）案发后，龙南公安局在没有法律依据的情况下私下支付被害人家属 129 万元，这是对被害人家属的收买行为。蓝某和至今没有收到上述问题的正面回应，一审判决对上述问题置之不理，而只简单并机械地罗列证据内容，直接认定公诉机关所举证据全部合法有效，并对其所有证据予以照单全收。

承办律师

王良其，安徽省枞阳县人，出生于安徽省太平县（今安徽省黄山市黄山区），毕业于安徽大学法律系和华东政法大学法律系，具有法学和财政金融双学历，系安徽王良其律师事务所创办人。1992年参加全国律师资格考试取得律师资格；1993年开始从事专职执业律师，安徽省十佳律师，服务企业全国十大杰出律师；安徽省人大立法和司法监督法律专家组成员；安徽省公安厅法律专家（顾问）组成员；安徽省人大监察和司法委员会监督咨询员；首都经贸大学硕士生导师；安徽大学法学院硕士生导师；安徽省律师协会金融证券法律专业委员会副主任委员；安徽省社会组织总会监事。

06 故意杀人还是故意伤害
——死缓改判有期十五年案情纪实

一场酒局引发的惨案

被害人张某祥和王某文为亲属关系——张某祥系王某文妻子的亲姨父,平日里王某文也称呼张某祥为小姨父。王某文在内蒙古自治区通辽市霍林河开了一家尾气检测代理公司,被害人张某祥在其公司上班。案发前王某文的公司刚签下了霍林河区域的检测合同,二人与朋友同事一起喝酒庆祝。

当日中午 11 点就开始喝酒,但喝到傍晚仍未尽兴,王某文和张某祥及其他朋友搭车到 KTV 继续喝酒唱歌。据案卷记载,当天王某文一共喝了 50 多瓶啤酒,被害人张某祥也喝了 40 多瓶啤酒,两个人都处于醉酒的状态。

当天的争端源于 KTV 账单的支付。王某文通过微信向张某祥转账 2 500 元,让张某祥去前台结账,张某祥说不够,王某文又追加了 1 000 元,但最终张某祥还是没有结账,而是由王某文的朋友支付的,这让王某文很是不爽。王某文在质问张某祥的过程中与其发生了争执。可能是酒精的缘故,张某祥非但不认为自己的行为不当,反倒对王某文破口大骂,顾及其长者的身份,王某文未与其过多理论。

在去烧烤店吃夜宵的路上,张某祥仍然一直数落王某文。到达烧烤店下车后,王某文突然感觉后背被人用重物击打,回头一看是张某祥拿着一张桌子,在又被打了一下后,王某文夺下桌子与其扭打了起来,后被烧烤店的店员发现并劝阻。张某祥倒地不起，见状王某文电话联系其岳父马某斌。马某斌到达现场查看后拨打急救电话，王某文也一起陪同去医院，但医院的抢救未能留住张某祥的生命，后王某文主动投案。

一审审判的错误定性

一审法院认为，王某文因琐事与被害人张某祥发生争执后，将张某祥打倒在地，多次拽其头部磕撞地面，长时间踢打踩的暴力行为与被害人张某祥的死亡具有直接因果关系，从王某文作案手段、加害部位、打击强度、持续时间，以及双方力量对比和死亡原因分析，王某文主观上放任被害人死亡结果的发生，客观上造成被害人死亡的严重后果，其行为已构成故意杀人罪。公诉机关指控王某文犯故意杀人罪的事实及罪名成立，应予支持。王某文及其辩护人提出"王某文构成故意伤害罪"的辩解及辩护意见不能成立。关于辩护人提出的"被害人的伤情并未危及生命，医疗机构存在严重过错"的辩护意见，一审法院认为王某文的加害行为与被害人张某祥的死亡之间存在因果关系，张某祥死亡之前存在医疗介入因素，但医疗救治行为并未中断上述因果关系。一审法院根据鉴定机构出具的意见认为：被害人张某祥系在酒精中毒的状态下，全身多处受到钝性机械外力致腹腔脏器多发损伤后，大量失血伴全身多发骨折及软组织损伤等复合伤最终循环呼吸衰竭死亡。

一审法院对一审辩护人提出的意见没有采纳，认定王某文构成故意杀人罪，判处死刑缓期二年执行，并剥夺政治权利终身。

提起上诉，并委托吴丹红律师为二审辩护人

一审判决宣判后，王某文对结果不服，向内蒙古自治区高级人民法院提起上诉，其家属慕名委托了吴丹红律师为二审辩护人。吴丹红律师接受案件后，认为罪名认定存在问题。辩护人虽然无法一眼就甄别出王某文的主观心态，但通过案发时及案发后的客观行为可以看出，在本案中王某文不符合故意杀人罪的构罪要件，结合全部证据来看，其属于故意伤害的犯罪行为。

吴丹红律师会见王某文后了解到，在案发前是被害人一直辱骂王某文，并用钝器两次击打他，口中还不停地说要弄死他。王某文当时没有故意杀死被害人的主观故意，只是出于被辱骂、恐吓、击打后的本能回击反应。在发现被害人受伤后，王某文第一时间联系抢救，还拨打电话咨询正当防卫的法律问题，并积极地投案自首，可见其不具备杀人的主观故意，这更进一步夯实了辩护人改变罪名之辩的想法。

二审的主要辩护观点

根据开庭审理的情况，吴丹红律师认为王某文不构成故意杀人罪，而应为故意伤害罪，且一审量刑过重。

（一）案件起因系生活琐事的情绪宣泄，而非你死我活的仇恨

吴丹红律师认为，判断故意杀人罪还是故意伤害罪，不能仅从死亡结果上机械思维地定性，而应根据二者关系、案发起因、有无预谋、犯罪动机、犯罪后的行为等方面进行综合分析。

二者关系：加害人和被害人二者素有怨仇还是关系较好，这是分析大多数故意杀人案和故意伤害案首要的切入因素。从卷宗中王某文的供述可知，他和被害人张某祥是亲属关系，叫被害人"小姨父"，并供述"小姨父对我非常好，我也特别尊重张某祥"。从证人证言及相关客观书证可知，二者不仅是亲戚而且关系很好，从未发生过矛盾。在王某文新创业的公司里，被害人是业务经理，属于生意上的合作伙伴关系。案发之前，公司刚拿下新单，后续工作的开展王某文还有赖被害人的配合，所以他们才邀请同事朋友去庆祝，以便以后更好地开展工作。而且，从相关证据还能获知，王某文是非常信赖被害人的，请客的事情也主动转账给被害人让其去买单。所以，种种迹象分析，二者素无矛盾，办案机关也从未提供二者在过往生活中存在什么仇怨的证据。

案发起因：从在案证据可知，本案是基于生活琐事发生的纠纷。侦查卷中的破案记录里记录着是因"为琐事发生口角并引发打斗"，而且是"双方互打"，这是相对客观的。本案中的琐事有二：一是基于结账引发的纠纷，即王某文转账给被害人张某祥用于结账的钱被后者用作还信用

卡，彼此产生了一点情绪；二是两人喝多了以后就去哪里吃烧烤意见不一再生分歧。

无犯罪预谋：无论是从口供、证人证言，还是从现场监控视频都能看到，被害人张某祥举起一张桌子先砸向王某文，才导致王某文反击。被害人先动手打人，是讨论整个案件发生的前提，也是一审中就已经查明的事实。诉人也说过那是王某文不想与被害人纠缠，推搡是让其别跟着，没想到被害人会在背后举起桌子偷袭，才出于本能进行反击。正因为被害人张某祥先动手打人，才导致了王某文一直认为自己是正当防卫，甚至打110报警电话咨询在对方先动手的情形下还击算不算正当防卫。或许从严格的法律标准上认可他是正当防卫相当困难，但也能从侧面说明事发突然，王某文并没有犯罪预谋，也没有主动攻击被害人的故意，只是误认为自己在正当防卫，有正当性，是一种假想防卫或防卫过当的心态下的过激行为。

犯罪动机：辩护人认为王某文并不存在故意杀人的犯罪动机，而是在酒精作用下的一种情绪宣泄，因为案发当时王某文和被害人都是处于一种几乎丧失个人意志的状态。被害人张某祥和王某文喝了几十瓶啤酒，张某祥的酒精度是 205.53 mg/100 mL，已达酒精中毒水平，王某文的酒精度是 165.75 mg/100 mL，均远超醉驾水平。虽然不能因醉酒免除或减轻刑事责任，但也至少说明当时确实是在酒精作用下的一种情绪宣泄，而不是基于主观恶性的犯罪，这种情绪宣泄不属于故意杀人的主观心态。

（二）案发过程：有节制的故意伤害，而非无节制的故意杀人

故意伤害还是故意杀人在实践中的区分，需要从殴打发生的过程、殴打选择了什么工具、力度有无节制、殴打的部位和持续的时间以及事后有无救助被害人等多方面查证。

殴打行为是否有节制：王某文的犯罪行为并非无节制，因为整个案发过程中，他大部分时间用的都是拳头，主要针对脸部，造成了对方脸部肿胀。出庭检察员强调的王某文对被害人头面部的持续殴打，都不是造成被害人死亡的原因，都只能证明是故意伤害。对身体其他部位的殴打只是偶尔或间或发生，工具也不是预先准备的，而是随手捡拾的扫把或者铁锹把。如果他想致被害人张某祥于死地，他可以用铁锹的金属端直接对着被

害人要害部位击打，但他没有，只是用铁锹柄（木头端）打了两下，作用强度相当于木棍而不是铁锹，这说明在潜意识中他还是不想出手太重。出庭检察员想当然地认为王某文打断了铁锹把，但事实上现场勘查从未见过断掉的把头，断痕处也是陈旧伤，说明铁锹把原先就是断的，否则现场勘查时就必须找到断头一并拍照。出庭检察员称殴打持续的时间长，但应注意到整个视频中显示的殴打是断断续续的，并伴有口角。视频及多名证人证实王某文的殴打是断断续续的，并不时与被害人争吵，他们称被害人躺在地上时仍一直谩骂。双方的争吵或谩骂是情绪的宣泄。出庭检察员口口声声说王某文有双脚跳起来踹踏被害人胸部的行为，但辩护人反复阅看视频多遍，从未发现有此镜头，这个行为事实上不存在。当时烧烤店有多名证人可以证实，王某文和被害人之间是有互殴行为，而且他们当时以为两人是"闹着玩"，这足以说明当时的情形并不像检察员描述的那么严重，否则他们是会制止的。

　　行为人是否抢救被害人：在判断故意伤害还是故意杀人的定性上，不能唯结果论，行为人是否积极救助也是需要考量的因素之一。该案案发后，王某文借用烧烤店的一瓶矿泉水浇头让自己暂时略感清醒，并拨打了岳父马某斌的电话，让其打120急救电话，这是因为马某斌熟悉案发地点而王某文初来乍到并不知道准确方位。随后，120救护车在马某斌帮王某文拨打电话后赶到，王某文的岳父也赶到现场。王某文跟马某斌一起对被害人进行了及时的救助，这说明他不希望被害人死亡。他呼叫救护车，并陪同上救护车；到医院后提出希望医生做全面检查不要留下隐患，并及时垫付医药费，全程要求医生救治被害人；在为被害人办住院手续时不忘为其购买生活用品；得知情况危急时表示愿不惜一切代价请专家会诊抢救。从王某文的上述表现来看，即使在醉酒状态下，他全力救助被害人、强烈不希望被害人死亡的态度是非常明显的。他积极救助，被害人死亡根本不符合他的目的，他也从未对被害人的死亡有过放任。

　　对死亡结果表现出何种态度：对被害人死亡的态度也能反映行为人的主观心态。在本案中，王某文对被害人张某祥的死亡是感到意外和震惊的，他起初不敢相信，酒醒后非常痛苦和难过。因为在医院就诊时，被害人还亲口跟王某文谈赔偿的事，要20万元私了。无论在侦查、审查起诉、一审还是二审的过程中，王某文都对被害人的死亡表示了难以置信、痛苦和悔恨心态。

（三）死亡结果：医疗过错介入的因素，而非直接导致的死亡

辩护人认为，本案不仅不是故意杀人罪，而且也不是故意伤害致死，而仅仅是故意伤害罪，因为死亡结果并不是王某文造成的。

被害人没有得到及时救治的原因在医院，而不是王某文。案发后，王某文通过其岳父在第一时间拨打了急救电话，120及时赶到了现场，把被害人送往离现场最近的中某医院。辩护人到案发现场和中某医院实地探查，发现两地相距不过数百米，转两个弯就能到。若中某医院救治及时，被害人不可能因失血过多死亡。但遗憾的是，中某医院根本没有查看确认被害人伤情，就以午夜12点过后没有急救医生拒收。

市人民医院在收治后，未进行全面的探查，尤其是未发现腹部伤，这是误诊的主要原因。王某文将被害人送到市人民医院时，其和岳父都明确要求医生进行全面检查，以免留下隐患或后遗症，但市人民医院以做腹部彩超的医生已经下班为由，并未对被害人的腹部进行探查，而是径行记录"腹部无外伤"。这与尸检报告中的腹部外伤是矛盾的，说明当时医院根本就没有做必要的检查。事发后，医院方又以王某文未及时告知被害人伤情为由推卸责任，甚至杜撰出王某文故意隐瞒伤情的事由。

肠管破裂、肠系膜破裂不是致命伤，只是重伤，及时治疗不至于死亡。未及时手术，并且在腹部脏器可能破裂情形下持续按压腹部是加速被害人死亡的因素之一。根据《人体损伤程度鉴定标准》第5.7.2b条"肠破裂须手术治疗"、第5.7.2k条"腹腔积血须手术治疗"之规定，肠管破裂、肠系膜破裂构成重伤二级，但不是绝对致命伤，只要正确诊断，及时手术治疗，张某祥应当可以康复而不会死亡。医院的漏诊误治，最终导致了被害人张某祥的死亡。

一审中公安机关委托所做的通辽医学会鉴定书，明显是对王某文有利的证据，该附卷却没有附卷。该鉴定书是按照《医疗事故处理条例》所规定的法定程序所做，可以在民事诉讼中作为判定医疗事故的依据，在刑事诉讼中也可以作为认定医疗事故责任罪的依据，被害人依该证据要求医院承担赔偿责任，法院也必然认可该证据。该鉴定书认定诊疗行为与死亡结果之间有因果关系，构成了一级甲等医疗事故。而一级甲等医疗事故是指医疗机构及其医务人员在医疗活动中，违反医疗卫生管理法律、行政法规、部门规章和诊疗护理规范、常规，过失造成患者死亡。

（四）量刑考量：本着教育和改造的救赎，而非报复和惩罚

自首：主动投案有公安机关出具的情况说明可以证实，一审也已经予以了认定。只是在具体量刑上，这个法定从轻情节并没有得到体现。

认罪悔罪：根据"两高"关于认罪认罚的指导意见，认罪认罚案件，只要承认指控的主要犯罪事实，对个别事实情节提出异议，或者对行为性质提出辩解都不影响认罪认罚的认定。本案王某文一直都承认主要犯罪事实，口供稳定，只是对到底构成故意伤害罪还是故意杀人罪因其不懂法而无法判断（这个问题控辩双方作为专业法律人士也是争论不清），但这不影响认罪认罚。

积极赔偿被害人家属：一审程序中，王某文及其家属就是主动要求赔偿被害人家属，只是无奈对方要求过高，现实条件无法满足，庭审中被害人家属拒绝调解，才没有达成赔偿协议。二审在合议庭的主持下，王某文母亲通过借款筹款，在超出其经济能力的情况下进行了赔偿。

辩护人希望二审法院在量刑时可以充分考虑《最高人民法院关于贯彻宽严相济刑事政策的若干意见》第七条，故意杀人、伤害案件复杂多样，处理时要注意分别案件的不同性质，做到区别对待。

（五）案结事了，实现法律效果与社会效果的统一

2024年1月，吴丹红律师收到了王某文案件的二审判决书，罪名由故意杀人罪改为故意伤害罪，刑期也由死刑缓期二年执行、剥夺政治权利终身，改判有期徒刑十五年。

从侦查阶段至审查起诉阶段，直至最终的一审法院，罪名一直是故意杀人罪。一审判处王某文死刑缓期二年执行的刑罚。吴丹红律师二审介入后，在会见阅卷后认为，一审法院罪名认定有误，量刑畸重。二审中提出了罪名由故意杀人变更为故意伤害（致死）的辩护观点，并被二审法院采纳，刑期由死刑改判有期徒刑。

"徒法不足以自行"。法律理想效果的实现有赖于执行法律。无罪辩护固然精彩，但针对具体案件时还是要考量证据、尊重基本的事实，该案的犯罪事实是存在的，当事人及其家属只是对定性和量刑有异议，辩护人综合全部案情后也是认为定性与量刑存在巨大问题，才制定了二审改变定性，减低量刑的辩护策略。最终，二审法院认可了大部分辩护意见，并在判决书中予以引用。王某文的刑期降到了相对理想的幅度；被害人家属得到了赔付的补偿金，情绪也得到了安抚。最终这个案件得到了圆满的解决，实现了法律效果与社会效果的有机统一。

承办律师

吴丹红，北京市友邦律师事务所兼职律师、中国政法大学疑难证据中心主任，先后主持、承担多项国家社科基金、教育部人文社科项目和最高人民检察院重点课题，获得中国人民大学优秀博士论文奖、中国博士后科学基金奖、第一届全国中青年刑诉科研成果奖、第三届全国法学教材与法学科研优秀成果奖等学术荣誉。

07 有明显效用的兽药能不能认定为伪劣产品

——猫版"药神"案二审改判

广受关注的猫版"药神"案

我们代理过很多"药神"案,大多都取得了无罪结果,但是代理的这个猫版"药神"案却是非常曲折。人用药品所涉及的"药神"案的法律适用,经历了生产、销售假药罪,到非法经营罪,再到现在的妨害药品管理罪这样一个刑罚渐轻、刑期渐短的变更路径。而且,妨害药品管理罪要求对人体造成严重损害的潜在或者现实危险。猫用药的管理和刑事处罚力度不可能比人用药更严格,人用"药神"如果都无罪了,猫版"药神"反而要入罪,这是违反常理的。这也是这个案件广受舆论关注的重要原因。

这个案件之所以被称为猫版"药神"案,是因为生产、销售的兽药是用来治疗猫的一种绝症"猫传腹"的,而且疗效确实很不错。

"猫传腹"是一种致死率高达95%以上的疾病,是所有养猫人的噩梦。美国一药企研发的化合物GS-441524对"猫传腹"有治疗效果,国内的部分人士根据论文,开始自行合成GS-441524针剂,并且在市场上销售。因为疗效明显,GS-441524得到了市场的认可,甚至是专业兽医的推荐。

上了好几次热搜的"女高才生制售救猫药"案,"女高才生"胡某就是委托他人或者自行生产、销售含有GS-441524成分的兽药,销往境内外市场。该案涉及的含GS-441524的兽药对治疗"猫传腹"效果明显,但是没有经过兽药审批；以公司名义与兽药生产企业签订协议生产的传腹康清瘟败毒片，也添加了 GS-441524 成分，用以治疗猫传腹。

谭某为胡某的上游公司老板，其也是因为生产含 GS-441524 的兽药被指控构成生产、销售伪劣产品罪，一审、二审都是由我们团队负责辩护。《起诉书》的指控是三部分内容：一是为胡某非法添加 GS-441524 化合物找到载体清瘟败毒片，并研发非法添加的工艺；二是研发、供应 GS-441524 化合物；三是研发、生产非法添加 GS-441524 化合物的兽药胶囊、注射剂。

本案被指控的罪名是生产、销售伪劣产品罪，涉及生产销售金额远远大于 200 万元。刑法第一百四十条规定，该罪名销售金额 200 万以上的，处十五年有期徒刑或者无期徒刑。谭某公司的员工基本都是高学历，好几位是博士，都是被抓获归案的，这导致没有自首情节，无法适用自首减轻处罚。如果按照生产、销售伪劣产品罪来判决，都可能面临重刑。这个案件我们代理了一、二审，二审虽然改判了，但对结果仍感遗憾。

猫版"药神"应该怎么判，法庭其实很纠结

也许是《我不是药神》这部电影太深入人心，所以有媒体以猫版"药神"这样的标题来报道这个案件后，引起了舆论关注，尤其是一审以生产、销售伪劣产品罪判处胡某十五年有期徒刑，罚金 4 000 万元之后，更是引起了广泛的关注和报道。公众感到困惑的其实也还是添加了 GS-441524 的兽药是有疗效的，也挽救了很多猫的生命，怎么就定义为伪劣产品了呢，而且还判得这么重。公众的疑惑其实也是法庭的困惑。

1. 根据举重以明轻的法律解释，对兽药的刑法治理应当更轻

《中华人民共和国药品管理法》废除了拟制类假药的认定，《中华人民共和国刑法》对有真实疗效药品的治理发生了重大的变更。刑罚作为最为严厉的惩罚措施，必须坚持最严格的程序和标准，必须坚持比例原则和谦抑原则，人用药品尚且不再动用重罪进行打击，与人用药品相比而言危害更轻、损害后果更小的猫用药更不能用如此重刑重罚进行打击（生产、销售伪劣产品罪销售金额超过 200 万元，刑期是十五年有期徒刑或者无期徒刑）。本案是违反国务院行政法规《兽药管理条例》的行为，完全可以通

过行政手段来调整，不宜作为犯罪而动用刑事手段打击。

2. 刑法上的伪劣兽药应进行独立判断，涉案兽药不属于伪劣兽药

《中华人民共和国刑法修正案（十一）》实施前，刑法上的"假药"系依据《中华人民共和国药品管理法》（以下简称《药品管理法》）进行认定。2015年修正的药品管理法规定的"假药"包括"拟制假药"。2019年修订的药品管理法删除了"按假药处理的药品、非药品"，以期在行政法规上确立更科学、更完善的假药认定标准。2021年3月1日《中华人民共和国刑法修正案（十一）》将"本条所称假药，是指依照《药品管理法》的规定属于假药和按假药处理的药品、非药品"的规定予以删除。

而《中华人民共和国刑法》第一百四十七条"生产、销售伪劣兽药罪"不同于修订前的刑法第一百四十一条"生产、销售假药罪"，刑法条文中没有参照前置行政性法律法规认定伪劣兽药的规定。

从立法动向可以看到，刑法上假药、假兽药的判断没有参照前置行政性法律法规的条文基础，甚至删除了原来援引前置行政性法律法规的条文。由于行政性法律法规和刑法存在本质区别，因此，刑法上的伪劣兽药判断不能完全依照《兽药管理条例》这种形式上的药品管理行政规定。

本案中的S市农业农村委员会执法总队认定的情形均是从未经批准增加治疗范围、添加成分，未经批准生产无证无号兽药，而并未从产品质量、实质功效等方面上对涉案兽药是否为伪劣兽药进行判断，因此不宜将该行政认定直接适用于本案作为刑事认定的依据。

本案是违反国务院行政法规《兽药管理条例》的行为，完全可以通过行政手段来进行调整，不宜作为犯罪而动用刑事手段进行打击。

几个罪名都不构成

这个案件一审、二审都做的无罪辩护，也同时"骑墙"做罪轻辩护。因为生产销售伪劣产品罪很重，本案金额又非常高，法官也在犹豫：如果作出有罪判决的话，应该适用什么罪名。我们对一审可能适用的罪名，分别为生产、销售伪劣产品罪，非法经营罪和生产、销售伪劣兽药罪进行了分析，都不构成各罪。

（一）不构成生产、销售伪劣产品罪

1. 涉案兽药不属于伪劣产品

根据《中华人民共和国刑法》第一百四十条的规定，生产、销售伪劣产品罪是指生产者、销售者故意在产品中掺杂、掺假，以假充真，以次充好或者以不合格产品冒充合格产品，销售金额在五万元以上的行为。

根据《最高人民法院 最高人民检察院关于办理生产、销售伪劣商品刑事案件具体应用法律若干问题的解释》（以下简称《解释》）的规定，"在产品中掺杂、掺假"，是指在产品中掺入杂质或者异物，致使产品质量不符合国家法律、法规或者产品明示质量标准规定的质量要求，降低、失去应有使用性能的行为。"以假充真"，是指以不具有某种使用性能的产品冒充具有该种使用性能的产品的行为。"以次充好"，是指以低等级、低档次产品冒充高等级、高档次产品，或者以残次、废旧零配件组合、拼装后冒充正品或者新产品的行为。"以不合格产品冒充合格产品"，是指以不符合《中华人民共和国产品质量法》第二十六条第二款规定的质量要求的产品冒充符合质量要求的产品。涉案产品显然不属于伪劣产品。

首先，上述规定说得很明白，"杂""假"是指会导致产品质量不符合标准或者降低、丧失使用产品性能的杂质或异物。而 GS-441524 既不是"杂"，也不是"假"。GS-441524 是 GS-5734 的前体，GS-5734 是 GS-441524 的活性代谢产物。GS-5734 就是瑞德西韦，是核苷酸类似物药物，是已经证实的可以抑制感染埃博拉出血热病毒和各种 RNA 病毒的物质。大量实验数据表明，GS-441524 可以有效抑制猫传腹。涉案兽药是在传统的中药兽药清瘟败毒片中加入 GS-441524，根据众多猫咪主人的笔录，涉案兽药是具有真实疗效的，确实可以治愈猫咪的猫传腹，而其治愈的根本物质就是 GS-441524。这也就是说明，涉案兽药中所添加的 GS-441524 才是发挥产品效能的有效成分。

其次，涉案兽药中所添加的 GS-441524 是目前经过科学实验数据和市场实践认可的，对于猫传腹治疗效果最佳的药物。在 GS-441524 之前，猫传腹的主要治疗药物是 GC-376。GC-376 是一种广谱抑制剂，靶向抑制病毒编码的 3c 蛋白酶，它的治愈率比较低。与 GC-376 相比，GS-441524 的治疗效果明显更加理想，使用的剂量更少，治疗周期更短，治愈率是前者的四倍。

最后，产品质量合格与否主要看是否符合《中华人民共和国产品质量法》第26条第2款规定的质量要求。而本案中的涉案兽药中的传腹康有说明书，国家批文，经过实践检验也确认了疗效，实质上符合产品质量法所规定的质量标准。

2. 法律拟制"假兽药"已经不合时宜，再类推为伪劣产品更应当被禁止

本案中涉案兽药的定性依据为S市农业农村委员会执法总队于2021年5月出具的《关于对S市公安局JD分局"1102"案生产销售伪劣产品案涉案物品的认定意见》。该意见认为，涉案兽药为假兽药。而农业农村委员会执法总队结论并不是基于涉案药品的属性和疗效而作出的，其"假兽药"的意见完全是基于法律拟制。

GS-441524是目前市场上重要的能救治猫咪猫传腹疾病的药物。从属性和药效上来说，涉案兽药就是具有真实疗效的真兽药。而农业农村委员会执法总队基于法律拟制所认定的"假兽药"结论是否一定能够推导出伪劣产品呢？不可以，因为，法律禁止类推解释，尤其是对犯罪嫌疑人不利的类推解释。

从前述《解释》的内容来看，对于伪劣产品的确认采用的是法益实质侵害标准。在刑法上认定伪劣商品不应当以抽象的行政管理秩序为目标，而应当以作为刑法核心理论的法益侵害理论为目标，在真假问题上作出符合刑法价值观的判断。而对于本案，涉案产品被认定为伪劣产品不应当以法律拟制的"假兽药"而类推得出，应当通过专业的司法鉴定机构，根据伪劣产品的核心本质依法鉴定得出结论。

生产、销售伪劣产品罪的行为本身具有欺诈性，行为的最终目的会降低产品的质量或性能，而涉案兽药的购买均属于明知，甚至就是针对性的购买，不应当构成本罪。

根据前述，生产、销售伪劣产品罪的行为包括掺杂、掺假，以假充真，以次充好或者以不合格产品冒充合格产品的行为。这些行为都是"冒充"行为，而且，行为的结果都会降低产品质量或者使用性能。这些行为都具有欺诈性。行为人欺诈产品的购买者，让产品的购买者错误地认为产品的质量和性能没有问题。

而本案中，GS-441524是目前市场上唯一能救治猫咪猫传腹疾病的药物。患有猫传腹的猫咪主人都是知道的，也就是冲着这个才去买的涉案产品。他们都是明知，并且就是针对性地去购买的涉案产品。本案中的涉案产品出售者并不存在预谋或者明知产品存在前述四种欺诈情形之一，买卖双方均是基于真实合意而发生的涉案产品的买卖法律关系，不应当构成生产、销售伪劣产品罪。

（二）本案不构成非法经营罪

我国刑法第二百二十五条规定了非法经营罪，其中第（四）项的"其他严重扰乱市场秩序的非法经营行为"在实践中也常用于调整非法经营伪劣兽药的行为。对于涉案行为，也有一些法院以非法经营罪进行判决的，例如，安徽省郎溪县人民法院于2020年12月14日就曾作出（2020）皖1821刑初172号判决书，对于涉案同类行为定以非法经营罪。与本案相类似的人用"药神"案，在药品管理法修改后，法律拟制的人用假药不再作为假药处理，在刑法修正案（十一）生效实施前各地司法机关主要以非法经营罪来调整和约束。但是本案不满足适用非法经营罪的构成要件。

《最高人民法院　最高人民检察院关于办理危害食品安全刑事案件适用法律若干问题的解释》第十一条第二款规定："违反国家规定，生产、销售国家禁止生产、销售、使用的农药、兽药、饲料、饲料添加剂，或者饲料原料、饲料添加剂原料，情节严重的，依照前款的规定（非法经营罪）定罪处罚"。因此，生产、销售伪劣兽药被定性为非法经营罪必须满足，该兽药本身是国家禁止生产、销售和使用的。

农业农村部于2019年12月27日发布了第250号关于修订食品动物中禁止使用的药品及其他化合物清单的公告。"食品动物中禁止使用的药品及化合物以本清单为准。"清单收入了21类药品及其他化合物，包括酒石酸锑钾、β-兴奋剂、汞制剂、毒杀芬、卡巴氧、呋喃丹、氯霉素、杀虫脒、氨苯砜、硝基呋喃类、林丹、孔雀石绿、类固醇激素、安眠酮、硝呋烯腙、五氯芬酸钠、硝基咪唑类、硝基酚钠、已烯雌酚类、锥虫砷胺、万古霉素等。而涉案产品中的GS-441524是一种核苷类似物，主要干扰病毒RNA转录过程。GS-441524根本不在清单范围之内，即其并不属于禁止使用的药品。

而且,农业农村部发布此清单的目的在于保障动物源性食品安全。涉案产品用于猫咪,治疗猫咪的猫传腹疾。猫作为传统动物并不在人们的肉类食品范畴内,目前也多作为宠物来养育。

(三)不构成生产、销售伪劣兽药罪

根据刑法第一百四十七条的规定,生产、销售伪劣兽药罪是指,生产伪劣兽药,或者明知是伪劣兽药而销售,并且使生产遭受较大损失的行为。该罪名并非危险犯,而是结果犯,构成该罪必须要求生产遭受了实际的损失。根据《解释》的规定,"较大损失"的金额起点为二万元。而本案的涉案兽药有真实疗效,对猫咪的猫传腹的治疗效果非常好。

但是这中间却存在一个逻辑悖论,如果涉案兽药效果不好,造成两万元至十万元的生产损失,那么应该适用生产、销售伪劣兽药罪,量刑在三年以下有期徒刑。而如果效果很好,没有造成任何生产损失,反而要适用生产、销售伪劣产品罪,销售金额200万以上,要处十五年有期徒刑或者无期徒刑。这是反逻辑的,所以从逻辑上和举重以明轻的解释方法上来推演,本案也不可能适用生产、销售伪劣产品罪。

鉴定意见和认定意见存在的问题

(一)鉴定意见存在的问题

J公(经)鉴聘字(2021)100183号鉴定聘请书的鉴定意见有很多问题。该份鉴定聘请书系针对涉案产品是否含有GS-441524、GC-376和瑞德西韦的成分鉴定。该鉴定聘请书十分不规范。更为重要的是鉴定机构为S市兽药饲料检测所,其根本不能作为鉴定机构。S市兽药饲料检测所并非完全的独立机构,其从属于S市动物疫病预防控制中心,与S市畜牧技术推广中心一起"两块牌子,一套机构"合署办公。S市兽药饲料检测所是S市兽药、饲料质量监督检验的法定专业机构,主要承担重大动物疫病和人兽共患病防控,畜牧投入品质量安全监测,畜牧技术研究推广和培训服务,兽医公共卫生安全保障等职责,它并不具备鉴定机构资质。

并且,该鉴定意见书形式不完备。鉴定意见书没有注明提起鉴定的

事由、委托鉴定人、鉴定机构、鉴定要求、鉴定过程、鉴定方法、鉴定日期，只是在最后由 S 市兽药饲料检测所盖了个检测专用章而非司法鉴定专用章。这份鉴定意见书也没有鉴定人签字。该鉴定意见书并非刑事法律规范意义上的司法鉴定意见书，而是国家事业单位的检验检测机构应国家机关公安部门取证的需要，对公安机关提交的涉案样品进行无偿技术检测药物成分的司法协助行为。

（二）认定意见存在的问题

本案存在一份 S 市农业农村委员会执法总队关于涉案产品的认定意见。该份认定意见明显不属于司法鉴定。

S 市农业农村委员会执法总队是 S 市农业农村委员会所属行政执法机构，以 S 市农业农村委员会名义统一执法，其所出具的认定意见乃根据《兽药管理条例》所出具的行政法意义上的假兽药。

指控谭某存在的几个问题

一审进行无罪辩护，同时也做了数额、情节、罪名等方面的罪轻辩护。很多案件我们在做无罪辩护的时候都会同时做罪轻辩护，也就是所谓的骑墙式辩护，这也是为了防范如果无罪辩护没有成功，不会错漏罪轻情节方面的辩护。谭某的从犯情节之前就和检察官沟通过，起诉书上也确认了这个情节，在此不赘述。

1. 指控谭某为胡某非法添加 GS-441524 化合物找到载体清瘟败毒片，并研发非法添加的药，并据此将这部分的金额都计算为谭某的犯罪金额是不正确的

谭某公司为胡某提供咨询意见，对于找到清瘟败毒片这个载体，只是翻了一下《兽药典》，很轻易就给出了一个意见。对于所谓的生产工艺，谭某公司是有前述技术服务合同的，也只是提供压片的咨询。本案山东公司咨询的压片问题只是特别小的技术问题，而且这个问题谭某公司人员也是打电话给了其他药厂的朋友后，就把别人的意见用来答复山东公司的，山东公司问任何一个药厂的技术人员基本都能解决。而且根据法庭调查，山东公司根本就没有采纳谭某公司的意见，而自行解决了。如果仅凭这两

点，将谭某认定为是共同故意犯罪，相关金额也认定为是他的犯罪金额，这是不公平的。

2. 研发、供应的 GS-441524 化合物到底有多少被添加到产品中，这需要区分出来

谭某公司自 2020 年 5 月才开始供应 GS-441524 化合物原料，为胡某提供 GS-441524 化合物原料的单位也不仅只有谭某公司一家。对于山东某牧业科技公司生产的清瘟败毒片不能都算在谭某公司的头上，要对谭某公司提供原料生产的清瘟败毒片和其他单位提供原料生产的进行区分。而且 S 市兽药饲料检测所针对 S 公（经）鉴聘字（2021）100322 号鉴定聘请书所出具鉴定意见中写明了，送检的 8 批粉剂中有一批没有检测出 GS-441524 化合物的成分。该鉴定意见书未有附件，对于"粉剂"并不明确，对于这一块涉及的产品，公诉机关也不应当提起公诉，但是这一块，也没有查清，也没有进行区分。

一审结果不理想，顶住压力上诉

本案我们与承办法官沟通良好，但拦路虎之一是 S 市铁路运输法院曾对同类案件有过一个判例，就是判决构成生产销售伪劣产品罪，只是那个案件金额低，适用了缓刑，这一判决也早已生效。当然戏剧性的是，那个案件是胡某为了打击竞争对手而自行去举报立案的，如今反而成为她自己无罪或者适用轻罪的障碍，还牵连到这个案件中包括谭某在内的所有被告人。猫版"药神"舆论关注度很高，有同情的，但也有非议的，主要就是因为胡某之前的举报，让很多人觉得现在她也不值得同情。这当然是题外话。

最后，一审法院还是将全案认定为构成生产、销售伪劣产品罪，认定谭某公司的销售金额为 5 000 余万元，最后谭某一审被以生产、销售伪劣产品罪判处有期徒刑五年六个月，罚金八十万元。公司的另外三名员工都是被判了有期徒刑三年，但是没有缓刑；之前被取保的那名员工是判了有期徒刑一年，缓刑。谭某和公司其他人都只认定了一个从犯的情节，判处这个刑期已经算是法院突破常规，一个量刑情节降了两档，被判一年的那个员工是一个从犯情节降了三档。但是，这个结果显然是很不理想的。

对法院来说，这也许是没有办法的办法，因为生产、销售伪劣产品罪这个罪名的量刑太重了，如果适用这个罪名，按常规的一个情节降一档，显然罪刑不相适应。之前也和主办法官沟通过，他一直觉得刑法对生产、销售伪劣产品罪的刑期规定不合理。分案处理的胡某被认定为主犯，因为没有降档情节，最后就被判了有期徒刑十五年，且罚金高达四千万元。

案件判决之后，也许是对比胡某的有期徒刑十五年，谭某和公司的其他几个人到觉得可以接受这个结果，在押解回看守所的车上，就一致决定不上诉了。判决后我也去看守所及时会见了谭某。谭某也表示不上诉了，想尽快下监。但是谭某的妻子一直都非常坚决，要求一定要上诉，我们也觉得这个案件应该上诉，在上诉期届满的最后两天做通谭某的工作，提起了上诉。

二审改判，但依然很遗憾

二审开庭审理了，我们沿袭一审继续做无罪辩护，同时在二审重点针对数额提出了意见：这个案件一审没有查清楚谭某的数额认定，起诉书上都没有写明销售金额。公诉人在一审当庭才说销售金额是五千余万元，但是在庭上也没回答清楚到底是怎么计算出来的。二审在我们的追问下，出庭检察员对金额的计算作出了一个解释，当然也很不合理。二审延期了很长时间，在这期间我们也和法官一直保持着沟通。最后的沟通结果是可以退出一部分违法所得或缴纳罚金，获得从轻判决。

最终二审判决的罪名没有改变，依然是判决构成生产、销售伪劣产品罪，但是量刑减少了一年半。虽然是从轻改判了，且从轻的幅度不大，但是对当事人来说，从轻的一年半也是非常宝贵的时光。据了解，胡某最后是认定了一个立功情节，也获得了减轻处罚，改判有期徒刑九年，罚金还是四千万元。

这个系列案件是分案处理的，这个案件有六个一审被告人，就只有谭某提出上诉。当时提出上诉其实是有压力的，因为会影响其他一审被告人下监。据了解，这个案件一审也是层层上报的，所以当时几乎所有人都认为二审一定是维持原判，但是还是获得了从轻改判。没有上诉的几个一审被告人因为谭某的上诉也获得了从轻改判。最终的结果虽有一点遗憾，但刑事辩护就是充满遗憾的，很多时候确实就是不是看到了希望才坚持，而是坚持了才看到希望。在当下，二审辩护是越来越难了，这个猫版"药神"案的二审辩护结果虽然不满意，但也总算没有白折腾。

承办律师

周小羊，北京盈科（上海）律师事务所高级合伙人、管委会委员，盈科全国刑事中心副主任、盈科上海刑事中心主任，同济大学刑事辩护研究中心联席主任，扬子鳄刑辩发起人，上海市律师协会刑事诉讼委员会委员，民革上海市委民主监督委员会委员。深耕刑事辩护，成功办理了一系列重大疑难复杂的刑事案件。

邱坤，北京盈科（上海）律师事务所实习律师，前资深检察官，曾在检察机关工作十余年，一直在刑事检察办案一线。曾获"上海市检察机关第十二届优秀公诉人"称号，以及"上海市检察机关第八届优秀侦查监督员"称号。

08 雪中取火,再铸火为雪
——指控W某诈骗罪二审发回重审判决无罪案办案手记

一审判决　迷雾重重

2021年的某天,因被指控诈骗犯罪被一审法院判处四年有期徒刑的W某,托人带着《起诉书》及一审《刑事判决书》找到了谭仲萱律师。

《起诉书》载明的主要指控内容为:

2017年8月中旬,被害人C某,通过H某介绍认识被告人W某,被告人W某与H某利用投资理财的形式向被害人C某推荐S平台投资项目,谎称说很挣钱,取得C某的信任。后C某通过银行数次转账数十万元至被告人W某的中国建设银行账户。被告人W某转账部分钱款给L某、Q某,余下款项用于归还贷款、借款等。

一审《刑事判决书》中也据此认定:

对于公诉机关指控涉案数额及被告人W某与辩护人提出的意见,本院评析如下:经查,被告人W某以理财投资为由,骗C某投资S平台,被告人W某在整个过程中只对C某声称,该平台很挣钱,但没有讲具体收益,没有出具书面材料给C某,也没签订相关合同,本案现有证据无法显示被告人W某有帮C某在涉案平台开设账号及账号的投资情况。在被告人 W 某收到 C 某涉案款项后，被告人 W 某将涉案款项用作其个人还款等用途，并没有证据显示被告人 W 某将涉案款项帮 C 某投资在涉案平台，故被告人 W 某的行为符合诈骗罪的构成特征，应以诈骗罪定罪处罚。

就上述文书的内容及相关证据，律师团队迅速总结出多个案件疑点：

其一，S 和 F 平台是否真实存在？如果存在，为何文书中没有提及任何一份与之相关的证据？

其二，W 某有无进行投资？如果有，为何收受 C 某转账后，钱款去向为私人账户而非投资平台账户？

其三，文书中提到的 W 某转账给 L 某、Q 某的目的是什么？一审判决中为何没有载明 Q 某、L 某的相关证言？

其四，除 Q 某、L 某以外的涉案钱款均被认定用于个人还款、消费等用途，有哪些证据来予以证实？

其五，为何 C 某自己不进行投资，而是将钱转给 W 某、H 某由二人操作？

其六，依据指控内容，H 某是介绍 W 某与 C 某认识的中间人，其自身也接受了 C 某的投资，起诉书中亦载明 H 某收到款项后将钱款打入私人账户，为何 H 某未列为同案犯、未另案处理？

其七，一审《刑事判决书》中"本案现有证据无法显示被告人 W 某有帮 C 某在涉案平台开设账号及账号的投资情况"这一内容存在重大争议、歧义，如何正确理解？有没有可能存在相反的证据而未收集？

带着上述疑问，谭律师对 W 某进行了详细的询问。

经与 W 某详谈后，律师团队已发现 W 某的表述与《起诉书》及一审《刑事判决书》的内容存在极大的冲突，本案存在较大的辩护空间，但在未阅卷之前，一切始终处于迷雾之中。

介入案件　雪中取火

介入案件后，律师团队马不停蹄前往二审法院阅卷。案卷不多，包含一审裁判材料在内也不过 1 000 页左右。在紧密阅卷后，谭律师发现，案件事实十分简单，而指控逻辑及一审定罪逻辑则更为"简单"，在案证据和文书展现出来的事件线条如下。

W某、H某本身均在S和F平台投资虚拟币。H某与C某曾为同一公司上下级关系，经H某介绍，W某与C某相识，约定由W某帮其操作投资。2017年9月后，C某陆续转账投资款项数十万元给W某，转账投资款项30万元给H某。2018年7月17日，C某报警称被W某、H某诈骗。2019年6月27日，公安机关传唤W某到案，调取W某的银行卡流水显示，W某收到C某款项后，相关钱款均转至他人银行账户中。2020年6月15日至10月30日，侦查机关出具多份《情况说明》，表示：①现因H某涉嫌诈骗证据不充分，故暂不对H某移交审查起诉；②S和F平台已经无法登录，无法调取平台相关信息；③W某银行流水中诸多收款人无法取得联系，无法核实身份，且有部分收款人证实往来钱款为欠款及货款。一审法院据此认定："本案现有证据无法显示被告人W某有帮C某在涉案平台开设账号及账号的投资情况，在被告人W某收到C某涉案款项后，被告人W某将涉案款项用作其个人还款等用途，并没有证据显示被告人W某将涉案款项帮C某投资在涉案平台，故被告人W某的行为符合诈骗罪的构成特征，应以诈骗罪定罪处罚。"

乍一看，现有部分证据似乎已经证实了W某收到款项后没有用于帮C某投资，而是用于个人用途，证据链形成了闭环。但经综合审查全案证据后团队一致认为，公诉机关的指控逻辑及一审法院的定罪逻辑存在问题。

其一，一审法院认定W某收到涉案款项后，转账部分钱款给L某、Q某，该部分金额亦被计入诈骗犯罪金额。但W某笔录已明确辩解其转给L某、Q某的钱款是用于购买虚拟币，而为什么侦查机关未调取有关Q某、L某的任何证据？为什么没有调取L某、Q某的身份资料？为什么没有任何证据证实W某与其的款项来往目的？怎么推翻该部分金额是W某用作个人用途的认定？

其二，公安机关确有对部分收款人进行讯问调查，也确有部分收款人作证称双方往来款是货款，并提供了相关单据。但经核对在案证据，相关证人笔录中明确陈述来往款项系货款及欠款的金额不到人民币10万元，远低于涉案金额，与定罪金额不能匹配。

其三，公安机关已明确说明，因S和F平台无法登录，无法调取到任何相关证据。简言之，取证不能、举证不能。而一审法院据此认为"并没有证据显示被告人W某将涉案款项帮C某投资在涉案平台"是明显的有罪推定。换言之，本案亦没有充分的证据证实W某"没有"将涉案款项帮C某投资在涉案平台。公诉案件中被告人有罪的举证责任由人民检察院承担，举证不力的后果应由人民检察院承担。因此，从全案证据而言，在现有证据无法证实W某到底有无投资行为的情况下，在没有排除W某确有帮C某进行投资这一合理怀疑的情况下，基于举证原则、疑罪从无原则以及有利于被告人原则，应当认定W某没有实施诈骗行为。

其四，在大量证据缺失的情况下，本案定罪的证据极为薄弱。以一审法院定罪的"关键证据"——W某的银行流水举例，银行流水作为原始证据、客观证据，其真实性、合法性具备极大的采信度。但从证据资格及证明力角度出发，在无其他证据予以印证的情况下，银行流水证实的仅仅是"W某有将钱款转给他人"的事实而已，一审判决明确的资金去向仅有Q某、L某二人，其余涉案金额的去向并未查明。而货币作为种类物，其在交易上具有极强的替代性，在W某自有财产已覆盖涉案金额的基础上，又如何能选择性地认定W某转出的金额就是涉案钱款？又如何能简单地依据一两个人的笔录内容认定W某将全部涉案金额用于个人用途？

因此，在W某已提供可供调查取证的线索，而本案未进行核实的情况下，W某银行流水还具备足够的证明力吗？显然没有。为达到排除所有合理怀疑，证据形成唯一指向性的证据标准，公安机关应当根据W某提供的线索，调查W某银行流水中与涉案款项金额大小、转账时间相近的收款人真实身份及转账目的，至少调查取证的金额上应当相当于或者能覆盖本案指控的涉案金额。否则，不能排除收款人即是平台投资人的合理怀疑，不能排除双方款项来往是为了帮C某投资购买虚拟币的合理怀疑。

其五，经律师核对在案人员笔录，H某、C某的笔录中均存在大量的对被告人有利的细节要点，遗憾的是并未在一审判决中体现。但这些细节无疑为辩护律师提供了宝贵的视角，可借此更深入地分析了案件材料。如被害人C某笔录中曾提到"W某曾给过其四个账号和密码"；如证人T某的笔录，虽然T某陈述称其与W某单笔的款项往来是借款，但在笔录中，T某亦承认其是涉案平台的投资人。如介绍人H某的笔录中，辩护律师发现，H某介绍W某与C某认识的过程绝不是H某陈述的那么简单；通过与W某核对其与C某认识的过程，辩护律师发现，H某笔录中存在明显的隐瞒其他在场人员的情形。且更耐人寻味的是，C某、H某笔录中均有提及W某已履行替C某操作投资的行为，但在后续的笔录又对该事予以回避，并称记不清楚具体情况。

无论是取证还是举证，都应当采取行为逻辑与法律逻辑并行的思维方式，而不能仅依据法条机械处理。证据链的形成不仅仅依据相关法律法规中对于查明案件事实的概括性规定，还应当结合案件事实的发展过程，从中获取更直接、更有证明力的证据。因此，在本案中，判断W某是否实施诈骗行为存在诸多的取证方向，而这些关键证据正是其中所缺失的。在与W某反复确认后，辩护律师形成多份书面申请书提交给了二审法院。

第一份申请书为《公开开庭审理申请书》；申请事项：请求公开开庭审理W某涉嫌诈骗罪上诉一案。

第二份申请书为《收集、调取证据申请书》；申请事项：①申请调取S平台服务器中与本案相关的数据；②申请调取W某在S平台主账号下的交易信息；③申请调取C某在S平台主账号下的交易信息；④申请调取H某在S平台主账号下的交易信息。

第三份申请书为《收集、调取证据申请书》；申请事项：申请调取C某注册S平台时登记的手机号码的相关信息。

第四份申请书为《通知被害人C某，证人H某、L某、Q某等出庭申请书》；申请事项：请求通知本案被害人C某出庭，通知重要证人H某、L某、Q某等出庭作证。

上述申请一旦实现，能够对待证事实形成强有力的查漏补缺，是承办律师核心辩点的支撑，最终也成就了本案重铸出罪证据链、打破定罪思维的大逆转，是获取最终判决无罪结果的关键。

二审开庭　发回重审

在提交了多份申请书后，谭律师后续多次与二审承办法官沟通，承办法官亦提出"本案哪些人说的是真话"的疑问，并同意二审开庭审理。这无疑给了辩护人极大的信心。据此，针对一审判决的内容及全案的情况，律师团队组织了充分的辩护意见并检索了相关类案。

一、W某转账给L某、Q某、T某等人的目的实为协助C某操作投资，L某、Q某、T某等人身份实为S平台投资人。且一审公诉机关认定事实有误，W某除在L某、Q某、T某三人处协助C某投资外，还通过S平台提供的信息购买了HU某、QI某二人挂售的虚拟币协助C某投资，W某并未实施诈骗行为。

二、本案关键证据缺失，多名重要证人的证言没有收集，平台数据亦未收集。W某客观上是否有协助C某操作投资这一行为应以S平台的平台数据、C某平台账号下数据以及C某手机数据为准，一审判决认定W某将投资钱款用于个人还款、消费等用途事实不清、证据不足。

三、一审法院对本案证据未进行充分的质证、认证，一审判决中部分证人证言内容与事实不符，现有证据无法证实和匹配一审判决认定的犯罪数额。

四、W某与H某同案同情形，却遭遇不同的法律认定。H某在本案中起到主要作用，且H某收受C某的三十万元投资钱款因为平台关闭同样无法收回，司法机关并未追究H某的刑事责任。

五、从类似已决案例可以看出，本案性质上属于民间委托理财合同纠纷，不应作为刑事案件处理。

为了更好地展现辩护观点，同时也为了让二审诉讼参与人更直观快速地了解本案疑点，辩护律师在《辩护意见》的基础上，制作了多个图表，包括《W某转账情况说明表》《本案关键证据缺失说明表》以及《W某与H某作用、情节对比表》等。同时，辩护律师检索到多个与S平台相关的民事案例，不仅证实了涉案平台真实存在，更说明了不应对类似纠纷进行刑事打击。

二审开庭前，辩护律师便将书面辩护意见及附件提交给检察员。庭上，辩护律师的辩护意见取得了极其理想的结果。检察员在发表意见的收尾阶段，直接拿起辩护律师提交的辩护意见，宣读了辩护意见的部分内容，并当庭表示："建议本案发回重审。"2021年9月1日，团队收到二审法院快件，果不其然，二审法院裁定撤销一审判决，发回一审法院重新审理。

铸火成雪　　终获印证

收到二审裁定后，W某选择继续委托谭仲萱律师团队为其辩护。案件来到重审一审阶段后，辩护律师的主要目标也随之转移，不再是原审一审判决内容，而是将重点放在打破起诉书的指控上。

值得注意的是，虽然案件已发回重审，但在之前的二审阶段并未补充任何新的证据。为此，2021年9月28日，辩护律师向重审一审法官邮寄了多份申请书。这些直击要害的申请书明显打动了承办法官。在后续的沟通中，承办法官表示法庭会积极调取相关证据，关于证人出庭的事宜也会与侦查机关沟通，但需要等待。借此机会，辩护律师向承办法官说明了C某、H某的笔录内容前后矛盾以及二人笔录中均有提及W某有替C某操作投资的情况。承办法官回应，其也注意到在案笔录内容的矛盾之处，表示会想办法予以核实。

2022年5月11日，辩护律师突然收到了法官助理电话，称已安排开庭时间，并有新的补充卷。连夜阅卷后，团队惊喜地发现，本次的补充侦查几乎是按照辩方提供的线索和方向进行。侦查机关搜集到收款人L某的证人证言，并根据L某的陈述，了解到L某银行账户实际使用人为X某，侦查机关又对X某进行了讯问。X某明确陈述：L某的民生银行账户由其使用，其是涉案投资平台的投资人，且认识W某。经梳理并识别侦查机关提供的银行流水，X某对银行流水予以确认，并手写"以上（银行转款记录）是W某转账到我借L某的民生银行的六笔流水，经我检查确认，2017年9月20日W某转给L某的三笔款项是我帮他们在（S平台）后台买积分的钱款"。对于辩护律师向承办法官反映的H某笔录内容前后矛盾的问题，侦查机关在对H某进行讯问时，专门就H某之前所作的笔录的内容与其核对。而对于辩护律师提交的其他申请，侦查机关出具了多份《情况说明》予以回应：其一，C某已去世，无法与其核实具体情况；其二，经多方查找，无法联系上Q某，无法核实具体情况；其三，"S"和"F"投资平台无法登录，无法调取后台服务器中的相关数据。

这次补充侦查收集到的证据更加坚定了辩护律师团队为被告人争取无罪的决心。补充证据证实的事实有：其一，补充证据证实了L某银行账户使用人X某的身份为涉案平台投资人,且与W某相识;其二,X某的证言打破了起诉书中关于W某转账给Q某、L某等是用于个人还款、消费等用途的指控,证实了W某与其的转账往来确是W某在涉案投资平台上购买虚拟币;其三,X某笔录中关于涉案投资平台如何投资的详细陈述证实了W某此前供述的操作流程属实;其四,X某笔录内容说明了W某确有转账给私人账户用于在涉案平台上购买虚拟币。在此情况下,不能排除Q某等人亦是涉案平台投资人、W某与Q某款项来往亦是用于投资购买虚拟币的合理怀疑。

据此,在坚持二审辩护意见的基础上,辩护律师进一步提出:

一、在原二审法院认为W某诈骗事实不清、证据不足,并已裁定撤销原一审判决发回重审的情况下,重审阶段的补充证据已确切证实了W某协助C某进行平台投资的行为,已完成投资,并未非法占有"被害人"的财物。因此,本案指控诈骗犯罪的事实不清、证据不足、指控的犯罪不能成立。

二、现已查明W某转账给L某的真实目的是协助C某投资购买虚拟币(即买分),X某的真实身份是平台投资人。结合在案其他证据可知,Q某、T某、HU某、QI某等人与X某一样,真实身份均为平台投资人。W某已通过投资平台提供的信息进行转账,并协助C某投资购买虚拟币,W某并未实施诈骗行为。

三、W某经由H某间接协助C某投资购买虚拟币这一客观事实可通过"S"投资平台的平台数据、C某平台账号内数据以及C某的手机内存数据予以证实。但本案于2018年7月刑事立案(届时平台可以正常登录获取数据),在历经长时间侦查以及多次补充侦查后,相关关键证据仍然怠于调取,至今缺失。应依据存疑有利于被告人原则,结合银行流水、证人证言、W某供述等证据,认定W某已经将款项全部用于购买虚拟币。

在开庭前就已经调取到如此多出罪证据的情况下,辩护律师原以为检察官会顺水推舟、快速"解决"此案。但抱有"坚定"信念的显然不止辩护一方。检察官在将补充证据一并举证的情况下,仍坚持指控W某构成犯罪,在一番激烈的法庭辩论后,承办法官不动声色地决定休庭择日宣判。

重塑证链　曙光出现

司法实践中，否定指控事实，不仅在于打破指控方的证据链，更为重要的是能够依据我方逻辑重塑证据链。

第一次开庭虽已走完基本的庭审程序，激烈的庭审对抗也许并不能打消诉方质疑。庭后，辩护律师及时联系了承办法官，提出在第一次补充侦查已取得明确结果的基础上继续查明本案存疑事实。

时隔一个半月后，辩护律师再次收到通知：第二次补充侦查卷已移送法院。该次补充侦查搜集到的证据多数内容为银行流水，内容繁多。其中有一份最为重要的证据是Q某的证人证言。Q某笔录非常详细，不仅陈述了涉案平台的交易操作程序，更细致地说明了涉案平台的运行原理。在与W某核对后，W某终于回忆起之前"忘却"的一个细节：在涉案平台开设账户时，可以填写推荐人的账户名，据此推荐人亦可获得平台奖励。而W某虽然作为操作人，但鉴于C某与H某过往的上下级关系，H某账户的推荐人还是填写的H某，而非W某。在此情况下，依据平台规则，不仅C某本人手机能收到账户注册、投资的信息，推荐人H某亦可得知C某的账户投资信息。据此也印证了H某侦查阶段笔录中"W某好像有帮C某注册过账号，有将账号密码给C某"这一陈述。

据此，起诉书中指控的W某用于个人还款、消费等用途的转账事实均被否定，涉案平台的运行程序和交易操作流程亦从证人证言中得到印证，更重要的是，W某提供的证人线索及投资情况得到证实。趁热打铁，辩护律师起草了补充辩护意见：

一、现有补充证据已确切查明Q某的身份实为S平台投资人，其与W某银行流水来往的真实目的是在投资平台上交易虚拟币，W某转给Q某钱款的用途均为购买虚拟币。结合Q某与H某笔录内容可知，C某的投资款项无法收回是由于投资平台关闭而无法提现，不存在W某实施诈骗而非法占有的情形。

二、根据Q某笔录中有关购买虚拟币操作流程的内容并结合W某银行流水可知，将投资款项转入投资平台提供的私人账户即可完成投资买币行为，再结合银行流水恰恰能够证明 W 某没有诈骗。

三、W 某协助 C 某开户，H 某才是 C 某投资的推荐人及受益人，且 C 某投资账户开立后的后续操作部分由 H 某负责。

为促使办案单位尽快结案，辩护律师一改往日谨慎的用语，较为直接地表示：W 某仅协助 C 某开户，H 某才是 C 某投资的推荐人及唯一受益人，本案关键人物实为 H 某。W 某不是 C 某的推荐人，更未在其中受益，C 某全部投资款均已买币，W 某牵涉本案系无妄之灾，控方证据漏洞百出，能直接指控有罪的证据几乎为零，强行公诉的原因不得而知。但可以肯定的是，W 某从无诈骗故意，也无诈骗行为，更未取得诈骗钱财，请合议庭主持公道，坚守法律公正，宣告 W 某无罪。

第二次开庭期间，庭审气氛明显趋向平和，辩护律师也借机将 Q 某、L 某、X 某等人的身份及证言一一托出、一一说明，同时再次重申了证据缺失的原因和法律后果。至此，一条证实 W 某无罪的证据链已重塑成形。

无罪判决　来之不易

2022 年 9 月 1 日，在重审一审立案将近一年，历经两次开庭两次补证后，当事人终于收到了无罪判决的裁判结果。法院认为，关于被害人 C 某转账给 W 某的数十万元，现有证据无法查清被告人 W 某为被害人 C 某买了多少虚拟币、价值多少，且有证据证实部分资金确实是用于了该平台投资买币，证实 W 某非法占有故意的证据不充分。关于被害人 C 某转账给 H 某的投资款项，现有证据不足以证实转账给 H 某的款项与被告人 W 某有关。公诉机关指控被告人 W 某犯诈骗罪证据不足，罪名不能成立。"被告人及辩护人所提的相关无罪意见，本院予以采纳。经本院审判委员会讨论决定，依照《中华人民共和国刑事诉讼法》第二百条第（三）项之规定，判决如下：被告人 W 某无罪。"

承办律师

　　谭仲萱，广东君言律师事务所高级合伙人、深圳市律协职务犯罪辩护法律专业委员会主任、广东省律师协会经济犯罪刑事法律专业委员会副主任，广东省刑事律师库律师（第一批），最高人民检察院民行检察专家咨询网专家，深圳市律师协会成立35周年21名优秀专业律师之一。参与编纂《民营企业合规与法律风险防控读本》《建筑房地产企业刑事高频风险防控实务》《刑事辩护规范化——文书卷宗示范》《刑辩七人行——有效辩护的智慧》《扬子鳄刑辩联盟精选刑事案例集——精彩辩护人》《扬子鳄刑辩联盟精选刑事案例集——进攻型辩护》《扬子鳄刑辩联盟精选刑事案例集——辩点的挖掘与运用》《扬子鳄刑辩精选刑事案例集——无罪辩护》等著作。专注刑事辩护业务，近年承办的多个案例获评"广东律师年度典型案例""深圳律师年度典型案例"。

　　吴涛，广东君言律师事务所律师、刑事法律专业委员会秘书，法律硕士，主攻刑事辩护领域，参与办理了多起重大、复杂、疑难刑事案件，具有较丰富的刑事辩护实务经验。

09 刑事辩护手记
——来自最高人民法院的希望

矛盾激化引发的故意杀人案

某年寒冬,我接到当事人邹某某家属委托。邹某某与被害人刘某强系同村村民,案发前四五年,刘某强曾带领邹某某等人外出打工,刘某强获取劳动报酬后未全部支付给邹某某,邹某某多次索要未果,遂产生了让刘某强干活抵顶工钱,否则便杀死对方的念头,并于案发前提出让刘某强到家里帮忙干活。刘某强应允后,邹某某将刘某强接到家中,并让刘某强修复房屋墙面和院内下沉地面,刘某强称次日带人来完成。后邹某某谎称后院草房内埋有古董,让刘某强将古董挖出。待刘某强挖出一深坑后,邹某某趁刘某强不备,持木棒猛击刘某强头部,后将刘某强推入坑内掩埋,并用水泥抹平地面、用火烧干水泥。经法医鉴定,刘某强系因钝器伤致颅脑损伤而死亡。某市人民检察院指控犯罪嫌疑人邹某某行为涉嫌故意杀人罪,且手段特别残忍。

接到案件后,通过详细的阅卷、研判,及会见嫌疑人,我提出两点疑问:①如何认定犯罪手段特别残忍?②邹某某对尸体的处置是否属于手段特别残忍?

首先,根据《中华人民共和国刑法释义》第二编第四章的规定,"特别残忍手段"是指故意要造成他人严重残疾而采用毁容、挖人眼睛、砍掉人双脚等特别残忍的手段伤害他人的行为。根据胡云腾大法官的观点,犯罪手段特别残忍需要考虑三个维度,即被害人的感受、被告人的认知以及社会公众对行为的评价①。在实践中，"特别残忍手段"②要求行为人客观上所实施的行为异于常规的杀人手段，该手段会明显加重、延长被害人的痛苦，这种痛苦既包括生理上的，亦包括心理上的；主观要求行为人对其所实施的特别残忍一事系明知的；作用的对象须系活体，亦即死后为毁尸灭迹、销毁罪证等目的所实施的行为并不属于手段特别残忍的评价范畴。

其次，邹某某对尸体的处置不属于手段特别残忍。根据在案证据可知，刘某强的死亡原因系"因钝器伤致颅脑损伤"，故邹某某所实施的掩埋、用泥将地面抹平、用火烤干水泥等行为所针对的对象系尸体，其实施的后行为并不会延长或加重被害人生理、心理上的痛苦。实质上，邹某某所实施的上述行为均系事后的不可罚行为。在此，需要强调的一点是根据罪刑法定、罪责刑一致、禁止重复评价等刑事司法原则，办案人员在审理类似案件时应摆脱"死者为大"的传统观念，不能被舆论导向所左右，更不能在凭借审判经验、内心直觉的前提下作出有罪、罪重推定后，再以该目的为导向作罪重推论，而应结合被害人死亡的原因、行为人实施后续行为的时间节点等情节，充分考量行为人后续行为的社会危险性是否与以残忍手段致使被害人死亡的社会危险性相当、是否严重影响社会治安等，并根据证据裁判原则作出公平公正的判决。

波折的庭审过程

审判阶段，某市中级人民法院认为，被告人邹某某非法剥夺被害人刘某强生命，用方木击打刘某强头部后将其掩埋，致刘某强死亡，其行为已构成故意杀人罪。被告人邹某某让刘某强挖好坑后持方木击打刘某强头部，将其推进坑内掩埋，并用水泥抹平地面手段特别残忍，情节特别恶劣，论罪应判处死刑，鉴于被害人刘某强对矛盾激发有一定责任等情节，尚不属于判处死刑立即执行的犯罪分子，但根据被告人邹某某的人身危险性、犯罪情节，对其限制减刑。

---

① 参见胡云腾：《追究低龄未成年人刑事责任刍议》，载法治网（http://www.legal-daily.com.cn/fxjy/content/2021-01/06/content_8399587.html），访问日期：2023年4月12日。

② 参见《中华人民共和国刑法释义（10）》，载专题导图微信公众号（https://mp.weixin.qq.com/s/evbhN7nbChLwqskEVmnQQ），访问日期：2023年4月10日。

宣判后，某市人民检察院以"被告人邹某某在庭审中辩称其没有想杀人，就是想打被害人一顿，被害人倒地磕到石头上，既否定了杀人故意，又否定了犯罪行为。其在庭审中翻供，未供认主要犯罪事实。原判认定邹某某庭审中对指控重要事实及罪名无异议系认定事实错误。邹某某犯罪手段特别残忍，情节特别恶劣，主观恶性深。本案虽为民间纠纷引发，但被告人未对被害人亲属赔偿，被害人亲属也未谅解被告人，应判处死刑立即执行，原审判处死缓量刑轻"为由提起抗诉。

某省人民检察院提出"邹某某庭审翻供否认杀人事实，原审判决认定'被告人邹某某庭审中对公诉机关指控的罪名和主要犯罪事实无异议'的定性事实错误。本案虽为民间矛盾引发，但被害人刘某强在邹某某实施犯罪过程中没有任何激化矛盾的言行，不存在过错行为。被害人刘某强与邹某某存在的债务纠纷，不能成为邹某某实施杀人犯罪的合理辩解和对其从轻判处的理由。因此，一审判决认定被害人刘某强对矛盾的激发有一定责任与客观事实不符。邹某某犯罪手段特别残忍，情节特别恶劣，主观恶性极深，且其未对被害人家属进行赔偿、取得谅解。一审判处邹某某死刑缓期二年执行量刑不当，应当改判死刑立即执行，建议二审法院改判"的支持抗诉意见及主要出庭意见。

二审开庭审理过程中，我坚持认为邹某某构成故意杀人罪，某市中级人民法院刑事附带民事判决书定罪正确，量刑适当，应予维持。但针对某省人民检察院抗诉意见书内容及出庭检察官指控内容，我认为其部分指控不成立，邹某某行为不符合必须立即执行死刑条件。

邹某某故意杀人后的毁尸藏匿的行为不属于犯罪手段特别残忍，故邹某某不应适用死刑立即执行。本案发生的过程简单，犯罪事实清楚，定性不存在任何争议。发问环节，我直接对被告人示明故意杀人系客观归责而非主观判断，自己臆断是伤害的行为不能对抗故意杀人本质实害性后果的发生，包括打击的部位、使用的工具、暴力的程度等，被告人邹某某对我的观点予以认同。

无论是从某市人民检察院刑事抗诉书的内容上分析，还是从某省人民检察院抗诉意见书的抗诉角度上考量，它们认为邹某某应判决死刑立即执行的理由主要有两点：一为一审判决认定的邹某某对指控罪名和指控事实无异议的意见错误，即邹某某庭审中陈述的打击部位与侦查机关陈述的内容不同，刘某强拖欠邹某某工资的数额与邹某某认定应得的数额差距过大，刘某强对矛盾的激化不存在刑法上的过错；二为邹某某蓄意杀人，事先让被害人挖坑、和水泥，"事后将被害人扔进坑中，填一层土踩实一层、用水泥抹平、用火烤干水泥等恶劣行为"，便得出了被告人邹某某的犯罪手段特别残忍、情节特别恶劣、主观恶性较深的结论。

根据《中华人民共和国刑法》的规定，判处死刑立即执行案件的前提是"罪行极其严重的犯罪分子"。而犯罪手段特别残忍为罪行极其严重的具体行为体现，此案件中邹某某在实施犯罪行为后，确定被害人刘某强已经死亡的情况下（×××号法医学尸体检验鉴定书），应该严格适用证据确实充分这一要件，即邹某某在刘某强死亡后实施的行为，系毁尸灭迹、隐匿证据的行为，故应结合全案全面判断邹某某的行为是否构成手段特别残忍。

犯罪手段特别残忍一定是针对活体而言，而非以尸体为行为对象。若手段特别残忍以尸体为对象，此类案件在实践中可能会导致故意杀人与侮辱尸体数罪出现，最后再按法条竞合从一重罪处断，则会出现刑法的扩张解释，违背罪刑法定的大原则。且按最高人民法院胡云腾大法官的观点，犯罪手段特别残忍需要以三个维度判断是否构成特别残忍，即被害人的感受、被告人的认知以及社会公众对行为的评价[①]。因此，应将其行为与社会公众认知的手段残忍行为进行类比，进而得出正确的结论，确保刑法处罚的均衡性和社会对刑法处罚的认知接受度。因此，邹某某对尸体进行处置的后续行为，不属于手段特别残忍的范畴，当然不适用死刑立即执行的类别。

邹某某故意杀人行为系被害人刘某强拖欠工资过错在先而引发的，故刘某强对激化矛盾负主要责任。庭审过程中，无论是出庭支持抗诉的检察官，还是附带民事诉讼原告代理人，从始至终强调邹某某在侦查机关供述的刘某强欠款数额与其他证据相冲突，故存在夸大事实的行为。我所强调的是，无论刘某强欠邹某某一元还是一百万元，在涉嫌侵犯人身权利法益的犯罪中都不应作为评价的客观对象，只要拖欠的事实存在，便是对矛盾激化存在着事实上的因果关系。因此案件并非侵犯财产类犯罪以犯罪数额作为评定犯罪轻重的核心要素，故抗诉机关以犯罪数额论为切入点存在方

---

① 参见胡云腾：《追究低龄未成年人刑事责任刍议》，载法治网 (http://www.legal-daily.com.cn/fxjy/content/2021-01/06/content_8399587.html)，访问日期：2023年4月12日。

向性错误，对本案的评价当然存在严重偏颇。

庭审中，我问被告人邹某某，被害人刘某强除了拖欠其工资还存在不存在拖欠其他人工资的情况，邹某某的回答是拖欠多人的工资。在刘某强谎称发包人汪某未将工资款付清，其便无法给付被告人时，一起干活的金某某、邹某某、刘某某找到了发包人汪某核对，实际情况为：工资早已结清，刘某强私自侵吞。正如庭审中邹某某陈述，他是农民工，要养家糊口，刘某强的行为导致了其故意杀人行为的发生，感到非常后悔，但已经于事无补。

据此可知，邹某某故意杀人的行为产生于刘某强对欠付工资的百般抵赖，虽邹某某的行为绝对为《中华人民共和国刑法》所禁止，但刘某强的行为却是激化矛盾的关键所在。根据《全国法院维护农村稳定刑事审判工作座谈会纪要》（法〔1999〕217号），明确其适用的范围为农村，且第二部分明确：要准确把握故意杀人犯罪适用死刑的标准，对故意杀人犯罪是否判处死刑，不仅要看是否造成了被害人死亡结果，还要综合考虑案件的全部情况。对于因婚姻家庭、邻里纠纷等民间矛盾引发的故意杀人犯罪，适用死刑一定要十分慎重，应当与发生在社会上的严重危害社会治安的其他故意杀人犯罪案件有所区别。对于被害人一方有明显过错或对矛盾激化负有直接责任，或者被告人有法定从轻处罚情节的，一般不应判处死刑立即执行。此内容与国家少杀慎杀的刑事政策一致，更符合功能主义的刑法解释。故此纪要内容当然适用于邹某某故意杀人行为，而某市中级人民法院刑事附带民事判决书判处邹某某死刑缓期二年执行，剥夺政治权利终身且限制减刑，足以达到对邹某某惩治的目的，亦达到对社会公众的震慑目的，故邹某某不至判处死刑立即执行。

除上述内容，针对庭审中无论是抗诉机关还是刑事附带民事诉讼原告代理人提出的"刘某强未实施刑法意义上的过错行为"，我认为，"过错"的概念适用于民商事法律，而刑法教义学角度仅有"罪过"的概念，且刘某强拖欠工资的行为当然为民法调整，而全然不会存在刑事法律意义上的"罪过"。

综上所述，我认为在国家大力推进限制、降低死刑适用率的背景下，司法机关应更加注意惩罚犯罪与预防犯罪并举，不要被"死者为大"的思维左右而推行复仇主义。

令人意外的审判结果

某省高级人民法院终审判决撤销某市中级人民法院刑事附带民事判决对原审被告人邹某某的量刑部分，即判处邹某某死刑，缓期二年执行，剥夺政治权利终身，对邹某某限制减刑；判决原审被告人邹某某犯故意杀人罪，判处死刑，剥夺政治权利终身。

再思考：是否应被判处死刑立即执行

根据本案在案证据及邹某某行为的社会危害性等因素综合考量，我仍坚持认为邹某某不应被判处死刑立即执行。因为本案系因民间纠纷引起的，且被害人刘某强有明显过错。首先，需要明确的一点是，"过错"的概念存在于民商事法律中，刑法教义学角度仅存在"罪过"的概念，虽然民法上的过错行为不一定构成刑法上的罪过，但不能以此否定被害人民法上的过错对行为人刑法上犯罪的原因力及影响力。其次，本案根据在案证据可知，刘某强拖欠包括邹某某在内的多人工资，不但经索要未果，而且刘某强在他人已经将工资给付其的前提下谎称并未给付，刘某强的上述行为足以证实其具有占有邹某某等人工资的目的，该行为当然会被民法所禁止，且该行为系引发本案的导火索。

最后，上文已经指出，本案系因民间纠纷引起的，且被害人刘某强有明显过错，故《全国法院维护农村稳定刑事审判工作座谈会纪要》的规定适用于本案。

终获不予核准死刑裁定

2023年8月19日，最高人民法院作出（最高法刑核×××号）刑事裁定：被告人邹某某故意非法剥夺他人生命，其行为已构成故意杀人罪。邹某某预谋杀人，埋尸灭迹，犯罪情节恶劣，后果严重，但鉴于本案系民间纠纷引发，被害人刘某强侵吞邹某某部分工资，对引发本案具有过错，对邹某某判处死刑，可不立即执行。对于辩护律师提出的被害人刘某强过错在先的意见，本院予以采纳。第一审判决、第二审判决认定的事实清楚，证据确实、充分，定罪准确。审判程序合法。第二审判决量刑不当。

最终裁定如下："一、不核准某省高级人民法院以故意杀人罪判处被告人邹某某死刑，剥夺政治权利终身的刑事附带民事判决；二、撤销某省高级人民法院以故意杀人罪判处被告人邹某某死刑，剥夺政治权利终身的刑事附带民事判决；三、发回某省高级人民法院重新审判。"

最终，邹某某以故意杀人罪被某省高院判处死刑，缓期二年执行。

本案至此得以告终。

承办律师

田永伟，内蒙古自治区律师协会副会长，内蒙古自治区赤峰市律师协会会长，内蒙古蒙益律师事务所主任。

10 乡音易改案难纠，假枪真罪何时休
——阜阳通厕器握把涉枪案重审纪实

2021年8月31日，备受关注的"安徽阜阳通厕器涉枪案"重审一审在阜阳市中级人民法院宣判。

此前原审一审，阜阳市中级人民法院判决被告人、通厕器握把研发者姜某有期徒刑十三年。姜某不服，委托我作为辩护人，上诉至安徽省高级人民法院。安徽省高级人民法院裁定发回重审。由于案情特殊、又遇新冠疫情防控，案子久拖未决，被告人一直羁押在看守所。直到这一天，合议庭当庭改判五年。

这意味着案子以刑期"实报实销"的方式了结。被告人颤抖地签好笔录，跟着妻子走出法院，踏上回家之路。

祸起皖北一只鸡

2001年，公安部下发《公安机关涉案枪支弹药性能鉴定工作规定》（公通字〔2001〕68号）。该文件采用干木板射击法将非制式枪支的致伤力界定为16焦耳/平方厘米。2007年10月29日，为严控枪支、满足奥运等安保需要，公安部发布了《枪支致伤力的法庭科学鉴定判据》（GA/T 718—2007）。该行业推荐标准采用猪眼测试法将非制式枪支的致伤力标准下降为1.8焦耳/平方厘米。2010年12月7日，公安部下发《公安机关涉案枪支弹药性能鉴定工作规定》（公通字〔2010〕67号）正式推行该标准，从而开启了我国枪案"爆表"的时代。

鉴于涉枪案件引发的巨大社会争议，2018年3月30日，《最高人民法院　最高人民检察院关于涉以压缩气体为动力的枪支、气枪铅弹刑事案件定罪量刑问题的批复》（法释〔2018〕8号）发布，枪案辩护进入了一个新时期。

从案子本身讲，起因很简单：2016年3月，皖北某村一只鸡死了，鸡主去派出所报案，怀疑是枪杀。当地警方受理后顺藤摸瓜，在浙江武义查获了几千个通厕器握把，发现竟然是一跨省制枪贩枪大案。于是，公安部督办，查获了13万个零件，逮捕了6个人，关押了2年多。2018年6月26日一审开庭。

专利 vs 鉴定

案件争议的核心是通厕器握把的性质。检方先提交了姜某的笔录。第二被告人姜某称，讯问时警方威胁抓其有孕在身的妻子、帮其干活的亲戚小工，他没办法，才按警方要求做供述的；其实他设计生产的就是通厕器握把，不是枪托散件，枪形通厕器握把已经申请国家批准的外观设计专利。

我根据第一次讯问笔录上记载的时间指出，警方不可能在深夜的20多分钟内给姜某做完六页纸的讯问笔录。该笔录无法排除威胁逼供、事先制作的合理怀疑，根据《中华人民共和国刑事诉讼法》相关规定应予排除。对此，检方回应所有讯问笔录不存在威胁的情形。

检方又提交了涉案枪形物的鉴定意见书。意见书认定涉案的枪支成套散件可组装成气枪，经鉴定系枪支；钢管、枪形托把等均系枪支散件。

我向法庭当庭提交了通厕器握把外观设计专利文件和商标文书，证明涉案的枪形托把系受知识产权法规保护的高压握把通厕器部件，不是枪托散件。

检方则提出专利文书是姜某被抓后才批下来的，且权利人不是姜某本人，知识产权局无权对该产品是否合法做出判断，姜某涉嫌以合法形式掩盖犯罪目的。我回应被查获的握把与专利文书所载图形完全一致，说明合法；专利产品本身就意味着合法，其销售应受法律保护，不存在所谓掩盖的行为。

2018年9月17日，姜某因为生产销售成本仅3.5元的塑料枪形握把，被阜阳市中级人民法院一审重判13年。案情的这种巨大反差引发了公众的广泛关注，澎湃新闻、新京报、红星新闻等媒体持续报道了本案。

二审从秋走向春

一审判决书在国庆节前一天送达，扣除节假日，实际上诉准备时间只有两天。我在节后的第一天紧急会见姜某，递交了上诉状。

该案一审侦查卷就有88册，我在安徽省高级人民法院刑庭的会议室整整待了三天，逐页拍照，连封面都没放过。

2018年合肥的冬季是寒冷的。二审期间，我和家属多次在寒风中拜访安徽省高级人民法院、安徽省人民检察院、安徽省信访局群众来访接待中心等部门。

我国刑事案件的决定权往往并不在合议庭手上。所谓律师的战场在法庭之上，这种说法在我国刑事辩护中无异于刻舟求剑。辩护人应该秉持的理念是：决定权在哪里，辩护权就在哪里。所以庭外辩护的工作与庭内辩护的工作同等重要。在二审案件中，庭外辩护的重要性甚至大过庭内辩护，因为根据《中华人民共和国刑事诉讼法》，二审辩护律师极有可能没有机会开庭。开庭一直是我国刑事二审辩护的一个痛点。《中华人民共和国刑事诉讼法》第二百三十四条赋予了二审法院较大的自由裁量权，以至于在很长时间内二审开庭率都在低水平徘徊。

在这种庭外辩护中，家属的行动力尤其重要。律师和家属如何在庭外辩护中相互配合是一个值得研究的问题。在我看来，二者的分工应该是：律师主要负责分析案情，根据家属需要起草各类文件，在关键时刻出场；家属主要负责日常线下走访、材料邮寄、自媒体喊冤。目前，行政管理部门对律师庭外言行的约束越来越多，这样的分工也有助于律师的自我保护。这种分工要求家属具有不屈的斗志、持续的行动力、较好的文字语言表达能力。当然，家属不会天生具备这些品质，这就需要律师在案件代理过程中注意对家属的赋能，帮助他们快速提升。

本案的家属虽然文化水平不高，但敢于斗争、善于斗争。他们在合肥和阜阳当地开展了积极的行动，主要诉求集中在两点：一是要求二审开庭；二是要求调查处理一审公检法相关违法办案人员。

2018年年底，一个风雪交加的日子，该案二审迎来了一个重要时刻：控辩审三方会议。会议中，我充分阐述了案件一审中存在的诸多有悖公平、不讲逻辑的严重问题，要求二审开庭审理本案，建议按照2018年3月30日发布的《最高人民法院 最高人民检察院关于涉以压缩气体为动力的枪支、气枪铅弹刑事案件定罪量刑问题的批复》（法释〔2018〕8号）处理。安徽省人民检察院与会人员则建议书面审理。合议庭没有当场作出决定。

2019年3月13日，安徽高院以原判部分事实不清、证据不足为由将阜阳通厕器握把涉枪案发回重审。

重审三把刀：颍东分局重新鉴定

2019年4月，案子回到原点，重审拉开序幕。

驼子挖井，越挖越深。在重审阶段，阜阳市公检机关做了三个动作：一是阜阳市颍东区公安分局（以下简称颍东分局）重新鉴定，让省厅鉴定机构背书自己的错误；二是颍东分局亲自下水，申请涉案专利无效；三是阜阳市人民检察院补充起诉，不惜牺牲已决定不起诉的同案。这些"神操作"让辩方退无可退，甚至连低头求饶的机会都没有，只能依法抗争到底。

本案重新鉴定有两次。一次是一审期间，案子已起诉到阜阳市中级人民法院，颍东分局突然主动重新鉴定，把对第一被告陈某的指控数量从9 111个陡降为4 568个。

对于这次重新鉴定，我在二审期间多次询问颍东分局、安徽省高级人民法院，要求告知重新鉴定的理由和依据。得到的答复是：因为当时公安部出了新规定，按照新规定重新鉴定了第一被告的涉案物品。这个说法存在两个问题：①什么新规？颍东分局拒绝提供，安徽省高级人民法院也表示无能为力。②既然是新规的缘故，那为什么只重新鉴定第一被告陈某的涉案零部件，却不重新鉴定第二被告姜某的通厕器握把？对此，颍东分局表示无可奉告。

重审期间，颍东分局自行将涉案通厕器握把送往安徽省公安厅物证鉴定机构重新鉴定。2019年10月24日，重审一审庭前会在阜阳市中级人民法院召开。庭前会上，公诉人向法庭提交了安徽省厅物证鉴定中心新出具的四份鉴定文书。这些重新鉴定的文书再次认定通厕器握把是枪支散件。这种做法也存在两个问题：①辩护人在二审、重审决断都向法院申请了由公安部物证鉴定中心对涉案所有零部件进行重新鉴定。根据《中华人民共和国刑事诉讼法》第一百九十七条规定，在这种情况下，是否重新鉴定以及由哪家鉴定机构来重新鉴定的问题应当由合议庭而不是侦查机关来决定。②在二审辩护人一再向公检法部门反映本案指控严重违背法律平等原则的情况下，重新鉴定为什么仍然只针对通厕器握把，而不包括第一被告陈某仓库中的其他零部件？

归纳可知，颍东分局虽然主动搞了两次重新鉴定，却非要区别对待陈某和姜某，始终拒绝同时将二者的涉案零部件重新鉴定。这样做不但不能缓解，反而更加恶化了本案一审就存在的严重的公平性问题。

重审三把刀：颍东分局申请专利无效

发回重审的前六个月内，案件毫无进展，羁押严重超期。其间，我和家属多次与阜阳市中级人民法院、阜阳市人民检察院沟通，希望各退一步，可协商采取取保候审、刑期"实报实销"，但得到的都是仍在补充侦查的回复。没想到，家属最后等来的是：侦查机关亲自向专利局申请涉案的速通通厕器外观设计专利无效。

该专利实际设计人是姜某，申请人是姜某的表哥。案发时，该专利正在申请过程中，到重审时专利早已生效。2019年9月2日，姜某表哥突然收到国家知识产权局专利局（专利复审委员会）寄来的函件。函件称阜阳市公安局颍东分局已向专利局申请宣告姜某案中涉及的速通通厕器外观设计专利无效。

侦查机关赤膊上阵，亲自"下水"，以刑案卷宗中的相关程序文书、鉴定文书及其已被高级人民法院裁定撤销的一审判决书作为证据，向专利复审委员会申请涉案专利无效，然后试图以专利复审委员会的无效裁决文件作为下一步重审的指控证据。

《公安机关办理刑事案件程序规定》第一百八十七条规定，侦查机关的职责是以第八章"侦查"所列 13 种侦查行为去"收集、调取"刑诉法规定的八类证据。这种侦查行为仅限于客观真实全面地"收集、调取"证据,而不是去"改变、制造"证据。即使是讯问之类的侦查行为,侦查人员深度参与,刑诉法要求的也是如实记录言词证据,严禁逼供。

根据上述规定,涉案外观专利文书是(2017)皖 12 刑初 16 号案的重要书证,无论将来阜阳市中级人民法院是否采纳,颍东分局都不能去改变它的客观属性。作为侦查机关的颍东分局在案件重审阶段申请涉案专利无效,会直接改变案中的外观专利证据,严重违反《中华人民共和国刑事诉讼法》。

2019 年 10 月 14 日,国家知识产权局依法成立合议组对颍东分局申请的该起专利无效案进行了口头审理。专利权人认为,涉案专利是速通通厕器,属于卫生设备,从图片中无法得出部件可以作为枪支散件的结论,外观设计保护的仅仅是形状,不能因与枪托形状类似就说明是枪托。

2020 年 8 月 1 日,该案重审一审开庭后的第二天,我们收到了国家知识产权局送达的《无效宣告请求审查决定书》,驳回了颍东分局的专利无效申请。决定书认为,创造发明本身并没有违反法律,但是由于其被滥用而违反法律的不属于《中华人民共和国专利法》第五条所述"违反法律"的情形。此外,"妨害公共利益"是指发明创造的实施或使用会给公众或者社会造成危害,或者会使国家和社会的正常秩序受到影响,涉案专利涉及一种速通通厕器,不属于违反《中华人民共和国专利法》第五条的情形。

重审三把刀:阜阳市检补充起诉

2020 年 7 月 31 日,重审一审开庭,控辩双方争议激烈,场面火爆。2020 年 9 月 28 日,阜阳市人民检察院突然补充起诉。《补充起诉决定书》根据同案被告人孙某的 260 张快递单又推算出 718 个握把。

2012 年修订施行的《人民检察院刑事诉讼规则(试行)》第四百五十八条明确规定:"在人民法院宣告判决前,人民检察院……发现遗漏的同案犯罪嫌疑人或者罪行可以一并起诉和审理的,可以追加、补充起诉。"但第三百六十三条同时规定:"人民检察院审查移送起诉的案件,应当查明：……（七）有无遗漏罪行和其他应当追究刑事责任的人……"

这意味着，检方一旦向法院移送起诉案件，就表明起码在移送起诉日这个时间节点上，检方认为本案不存在漏罪。后面庭审中控方如果要指控新的漏罪，所提交的漏罪证据取得日期都应该发生在移送起诉日之后，这才是"发现"漏罪，否则就成了明知有其他罪而故意不诉了。就本案而言，检方现在补充起诉所举的绝大多数证据形成时间均早于检方提起公诉的 2017 年 2 月 10 日，都是早已存在的旧证据。也就是说，即使指控的事实存在，检方也早在起诉之前就发现了这些事实，那时为何不起诉，现在又为何突然补充起诉？

庭审中，公诉人还提到检察院曾经作出了不予起诉孙妻邓某的决定。《人民检察院刑事诉讼规则（试行）》第四百零五条规定，在决定不起诉后，又发现新证据，符合起诉条件的，可以提起公诉。其强调也是不起诉决定作出之日后"发现"新证据，而本案提交的证据都不属于新发现的证据。检方也早在对邓某作出不起诉决定之前就发现了这些事实，那时为何不起诉，现在又为何突然补充起诉？

2020 年 11 月 6 日，阜阳市中级人民法院就补充起诉部分再次开庭。庭审中，控方根据孙、邓两人的 260 张快递单和 54 本公安侦查线索反馈卷，试图推论 260 张快递单对应的 718 个寄送物品都是姜某的通厕器握把。但笔迹鉴定只做了 28 张快递单，不能证明所有快递单均来自孙某、邓某。孙某、邓某出售的握把有各种颜色，而姜某握把只有黑色。我详细统计了 54 本线索反馈卷，显示：全国各地警方共排查了 738 个买家，只有 85 个握把疑似来自姜某，其中 5 个还被鉴定为不是枪。按照这个概率测算，即使原来指控的 3 870 个握把全部销售出去，在人群中可能被用于快排上的也仅有 418 个［3 870 × 11.5% ×（100%–5.9%）］。更何况，检方提供的补充卷里恰恰有两份证据可以证明，有的买家买握把的确是用来通厕，并非全用于快排气枪。

辩方痛批七个反逻辑

我一直认为，刑事司法要尊重法律、尊重常识、尊重逻辑。如果最起码的连形式逻辑都不讲，就必然制造冤案。本案二审、重审一审历次庭审中，辩方把存在的主要问题归纳为"七个反逻辑"。

第一个反逻辑：全部快排零件都不是枪支散件，但组成的快排就是枪。本案中第一被告陈某仓库搜出的 13 万个散件，包括大量枪管、打气筒、QE-4 阀、巴马阀、单向阀、气阀弯头、气门芯、激光瞄准器、瞄准镜、消音器、瞄夹子。这些零件可组成完整的快排，为其提供动力和核心功能，在本案 54 本线索反馈卷中大多被认定为枪支散件。陈某卖了三套这样的散件给第六被告付某。这三套散件组装的快排送检，也被认定为枪。按照散件鉴定所采取的零件置换、功能对比法，同属一个仓库来源的这些散件理应全部被鉴定为枪支散件。但颍东分局说陈某仓库里的这些都是民用品，不送检；少数送检的，也主动启动重新鉴定予以推翻。

第二个反逻辑：快排核心件不是枪支散件，但快排装饰品是枪支散件。在案证据显示，付某的三把快排根本没有安装姜某握把，仍可正常击发，被认定为枪。这说明姜某纯属炫耀，除让快排显得霸气些，外观好看一点外，什么作用都没有。但颍东分局却咬住着不放，发回重审还不忘请省厅鉴定机构来背书。如此厚此薄彼的结果就造成了一个荒唐的局面：一把快排，竟然除了握把其他都不是枪支散件了。

第三个反逻辑："秃鹰"握把不是枪支散件，但快排握把是枪支散件。第一被告陈某仓库里除了大量快排零件外还有大量"秃鹰"零件，其中的 1 820 个"秃鹰"握把，颍东分局先是鉴定认定为枪支散件，后又主动重新鉴定予以排除。任何一个稍微了解枪的人都知道，"秃鹰"气步枪杀伤力巨大，号称"气枪中的狙击枪"，威力与我国制式六四式手枪相仿，快排在它面前就是玩具。颍东分局在已起诉的情况下又重新鉴定，将"秃鹰"握把排除在外，却咬死说姜某快排握把是枪支散件。

第四个反逻辑：陈某"秃鹰"握把不是枪支散件，别人的"秃鹰"握把是枪支散件。2017 年，在案子已起诉，颍东分局特地重新鉴定排除陈某"秃鹰"握把的同时，又就案中一份检验报告出具了《情况说明》和配图。该情况说明和配图第七点恰恰将与陈某一样的"秃鹰"握把列为了枪支散件。这意味着，同一鉴定机构就"秃鹰"握把到底是不是枪支散件问题，半年之内出现了三个结论：在（2016）53 号检验报告说是，（2017）29 号检验报告说不是，（2016）20 号检验报告的补充情况说明又说是。

第五个反逻辑：陈某零件因有通用性被排除，姜某握把有通用性却不排除。姜某握把受专利保护，用于通厕器，也可能可用于玩具、快排等各种用途。其本质上就是一个成本为 3.5 元的塑料壳，显然具有通用性。但原审一审判决认为刑法意义上的枪支散件并不必然要求专用性，姜某握把虽有通用性但仍是枪支散件。然而，原审一审判决又实质性采纳了颍东分局对陈某的重新鉴定，以支持检方的变更起诉决定。重新鉴定的检验报告排除陈某零件是枪支散件的逻辑恰恰是因为其有通用性。也就是说，同一个案件，通用性竟然既可用来出罪也可用来入罪。

第六个反逻辑：没有握把的样本枪不用，有握把的样本枪才用。所有涉及姜某握把的检验报告采取的都是零件置换、功能比对法。其推理是典型的三段论：第一步是挑一把比动能超过 1.8 焦耳 / 平方厘米，且安装了握把的快排枪作为样本；第二步把握把与样本枪上的握把进行替换；第三步得出结论——既然可以成功互换，则说明握把是枪支散件。这个推理貌似没问题，实则大前提错了。54 本线索反馈卷宗里有许多没超过 1.8 焦耳 / 平方厘米的快排，第六被告付某那里有三把没有安装握把但比动能 1.8 焦耳 / 平方厘米的快排。鉴定机构为何不挑这两种样本枪，却非要挑一把装有握把且比动能超过 1.8 焦耳 / 平方厘米的快排作为样本枪呢？而且按照这个逻辑，那第六被告的三把枪就来自第一被告陈某的仓库，陈某仓库里的快排零件又为何没同样鉴定为枪支散件？

第七个反逻辑：提出异议不予重新鉴定，不提异议的重新鉴定。《中华人民共和国刑事诉讼法》第一百四十八条规定，犯罪嫌疑人对鉴定意见有异议的可申请重新鉴定。讯问笔录显示姜某拒绝签字，不认可鉴定意见，但警方却始终拒绝重新鉴定。相反，第一被告陈某从始至终对鉴定意见没有任何异议，颍东分局却在案子已起诉到法院的情况下主动重新鉴定，把指控数量从 9 111 个陡降为 4 568 个。

第二条战线：行政诉讼

有效辩护需要在庭上辩护和庭外辩护并举。通厕器案中，为增强辩护效果，辩方开辟了庭外辩护的"第二战场"。

在收到国家知识产权局维持专利有效的决定书后，2021 年 3 月 28

日，家属向颍东分局申请政府信息公开，要求公布颍东分局申请专利无效的决策性文件及由此产生的相关费用清单。颍东分局答复不予公开，阜阳市府复议维持了不予公开的决定。家属随后提起行政诉讼。

2021年7月20日，该起政府信息公开行政诉讼在颍东区人民法院开庭。庭审的争议焦点有两个：一是颍东分局是否有权申请刑案专利无效；二是颍东分局以"内部信息"为由拒绝公开能否成立？

关于第一个争议焦点，颍东分局认为《中华人民共和国专利法》第四十五条规定："任何单位或者个人认为该专利权的授予不符合本法有关规定的，可以请求专利复审委员会宣告该专利无效。"颍东分局当然属于"任何单位"之列，所以颍东分局有权申请涉案通厕器专利无效。

这个理由有悖法理。检索我国法律，我们会发现很多部法律中使用了类似的全称判断。《中华人民共和国专利法》中就有9处，颍东分局引述的第四十五条是最后一处。我国宪法也有12处类似表述。这些表述大体可以分为两类：一类是禁止性（义务性）规范，比如《中华人民共和国宪法》第十五条的"国家依法禁止任何组织或者个人扰乱社会经济秩序"；一类是授权性（权利性）规范，比如《中华人民共和国宪法》第三十三条的"任何公民享有宪法和法律规定的权利"。颍东分局引述的《中华人民共和国专利法》第四十五条显然属于授权性规范。

然而，需要说明的是，法律虽使用了全称判断的表述，但不等于真的是任何组织或个人均必须履行某项义务，不得有任何豁免；也不等于真的是任何组织或个人均必然享有某项权利，不会有任何限制。这是因为不同组织或个人身处不同的社会关系网络中，会受到不同位阶的不同法律规制。这些不同位阶的不同法律会向具体的组织或个人提出具体的权利或义务的要求。这些来自不同法律中的不同权利或义务相互交织、制约，就有可能导致某部法律中的某项全称判断规范在某个具体的组织或个人身上被排除适用。

《中华人民共和国专利法》第四十五条的确提出"任何单位或者个人"可以请求复审委宣告专利无效，但颍东分局并不在本条所谓的"任何单位或者个人"之列，因为颍东分局是阜阳市中级人民法院（2017）皖12刑初16号案的侦查机关，要遵循《中华人民共和国刑事诉讼法》的相关规定，从而排除了《中华人民共和国专利法》第四十五条在颍东分局上的适用。颍东分局不能抛开《中华人民共和国刑事诉讼法》的相关规定，片面援引《中华人民共和国专利法》来为其的违法行为张目。如果颍东分局的这种逻辑行得通，那国家专利复审委也是"任何单位"之一，岂不是国家专利复审委也可以向国家专利复审委申请专利无效？

关于第二个争议焦点，我国法律对何谓内部行政信息有一个逐渐发展的过程。2008年的《中华人民共和国政府信息公开条例》没有对内部信息进行规定，司法实践中产生了大量争议。《国务院办公厅关于做好政府信息依申请公开工作的意见》（国办发〔2010〕5号）第二条第二款明确："行政机关在日常工作中制作或者获取的内部管理信息以及处于讨论、研究或者审查中的过程性信息，一般不属于《条例》所指应公开的政府信息。"此后，部分地方法院出台了相关司法指导意见。2019年新修订的政府信息公开条例第十六条吸收了上述法规和意见，规定"行政机关的内部事务信息，包括人事管理、后勤管理、内部工作流程等方面的信息，可以不予公开"。

司法部负责人就政府信息公开条例修订答记者问时，对新条例采用内部事务信息概念的解释为：内部事务信息不具有外部性，对公众的权利义务不产生直接影响，可以不予公开。这表明判断内部信息的通行标准是外部性标准，即该行政信息对外部人权益是否产生影响，具体标准可包括：①记载或反映纯粹内部事务，对内外行政决策或决定的作出不产生直接影响；②不公开对公民监督行政机关不会造成不利影响；③公开对公民生产、生活和科研等活动没有利用价值。

（2018）最高法行申265号行政裁定书曾就何谓内部信息阐述裁判观点："一般认为，行政机关内部的工作流程、人事管理、后勤管理等有关行政机关内部事务的信息，可不予公开。内部管理信息是与公共利益无关的纯粹的行政机关内部的事务信息，对于此类信息不公开，主要是因为该类信息对行政机关的决策、决定不产生实际影响，不公开不影响公民对行政权的监督，公开后对公民的生产、生活和科研等活动无利用价值。过程性信息是行政机关在作决定前的准备过程中形成的，处于讨论、研究或者审查过程中的信息，对于此类信息不公开，主要是考虑到行政行为尚未完成，公开可能会对行政机关独立做出行政行为产生不利影响，同时也是为了保护行政机关内部之间坦率的意见交换、意见决定的中立性，或者公开该信息具有危害公益的危险。对于是否属于内部管理信息和过程性信息的判断，不能仅以该信息系行政机关内部工作安排，仅在内部流转，不向外部送达就认定为内部管理信息或过程性信息。"

根据上述司法部释明和最高人民法院裁判观点，本案家属申请的两类信息显然严重影响其生活，不属于内部信息。两被告称家属申请的决策性文件属于内部工作流程信息，显属错误。

所谓决策性文件是指颍东分局就申请专利无效事宜经过内部讨论之后最终形成的决策性文件。这一决策性文件直接决定了颍东分局派员赴北京提交专利无效申请，虽然没有向家属送达，但直接影响家属的生活。两名被告称家属申请的差旅费、律师费属于内部后勤管理信息，显属错误。所谓内部后勤管理信息是指于纯粹的行政机关内部后勤管理信息，比如内部工资调整、办公物资分配等信息。但家属申请的差旅费和律师费是指颍东分局为申请专利无效事宜多次委托律师往返北京所产生的费用，直接影响到无效申请能否成功，直接影响到家属的生活，根本不是内部后勤管理信息。

退一万步讲，即使属于内部信息，根据《中华人民共和国政府信息公开条例》第十六条规定，也是"可以"不公开，不是绝对禁止公开。法庭也应责令颍东分局向家属公开涉案两类信息。

这个衍生出来的行政诉讼案家属败诉。虽败犹荣，它已经完成了庭外辩护的重任。

承办律师

杨卫华，上海德禾翰通律师事务所律师、高级合伙人，德禾刑案研究院副院长，自媒体"一贯刑辩"主笔，媒体撰稿人；专注刑辩，兼及公益，代理过通厕器案、钥匙扣案、昌黎杀妻案、"精神卫生法第一案"等一批具有重要影响力的案件。

11 "传言敲诈勒索案"的成功辩护
——徐某被控敲诈勒索罪二审发回后刑期"实报实销"

案情回顾

（一）女儿大婚前的无妄之灾

2021年1月20日，江苏某县正在忙碌着为爱女筹备婚礼的徐某突然接到公安机关传唤通知，要求他到当地派出所接受调查。他无论如何也想不到，这一去，再次见到女儿时已是两年之后。

1. 风水先生恶意举报

2013年前后，江苏省某县实施殡葬改革，徐某通过竞拍方式取得了某镇公墓30年的经营权，开始在当地投资建设公墓。殡葬改革之前，丧户都会找风水先生选一块风水宝地安葬死者，有的选在老坟场、有的选在荒地、有的选在自家承包经营的耕地里。随着当地政府殡葬政策的出台和落地，这种乱埋乱葬的现象得到了一定程度的遏制，伴随而来的是当地风水先生的生意受到了很大影响。虽然风水先生不能再靠为丧户选风水宝地挣钱了，但还会从事为丧户张罗丧事的活动，这就包括与墓园联系、选购墓穴。起初，为了顺利卖出更多的墓穴，徐某会给这些风水先生送些烟酒之类礼品，可后来风水先生的胃口越来越大，直接索要现金，而且索要的数目越来越多，徐某逐渐吃不消了，索性拒绝。可是，风水先生哪里肯罢休，开始对镇民政干部孙某和徐某进行恶意举报。

2. 领导批示、线索移交扫黑办

风水先生由于"财路"被断,向公墓索要回扣又遭到拒绝,便开始持续匿名举报民政干部孙某伙同徐某利用殡改大肆敛财,敲诈勒索丧户。持续的举报引起了当地政府的关注,2019年7月,有关领导将相关线索移交当地公安局扫黑办,同年9月18日公安机关决定立案侦查。当年公安机关在对徐某做了一次笔录后,接下来一年多的时间平安无事。出乎意料的是,随着领导在扫黑除恶行动中对该案的关照,2021年1月20日,徐某被采取强制措施。

(二)匪夷所思的一审

1. "创新式"指控

江苏某县人民检察院指控,2013年1月23日,被告人徐某等人竞拍取得了本县某镇公墓园地的30年经营权。2013年底,被告人徐某私自制作了墓穴登记卡,并加盖伪造的"某县某镇殡葬管理办公室"印章。为了牟取非法利益,被告人徐某通过游说本县某镇民政股负责人孙某(另案处理)曲解殡葬政策,将领取墓穴登记卡设置为逝者家属办理火化手续的前置程序,再通过村干部、殡葬车驾驶员进行宣传,"引起当地老百姓口口相传,逐渐在该镇形成了必须获取墓穴登记卡才能办理火化手续的共识"。2013年底至2018年,被告人徐某等人利用制造出的上述共识,先后迫使当地陈某、马某等100余户居民在亲属离世未使用公墓地墓穴的情况下,向公墓地缴纳人民币500元至8 000元不等以获取墓穴登记卡,共计收取人民币20余万元。

2. 一审认定"传言"构成敲诈勒索罪构成要件

一审法院审理认定,2013年1月23日,被告人徐某取得某镇公墓园地的30年经营权,之后为扩大殡葬入园范围,提高经营效益,其利用殡葬政策,通过村干部及殡葬行业从业人员的宣传,对外宣称,逝者亲属必须到其经营的墓园办理墓穴登记卡,方能到民政部门办理火化证明,"引起当地百姓口口相传,在该镇形成上述不成文的硬性规定",并利用逝者亲属急于顺利办理火化手续的心理,迫使当地群众在并未真实购买墓穴的情况下,出资购买被告人徐某私自制作加盖伪造的"某县某镇殡葬管理办公室"印章的墓穴登记卡。被告人明知或者应当知道丧户并非为真实购买墓穴，仅是为了顺利办理火化手续而花钱购买墓穴登记卡。由于双方之间并不具有真实交易，被告人系利用前述手段无偿取得他人财产，具有非法占有他人财产的目的，而该部分丧户亦是基于被告人上述胁迫行为而处分自己财产，付钱购买虚假墓穴。综上，被告人的行为特征符合敲诈勒索的犯罪构成，故判处有期徒刑五年，并处罚金十五万元。

办 案 经 过

（一）接受委托，组建团队

一审判决后，被告人徐某不服原一审判决，家属也对一审判决强烈不满，遂委托刘录、马耀东律师担任其二审辩护律师。鉴于案件在侦查、审查起诉及案件审理过程中存在严重违法行为，同时委托杨卫华律师作为控告代理律师，就办案单位办案中存在的问题向有关单位举报、控告，三位律师组成辩护团队。

（二）梳理辩护思路

辩护团队通过详细阅卷、会见被告人，一致认为本案无罪理由充分，决定坚决做无罪辩护。

（1）"传言"不能成为被告人敲诈勒索的手段。敲诈勒索罪是行为人在主观上必须具有非法占有目的，客观上实施威胁、胁迫或者要挟等手段，使被害人产生恐惧或以恶害相通告，使被害人就范，交付财物给行为人，舍财免灾。认定行为人构成敲诈勒索犯罪，要求其必须实施有针对性的具体的威胁、胁迫或者要挟等恶害相通告行为。无论从法律规定、学理还是实务通说，都不能将抽象、不确定、面向不特定人的"传言"认定为敲诈勒索罪的构成要件。在关乎个人重大利益处理的问题上，个人是自己利益的最佳守护人，会理性、认真、负责地对待和处理，要么求证确实，要么通过报警、投诉等公力救济途径解决。本案被害人却都是主动找上门购买墓地，而且被告人根本不认识这些所谓的被害人，现实中不可能存在主动找上门求敲诈、求虐性的被害人。因此，这个敲诈勒索罪的指控和判决，违背法律、常识和常理、常情。

（2）一审判决认定成交价格低于3 000元的墓穴没有实质交易，事实不清，证据不足，无法排除合理怀疑，得出唯一结论，故需进一步调查取证。

（3）一审判决认定徐某和孙某合谋，要求丧户办理火化手续前必须购买公墓墓穴（墓穴卡），否则死者无法火化，事实不清，证据不足，同样无法排除合理怀疑，得出唯一结论，也需进一步调查、核实。

（4）针对本案中选择性对徐某进行非法起诉，而对同案的主犯孙某不予起诉的情况进行举报、控告，要求二审法院依法判决徐某无罪或将案件发回，由检察机关做撤诉处理。

（三）深入现场、调查取证

针对案件中存在的事实不清问题，辩护团队首先展开了现场调查和调查取证工作。

原一审判决认定，公墓不存在价格低于3 000元的墓穴，墓穴价格低于3 000元的交易都没有进行墓穴的实际交付，全部属于敲诈勒索行为。辩护人在公墓现场发现，墓园的墓穴存在多个不同种类墓穴区域，墓穴的规格也差别很大，在墓园入口处有成片的简易墓穴。从门卫处了解到，该区域单个墓穴售价在800~2 000元不等，通过协商最低甚至可以卖到500元一处。对特困户、五保户，还会予以免费提供。在现场调查中，辩护人找到了在案卷宗涉及的部分售价3 000元左右的墓穴，其占地面积和规格都和简易墓穴存在很大区别。该区域墓穴的售价不可能和这些墓穴一样卖出3 000元的价格，这也从一个侧面证明，售价3 000元以下的墓穴真实存在。调查中，辩护人拍摄了大量现场对比照片和视频资料。

在案证据中关于一审认定3 000元以下墓穴都不存在实质交易的证据，只有两名证人充满不合理情节证言，其中一名是墓地的原工作人员。辩护人于是找到该证人了解情况，得知侦查人员根本没对他进行过正式讯问，笔录中记录的所谓证言也不是他说的，而且他本人是文盲，不识字。

辩护团队在走访中了解到，一审法院认定的"丧户如不购买墓穴（墓穴卡），民政部门不给开火化证明，丧户无法火化死者"与事实严重不符。通过走访调查结合在案证据，辩护人发现，当地死者到殡仪馆火化根本不需要民政部门出具火化证明。最为有力的证据是，当地殡仪馆统计的该镇死亡人火化名单显示,在被告人经营墓园期间,该镇火化死者人数为1 255人,而同一期间向公墓购买墓穴(包括购买墓穴后未入墓园安葬)的丧户只有716人,这就意味着有539名死者没有购买墓穴(墓穴卡)照样得以顺利火化。一审法院判决认定的事实显然不能成立。

(四)确定辩护要点

在确定了辩护思路、完成了调查取证工作之后,辩护团队针对一审判决中存在的问题进行全面梳理,展开头脑风暴,确定二审辩护的思路和辩护要点。

1. 所谓"共识"不能成为敲诈勒索的手段

一审指控被告人曲解殡葬政策,设置领取墓穴卡为办理火化手续前置程序,在当地口口相传形成共识,并以此迫使被害人交付财物,构成敲诈勒索罪,违背罪刑法定原则,属于自创犯罪构成要件。所谓"共识"是公众的一种主观认识,并且要形成一致认识,本质上是对社会上的"传言"形成"共识",这种"共识"本身就是违背客观规律和常识的,根本不可能形成的。构成敲诈勒索罪的客观要件必须有直接、具体的行为,传说或者谣言不能认定为该罪中威胁或者要挟的手段。犯罪是具有严重社会危害性的行为,无行为则无犯罪。一审法院将公诉机关指控所谓"共识"的概念偷换为"不成文的硬性规定",据此认定徐某以此强制或者迫使被害人购买虚假墓穴登记卡,完全不能成立。

2. 一审判决违背常理、不合逻辑

本案原一审判决存在不符合常理的逻辑,就是所有被害人都是主动上门请求被敲诈勒索,而且在讨价还价、你情我愿的和谐气氛中被敲诈勒索。被告人无任何主动的敲诈勒索行为,也没有一个被害人因内心产生恐惧而被迫处分财产。

3. 丧户放弃墓穴使用权责任不在被告

丧户购买了墓穴而未入园埋葬死者的情况虽然存在,但这是丧户自己作出的选择——其不想将逝者埋葬在公墓,而是葬在老坟或请算命先生选的风水宝地。基于传统礼仪和习俗祭祀亲人,这对丧户来说是一种追求精神寄托的行为,本质上也实现了个人利益的满足,与敲诈勒索罪中被害人由于被威胁或者要挟、被迫处分财产的行为有着本质区别。法学理论或者实践中从来没有将"你情我愿、讨价还价、主动追求利益"的行为视为敲诈勒索罪的要挟行为。即使在购买墓穴过程中存在双方协商通过购买墓穴登记卡规避殡葬政策的情节，也仅属于行政违法的行为，不构成犯罪。法无明文规定不为罪，无行为则无犯罪。被害人的所谓损失，可以通过民事诉讼途径加以救济，刑事手段不应当介入。

4. 一审判决认定的基本事实不能成立

有充分证据证实，一审判决认定的价格低于3 000元的墓穴没有实质交易与事实不符；有充分证据证实，死者进行火化前根本不需要民政部门开具火化证明，从徐某处购买墓穴（墓穴卡）后到民政部门开火化证明，不是死者火化的前置程序。一审判决认定徐某以不购买其经营墓园的墓穴（墓穴卡）就无法对死者进行火化相要挟，对丧户敲诈勒索明显不能成立。

5. 该案原一审存在严重程序违法，认定案件事实与实际情况严重不符，依法应当发回重审。

（五）全方位辩护

1. 沟通交流

辩护律师在与二审法官和市检察院沟通中指出，该案案发源于领导移交扫黑办的案件线索，属于重大案件。表面看来是涉"墓霸"类的敏感案件，但实际上，"墓霸"是指在死者亲属不愿将死者安葬在其经营的墓地时，以不提供殡葬车服务等手段相要挟，逼迫丧户购买假墓穴或者直接敲诈死者亲属钱财的情形。而在本案中，徐某只是单纯的墓地经营者，并不提供其他殡葬服务，也根本没有相应的要挟手段，却被错误认定为敲诈勒索罪。辩护律师在与办案人员沟通中表示，在依法治国，实现法治中国梦的背景下，法律必须成为法律人的信仰，不能因为案件存在敏感因素，就无视犯罪构成要件、降低定罪量刑的证据标准。辩护律师肩负为人辩冤白谤的职责，在维护法律正确实施的同时，也会坚定不移地穷尽一切合法手段维护当事人合法权益。与二审法官、检察官的沟通中，辩护律师指出，这个案件存在定性、事实认定、证据采信、法律适用等诸多不合法、不合理之处，建议对本案开庭审理或发回重审。

2. 举报、控告

在与办案人员加强沟通交流的同时，团队律师还就该案存在的问题，和家属一道向市委政法委、市检察院、纪检委等监督机关进行了反映,要求对案件中存在的选择性执法问题予以纠正。控告代理律师和家属也多次以书信方式向有关单位反映案件中存在的问题。

办 案 结 果

经过律师团队和家属的共同努力,二审法院裁定将本案发回原审人民法院重审理。案件发回重审期间,辩护人再次和家属沟通辩护策略。基于现实考虑,家属提出最大愿望就是让徐某能够尽快回家,这一目标也得到了被告人的认可。最后被告人选择妥协,在原则上刑期"实报实销"的前提下认罪认罚。最终被告人的刑期由原来的五年有期徒刑改判为二年,罚金由原来十五万元改判为象征性罚金六千元。庭审期间,辩护人基于独立辩护原则,仍然坚持依据事实和法律做无罪辩护。判决宣告不久,当事人走出看守所,重获自由。

办 案 总 结

本案最终以刑期"实报实销"、罚金大幅度降低的结果结案,没有获得无罪判决,虽有遗憾,但结果达到甚至远超出了家属和被告人对二审辩护的期望,当事人及家属对案件结果和律师团队的辩护工作非常满意。从辩护律师的角度来看,本案基本上实现了辩护目标,属于成功辩护。

刑事辩护深入现场、调查取证是有效辩护的关键。在办案过程中,现场调查取得的证据对还原案件事实、说服办案人员作出发回重审的裁定起到了很大的促进作用。

无罪辩护案件,当事人和家属要坚定信念、据理力争,坚定表达无罪诉求;辩护律师要以极致的专业、高度的智慧、适度的勇气投入辩护工作,庭内辩护、庭外反映,使用一切合法手段维护当事人合法权益,促使案件公平、公正处理。单纯随着程序被动应对,很难取得理想的辩护效果。

无罪辩护难,难于上青天。在作无罪辩护的过程中会遇到各种各样的困难和挑战,这就要求辩护律师和当事人要有坚定的信念,穷尽一切合法手段，全力以赴。一方面，程序上难啃的硬骨头，包括非法证据排除、调取被告人无罪的证据、申请证人出庭等基础工作一定要做，而且要做扎实。本案虽然由于二审法院未开庭审理，直接裁定发回重审，这些申请没有最终在法庭中实现，但办案人员注意到了申请中反映出的问题，从而对案件的走向起到了一定促进作用。另一方面，在加强与办案人员沟通的同时，庭外积极向有关法律监督机关反映问题，对促成案件的公正处理不可或缺。

承办律师

刘录，法律硕士，收获30多起无罪辩护成功案例，其中有9起虚假诉讼案获得无罪或者有效结果，曾经为两名律师同行无罪辩护成功。无罪辩护成功案例入选《扬子鳄刑辩联盟精选刑事案例集——精彩辩护人》《扬子鳄刑辩联盟精选刑事案例集——辩点的挖掘与运用》《扬子鳄刑辩精选刑事案例集——无罪辩护》。多次接受《中国新闻周刊》《封面新闻》等媒体采访、发表案例点评或者"以案释法"文章80多篇。

马耀东，上海德禾翰通律师事务所专职律师，国家一级建造师、高级工程师，专注刑事辩护。参与办理的重大社会影响案件有：包头王某某被控黑社会性质组织罪案、武汉远成公司被控非法经营案、芜湖谢留卿等63人被控诈骗案、阿里王某某被控强制猥亵案、商丘潘某某等被控黑社会性质组织案、衡水魏某某等被控黑社会性质组织案。参与办理的武汉远成公司被控非法经营案、阿里王某某被控强制猥亵案、贵州独山黄某被控生产销售伪劣产品案、山东临沂李某某被控非法采矿案等案件被告人最终被认定无罪。

12 医院副院长深陷借贷风波
——揭秘1 000万元公款流转案背后的改判逻辑

大意决策惹非议,感情投资成罪证

2017年2月,华某公司在徽商银行淮北某支行有一笔1 500万元的银行贷款即将到期,王某通过电话与马某某联系,欲从县人民医院借款1 000万元用于偿还该笔贷款。因县人民医院与华某公司有长期业务往来,马某某曾多次收受华某公司财物,他在未经县人民医院领导集体研究的情况下,于2017年2月9日安排财务人员通过银行转账的方式将县医院1 000万元公款转入华某公司徽商银行账户,华某公司随即将该1 000万元用于归还银行贷款。2017年,华某公司归还给县人民医院1 000万元及8万元利息。

公诉方认为,首先,马某某系个人决定以单位名义将公款借给华某公司使用。县人民医院出借1 000万元没有经过单位领导集体研究,没有召开院长办公会、党委会议等会议研究,而是由马某某主导的少数领导违反决策程序决定将公款供其他单位使用,属于"个人决定"。其次,马某某出借1 000万元谋取了个人利益。根据全国人大常委会关于《中华人民共和国刑法》第三百八十四条第一款的解释,马某某符合"个人决定以单位名义将公款供其他单位使用",但如果构成挪用公款罪,还必须符合"谋取个人利益"。法院判决认定上诉人谋取了个人利益,包括两部分:一是2013年中秋节至2015年春节期间多次收受杨某1所送的1.6万元;二是2016年中秋节和2017年春节两次收受郭某1受王某安排所送的五粮液白酒 6 瓶。马某某的行为符合"虽未事先约定但实际已获取了个人利益",故马某某的行为构成挪用公款罪。

一审法院经审理后认为,被告人马某某利用职务上的便利,挪用公款归个人使用,进行营利性活动,情节严重,犯挪用公款罪,判处有期徒刑六年。

昭雪之路,细剖错判与误读

在接手马某某挪用公款案之初,我们深知证据乃诉讼之基石,迅速组织了力量,投入大量时间精力研读案卷材料,对每一份证据进行深入剖析,力求还原案件全貌。同时积极与马某某沟通,详细了解案情始末,确保全面掌握第一手资料。

基于上述扎实的基础工作,最终形成了如下核心辩护意见。

1. 上诉人马某某的行为不仅没有侵害公共财产的占有使用收益权,相反使得国家财产获益,根本就不符合挪用公款罪侵害的客体

县人民医院与华某医药公司存在 20 多年的合作关系,并且二者合作关系非常良好。同时,每个月县人民医院都欠华某公司几百万元,直至该案审理期间,县人民医院仍然欠华某公司的钱。我们不能认为,国家政府、国有事业单位欠其他单位的钱是天经地义,更不能认为国家政府、国有事业单位归还,或者提前支付预付款给其他单位的就是挪用公款。这么多年县人民医院都拖欠华某公司几百万元,华某公司也没有要求县人民医院支付利息。此次,县人民医院出借给华某公司 1 000 万元,华某公司支付了利息,怎么就是挪用公款?一审认定为上诉人马某某挪用公款罪,是没有逻辑性的。

就本案而言,上诉人马某某确实将本单位的资金出借给华某公司,但他毕竟在同一时刻交换回利息,没有给国家、企业带来任何损失。如果仅仅因为没有经过正常审批程序就认定其行挪用公款犯罪,则根本没有违反财经纪律等行政违法存在的余地。

庭审中,上诉人马某某陈述,在其全面负责工作之前,县人民政府曾多次通过县人民医院向华某公司借款。也就是说,华某公司曾经帮助过县人民政府、县人民医院,而华某公司处于困难之时,县人民医院给予帮助也是正常的,是两单位的相互救急的行为,并不能认定为挪用公款罪。同

时，华某公司按照不低于银行同期利率支付了8万元的利息。

2. 上诉人马某某没有挪用公款罪的故意

任何的犯罪故意，都需要认识因素和意志因素。对挪用公款罪而言，行为人犯罪故意的认识因素，包括对挪用公款行为本身的认识，即明知自己实施的挪用公款行为是将公款挪出而使公款脱离本单位占有、使用状态的行为。行为人的意志因素是对挪用公款行为会侵害公款使用权的希望或放任的心理态度。

在这起案件中，上诉人马某某之所以不构成挪用公款罪，是其没有挪用公款罪的犯罪故意。首先，上诉人没有明知自己实施的挪用公款行为是将公款挪出而使公款脱离本单位占有、使用状态的行为。上诉人马某某在将借款出借之前，做了多方的调查、核实，做了充分的准备，做到了借出的款项万无一失，不存在使得公款脱离、无法控制的状态。华某公司在此次出借之前，县人民医院的前两任院长都非常支持、信任华某公司，在周某院长在位时，县人民医院也经常以预付款的形式出借款项给华某公司。案发时县人民医院仍然欠华某公司400多万元，同时华某公司正源源不断地向县人民医院供货，出借不至于使得公款处于失控状态。上诉人马某某询问了药剂科的陈某某、财务科的刘某和朱某某，他们都认为可以出借。上诉人马某某认为借给华某公司1 000万元应该不会有什么风险。而现实也确实是如此的。而且药剂科负责人陈某某、财务科负责人刘某和财务人员朱某某、分管院长郭某都在上面签了字，在申请书上签下"同意借款"。这些都说明上诉人马某某充分认识到出借是没有任何风险的。也说明上诉人没有挪用公款罪故意的认识因素。

其次，上诉人马某某没有对挪用公款行为会侵害公款使用权的希望或放任的心理态度。上诉人一贯做事谨慎，对待工作兢兢业业，对于向华某公司借款一事，也是在充分调查、核实后才做出的决定，因此也不存在放任的主观心理态度。另外，华某某公司和县人民医院是多年的合作伙伴，长期都是非常信任，相互理解、支持，其中任何一方的良好发展，对另外一方都是有利的，也就是共赢的。因此，不存在上诉人有侵害公款使用权的希望，也即是直接故意。

3. 上诉人马某某的行为不是真正的"个人决定"

挪用公款罪是职务犯罪，是因为工作人员利用职务上的便利，其此罪中体现为"个人决定"。所谓个人决定，就是利用职权，没有经过其他人的同意，私自决定。在本案中，县人民医院将钱借给华某公司，在同意书上有财务股股长的签字，说明没有逃避单位财务的监管；有财务科主管会计朱某某的签字，朱某某表示"华某公司有过几次在年底向县医院借过100万、200万元的情况"；药剂科主任陈某某，负责药品采购和供应，也表示："我说华某公司都是给县人民医院正常供应药品和耗材，几个月的贷款也就差不多够1 000万元了，应该不会有风险。刘某和朱某某当时好像也表示不会有什么风险。"副院长郭某也在上面签字。这些都说明了上诉人没有逃避监管，私自决定、个人决定将公款挪作他用。

庭审中，上诉人马某某陈述，当时之所以没有询问其他几位副院长，是因为他们是分管业务的院长，郭某副院长是分管行政的副院长，郭某副院长同意了，其他几位副院长肯定会同意的。目前，从几位没有签字的副院长的证言证人中，我们只能看到他们不知道借钱给华某公司一事，并没有表示反对借钱。这也可以反证如果他们知道，也会同意借钱给华某公司的。借钱给华某公司，对于两家单位都有好处。

4. 上诉人马某某"没有谋取个人利益"，所受贿的贿赂与挪用公款没有任何的因果关系

上诉人马某某在出借钱给华某公司时，并没有谋取个人利益，之前即使有接受财物的行为，也可能是构成受贿罪，与挪用公款罪的谋取个人利益没有任何因果关系。

挪用公款罪既侵害了公共财产占有使用收益的权益，也侵害了国家工作人员的廉洁性。行为人之所以帮他人挪用公款，是因为有直接的对价、好处，也即是能谋取个人利益。换而言之，国家工作人员给他人挪用公款，在挪用之前就商议，国家工作人员会谋取到什么的个人利益，如此这般，才会侵害到国家工作人员的廉洁性。如果国家工作人员在挪用之前，没有和借用人商谈，挪用后，借用人也没有因为挪用直接给国家工作人员谋取个人利益，不存在挪用与谋取利益的因果关系的，不能认定为挪用公款罪。

上诉人马某某在出借给华某公司钱时，并没有向华某公司或者和华某公司商议其要谋取个人利益，也就是其并没有谋取个人利益的主观目的。其之所以向华某公司出借，是因为合作单位之间的救急，也不损害本单位

的任何利益。即便认为华某公司之前给上诉人马某某送礼，上诉人马某某构成受贿罪，但是华某公司只是一般的感情投资，并没有提出任何的要求，也没有提出挪用公款的请托。我们认为，之前的送礼与挪用公款的谋取个人利益，没有任何的因果关系。控诉机关，纯粹是生拉硬拽，将两件相互不相干的事件撮合在一起。

破茧澄清，终审改判无罪

法院采纳了我们提出的马某某的行为不构成挪用公款罪的辩护意见。二审法院经审理认为，上诉人马某某在担任县人民医院相关职务期间，收受华某公司相关人员赠送的1.6万元现金及6瓶五粮液白酒，确有利用职务便利为华某公司在医药业务上提供便利之嫌，但现有证据不足以证明马某某收受这些财物与其决定将县人民医院1 000万元借给华某公司之间存在直接关联。

关于挪用公款罪的指控，法院查明，2017年2月初，华某公司因贷款周转需求，经公司老总王某与马某某协商，马某某在考虑到县人民医院与华某公司长期良好的业务关系，县人民医院尚欠华某公司大额货款，且华某公司信誉良好等因素后，同意以借款方式将县医院的1 000万元借予华某公司，并收取了8万元利息。虽然法院确认了马某某个人决定以单位名义出借公款的事实，但未能找到充分证据证明马某某在此过程中有谋取个人利益的行为。

据此，根据全国人大常委会对《中华人民共和国刑法》第三百八十四条第一款的解释，由于缺乏马某某"谋取个人利益"的证据，法院判定认定马某某挪用公款归个人使用的证据不足，故原判认定马某某犯挪用公款罪的事实不清，证据不足，依法改判马某某无罪。

案溯原委，回首洗冤路

1. 初期筹备：聚焦证据，还原事实

案件伊始，辩护律师第一时间汇集核心团队，对检察机关提供的上千页案卷材料进行了逐份研读和精细分析。我们深知，任何一次疏忽都可能导致关键信息的遗漏，每一份证据都可能成为扭转乾坤的关键。我们与被告人马某某进行了数次深度交谈，详细记录其叙述的每一处细节，力求完整勾勒出涉案行为的全过程，确保辩护立足于坚实的案情基础之上。

2. 中期侦查：突破常规，查漏补缺

在初步了解案情后，我们并未止步于既有证据，而是积极开展了补充调查工作，实地走访了县人民医院及相关单位，深入了解马某某与华某医药公司长期以来的合作背景与经济往来。通过查阅历年账目明细，证实了双方存在长期稳定的欠款关系，马某某将公款出借给华某公司并非孤立事件，而是建立在双方互利互惠基础上的应急举措。同时，也注意到马某某在决定出借公款前征询了多名医院内部关键岗位人员的意见，据此否定了"个人决定"的指控。

3. 法律分析：精准定位，阐明法理

基于查明的案情，我们在法律层面上进行了深入剖析。根据我国刑法相关规定，挪用公款罪成立需具备特定的主观故意和客观行为。马某某虽然未经严格的集体决策程序，但其行为并未导致公款的实际损失，相反还为国家创造了收益，不符合挪用公款罪的本质特征。同时，马某某在出借公款时并无谋求个人利益的主观意愿，其所接受的财物与挪用公款行为之间缺乏必要的因果联系，故不应将其视为挪用公款罪中的"谋取个人利益"。

承办律师

行江，北京隆安（合肥）律师事务所兼职律师，安徽大学法学院副教授、硕士生导师，合肥市十佳律师，合肥市律协刑委会主任。

13 受贿罪二审发回重审，终获减轻处罚
——李某甲受贿减轻处罚案

案 件 背 景

这个案件是在其二审期间委托给我们律师团队的。一审认定被告人受贿金额305万元，判处有期徒刑十年，罚金五十万元。被告人家属第一次找到我们谈案的时候非常迷茫，因为一审的律师给他们传达的信息是这个案件大概率判五六年，但是一审判了十年。她也咨询了几个律师，都说职务犯罪案件二审没有空间，肯定会维持原判，建议不要折腾。

接到这个案件，我们给被告人家属做了简要的分析：一审判决认定的受贿金额已经超过300万元，起刑点就是十年，所以并不存在量刑畸重的问题，二审的关键在于能否找到减轻处罚情节。为此，我们确定了三个辩护方向：一是降低金额，想方设法将受贿金额降到300万元以下；二是争取自首情节；三是争取立功情节。

这个案件第一次二审以事实不清为由发回重审，发回重审一审认定受贿金额280多万元，但没有认定自首情节，量刑八年六个月，罚金四十万元。第二次二审，辩护人主要围绕自首情节进行辩护，并提交调查取证申请书，调取到被告人在到案后第一时间的自书材料，以证实有如实供述情节。遗憾的是，第二次二审维持原判。

案 情 简 介

起诉书指控：2004—2018 年，被告人李某甲担任 A 市某医院领导职务期间利用职务之便，在人员招录、职务职称晋升、医药器械采购、工程服务外包等事项中，为多个个人或单位谋取利益，收受财物共计人民币 305 万元。

2018 年 10 月 8 日，A 市监察委员会办案人员在 A 市某学院将被告人李某甲抓获归案，随后扣缴赃款人民币 55 万元、美元 2 万元。事后，被告人李某甲及其亲友退赃人民币 220 万元。

上述事实，公诉机关提供了物证、书证、证人证言、被告人供述和辩解等证据证实，并据此认为，被告人李某甲身为国家工作人员，利用职务上的便利，非法收受他人财物数额特别巨大，为他人谋取利益，其行为已触犯《中华人民共和国刑法》第三百八十五条、第三百八十六条、第三百八十三条第一款第（三）项，应当以受贿罪追究其刑事责任。被告人李某甲如实供述自己的罪行，依照《中华人民共和国刑法》第六十七条第三款的规定，可以从轻处罚。

律 师 对 策

这个案件非常特殊，一审认定的受贿金额刚刚超过 300 万元，且这 300 多万是由 30 多笔受贿款组成的。司法实践中，对于受贿金额 300 万元以上的受贿行为，在没有减轻处罚情节的情况下，最低也要判处十年有期徒刑。但是受贿金额在 1 000 万元左右的案件，也有不少案件量刑在十年到十一年有期徒刑这个区间。所以，这个案件的关键问题在于能否争取到减轻处罚情节，以及是否能将受贿金额降低到 300 万元以下。

（一）精细化阅卷和深度会见相结合，尽快确定辩护思路

拿到这个案件的案卷以后，我们首先对这个案件的证据材料进行了全面梳理，并制作了全案证据材料的思维导图。

同时，我们多次到看守所会见当事人，充分沟通案件的辩护思路。我们发现,当事人对于案件的重要事实供述稳定,只是对于部分受贿款的性质认定(是否及时退还)有异议。同时,我们还与当事人详细核实了到案经过,以及是否有检举揭发他人犯罪行为的情况。基于对前述情况的了解,我们与当事人就辩护思路达成一致意见,着重从以下三个方向进行辩护:

第一,降低受贿金额,主要从是否利用职务便利,以及是否应当认定及时退还两个角度进行辩护。为此,我们对每一单受贿事实进行了梳理,并通过EXCEL表格的方式进行可视化整理,这样就可以将每一单受贿事实是否与李某甲当时任职情况进行横向比对,清晰地得出收受贿赂款与职务行为是否有关的结论。

同时,我们对笔录中供述的收受贿赂的时间与返还贿赂的时间进行比对整理,易于得出是否属于刑法意义上的"及时返还"的结论。经过梳理,我们认为5宗(第21、25、27、30、31宗)受贿事实部分金额应当认定为"及时退还"或"主动退还"。

第二,争取自首情节。通过对当事人到案后前几份笔录的分析,基本上可以得出其具有如实供述情节的结论。所以,当事人是否具有自首情节,关键就在于其是否为自动到案。针对这个情节,我们与当事人详细地核实了到案的具体情况,发现实际情况与一审时办案机关出具的到案经过有很大出入,所以又申请法院进一步调查核实当事人的到案经过。办案机关第二次出具的到案经过,基本上还原了客观事实,可以认定当事人具有自动到案情节。

第三,争取立功情节。当事人陈述了其在调查期间有检举揭发他人犯罪的情节,所以我们向法院申请对该情节进行调查核实,以确定是否已经查证属实。

(二)申请调查取证及申请二审开庭审理

确定了案件的辩护思路以后,摆在我们面前最大的问题是二审能否开庭审理。对于职务犯罪而言,如果二审决定书面审理,大概率就是维持原判。只有全力争取二审开庭审理,才有希望争取到案件发回重审或者改判。为此,我们在提交二审开庭审理申请书的同时,还提交了调查取证申请书,争取在二审期间出现新证据,以增加二审开庭审理的概率。最终,法院决定二审开庭审理。

（三）全力准备二审开庭

二审确定开庭审理以后，我们准备了发问提纲、质证意见和辩护意见等共三份材料。这三份庭前准备材料基本上是围绕着前面确定的几个辩护方向开展工作，由于当事人对于大部分受贿事实都是认罪的，所以律师主要围绕法律问题进行简要的发问和质证，重点放在辩论环节。

辩论环节，在原有辩护观点的基础上，我们又针对本案的量刑提出了辩护意见，并提供了两份类案检索报告。两份类案检索报告都是以 B 省全省为检索范围，时间跨度是 2016 年至 2020 年。其中第一份检索报告以"数额特别巨大""自首""退赃"及"真诚悔罪"为关键词，受贿金额在 300 万至 700 万元之间，大多在有期徒刑四年到六年六个月之间量刑。第二份类案检索报告受贿金额为 700 万元以上，甚至高达 1 000 多万元，量刑在有期徒刑八年至九年的案件。

（四）庭后提交辩护词

庭后，辩护人结合庭审的情况修改庭审发表的辩护意见，提交了书面辩护意见：

1. 第 1 宗的行贿人 1 行贿的事实，李某甲并未利用职务便利实施该行为

利用职务上的便利，是指利用本人职务范围内的权力，即自己职务上主管、负责或者承办某项公共事务的职权及其所形成的便利条件。

实践中，仅仅出于人情往来，不具有为他人谋取利益的意图及行为，属于不正之风，应按一般的违纪处理，不应认定为受贿犯罪。本案中，李某甲仅是利用其作为医院工作人员的身份便利，帮助行贿人 1 联系医生以及病房床位，为行贿人 1 及家属治疗疾病，不属于利用其职务上的便利。同时，这种逢年过节送的红包，仅仅是出于一般的联络感情的考虑，不具有权钱交易性质。因此，此宗事实不应认定为受贿。这种观点也得到了《刑事审判参考》第 218 号姜某受贿案的支持。

2. 第 12 宗的行贿人 3 行贿的事实，李某甲并未利用职务便利实施该行为

根据 2003 年《全国法院审理经济犯罪案件工作座谈会纪要》和 2007

年"两高"关于贪污贿赂罪解释第十三条规定,明知他人有具体请托事项的,应当认定为"为他人谋取利益"。

本案中,2014年4月份,行贿人3已经与A市某医院续签了2014—2017年的租赁合同,且2017年合同到期后又没有续签。而行贿人3从2014年国庆时段才开始陆续向李某甲送钱共计5万元,并没有提出具体请托事项,这一点也可以得到行贿人3证言的印证。

虽然李某甲在笔录中陈述:"行贿人3可能是觉得有必要跟我维护好关系,以保障以后不要再涨价,或者为他的经营设阻。"这明显只是李某甲个人的判断,属于意见证据,不宜作为定案依据。

至于二人的笔录称李某甲有帮行贿人3提交请款单据,一是行贿人3送礼时并没有具体提出这个请托事项;二是没有书证确凿证明李某甲有帮行贿人3提交请款单据。

因此,本案现有的证据不足以证明李某甲为行贿人3谋取利益,故该笔金额5万元不应认定。

3. 5宗事实的部分金额应当认定为"及时退还"或"主动退还",具体为第21宗的行贿人5行贿的事实、第25宗的行贿人6行贿的事实、第27宗的行贿人7行贿的事实、第30宗的行贿人8行贿的事实、第31宗行贿人9行贿的事实。

(1)"及时"的确不是一个单纯的时间概念,还要综合考量国家工作人员的主观故意。行为人收到他人所送财物后,不立即退还或者上交,不能简单推定具有受贿故意。实践中不能排除行为人主观上存在的不确定的状态,或者说需要一定考量的时间。如果通过其自由意志,选择退还或者上交该财物,说明行为人最终没有形成收受他人贿赂的故意。刑法不宜将所有尚在对错之间选择的情况一律认定为犯罪,只要在相对合理的时间内打消受贿企图,及时上交,也应当予以认可,不再作为犯罪论处。

换句话说,对"及时"不应该限定具体的时间长短,只要在合理的时间段内,且能够反映出国家工作人员主观上没有受贿罪的故意,就应当认定属于"及时退还或者上交"。

上述5宗犯罪事实中,李某甲是否有受贿的故意,实际是不明显的,或者说在收与不收财物时,其态度是倾向于不收的,例如行贿人8行贿案中,行贿人与受贿人的笔录均证实系行贿人8强行要送,李某甲无法推辞。

（2）本案多笔受贿事实属于"知情后退还"，要根据具体情况来判断李某甲有没有收受贿赂的故意。判断行为人是否有受贿故意，不能仅根据其本人供述，还应结合其收受和退还财物的具体行为进行综合分析：一是是否不得已接收或误收，二是是否及时退还。例如行贿人9行贿事实、行贿人5行贿事实中，李某甲在收受礼品时，以为是茶叶、巧克力，当时并不明知存在现金，等事后发现了，及时打电话催促对方，将钱退还。这几宗受贿人的证言也证实，退还的现金原封不动，从侧面反映了李某甲主观上并无明显的受贿故意，事后努力及时退还，故可以认定为《意见》第九条规定的"及时退还"，不以受贿论处。

（3）即便不能认定为"及时退还"，也应认定为"主动退还"。退一步来讲，即便李某甲的行为不能被认定为"及时退还"，也应认定为"主动退还"。具体到本案中，可以结合收受财物的时间长短、数额大小以及是否牟利等具体情况，选择不同的处理方式。

"主动退还"一般不会影响构成犯罪，但在少数情况下，行为人虽然接受财物时存在受贿故意，但在较短时间内即出现悔悟，且未为对方谋取利益即主动退还财物，情节显著轻微危害不大的，可不以犯罪论处。

本案中，第31宗行贿人9行贿这一笔，虽然收钱到退钱的时间较长，但李某甲发现现金后就主动联系行贿人9退款，且没有为行贿人9谋取任何利益。第27宗的行贿人7行贿这一笔，行贿人7因为肝硬化请求调岗，但是通过正常的审批流程申请转岗，李某甲也是从关怀下属的出发点而提供帮助，此后又考虑到行贿人7身体不好，正是需要用钱的时候，及时将收受的3万元原封不动地退还。从中可以看出，李某甲的该两宗受贿事实，主观恶性不大，更多的是出于领导关怀、照顾患病同事。对以上两笔情节轻微的受贿事实可以不作为犯罪处理。

在构成犯罪的前提下，考虑到行为人"主动退还"虽然属于"退赃"情节，但表明其有悔罪表现，主观恶性较小，对职务廉洁性的损害也相应减小，故对其从宽处罚往往能获得民众认同。在实践中，被告人到案后的"积极退赃"行为尚可作为从轻处罚的情节，"主动退还"与"积极退赃"相比，行为人体现的主观恶性更小，社会危害更低，举重以明轻，对"主动退还"情形更应当从宽处罚。

本案中，第21宗的行贿人5行贿这一笔，第25宗的行贿人6行贿这一笔，第30宗的行贿人8行贿这一笔都属于主观恶性较小的主动退还。可以依照刑法第六十三条第二款的规定，在法定刑以下判处刑罚。

4. 被告人具有自首情节，可以减轻处罚

办案机关于2020年5月11日向A市人民检察院出具的《关于进一步核实李某甲到案经过的函》的复函证实，"李某甲主动投案并积极接受调查，到案后如实供述了罪行，并积极退赃"。该复函已明确了被告人具有"自动投案"和"如实供述"的情节，根据刑法规定，属于自首，可以从轻或减轻处罚。

庭审过程中，公诉人提出电话通知到案不属于"自动到案"。辩护人认为，李某甲的行为应当认定为自动到案。如果被告人在接到电话的时或者之前，已经知道，或者说很大的概率已经知道办案机关找他是因为何事，在有能力逃脱而没有逃脱，而是主动到指定的地点接受调查的，显然具有投案的主动性，应当认定为自动到案。这种观点也得到最高人民法院《最高人民法院自首、立功司法解释案例指导与理解适用》之"许某经强奸、强制猥亵妇女案"案例的支持。

本案中，监委办案人员与李某甲相约在A市某学院门口见面，之前肯定是打电话通知过去学院门口，李某甲肯定也知道打电话的人是监委工作人员，因为打电话的人肯定要向他表明身份，解释为什么找他，他自己也知道A市某学院就在办案中心的隔壁。

因此，李某甲的行为应当认定为自动到案，因此根据《中华人民共和国刑法》第六十七条之规定，李某甲有自首情节。

5. 被告人有检举、揭发行为

故恳请法庭核实后依法处理。

6. 李某甲有以下减轻、从轻处罚及酌情处理的情节，故恳请法庭判处其四至五年有期徒刑。

（1）李某甲有自首情节，可以减少基准刑的40%以下。

（2）李某甲已全额且超额退赔，依法可以减少基准刑的30%以下。

（3）李某甲当庭愿意认罪认罚，可以减少基准刑的10%以下。

辩护人通过检索B省受贿罪案例，对"数额巨大""数额特别巨大"并且认定"自首""退赃"及"真诚悔罪"情节的案件进行统计，犯罪数额在 200 多万元的案件，司法实践中大多判处四年至五年，300 万至 700 多万元的案件，也大多判处有期徒刑四年到六年半之间。

综上所述，辩护人认为，认定李某甲的受贿总金额为 276 万元。被告人具有自首的情节，并已全额退赃。辩护人恳请法庭贯彻"让人民群众在每一个司法案件中感受到公平正义"的精神，充分考虑本案的事实、情节、社会危害性，客观评价李某甲的行为性质，并充分考量李某甲的犯罪情节和认罪态度，依法对被告人李某甲予以减轻处罚，并在有期徒刑四年至五年对其定罪量刑。

本案第一次二审以事实不清，证据不足为由发回重审。

发回重审以后，我们仍然按照第一次二审的辩护思路，主要围绕自首问题和受贿金额问题辩护。

发回重审一审判决认定如下：

（1）关于起诉书指控的第 1 宗事实。经查，证人行贿人 1 的证言及被告人李某甲的供述一致证实，行贿人 1 逢年过节每次给李某甲 1 500 元红包是为了感谢李某甲在行贿人 1 及其家人看病就医时帮忙联络医生、安排病床等好意，在此过程中，李某甲仅利用其作为医院工作人员的便利条件为朋友就医提供帮助，不属于利用其职务上的便利，该宗事实不能以受贿犯罪论处。对被告人及辩护人就该宗事实所提意见，予以采纳。

（2）关于起诉书指控的第 12 宗事实。经查，证人行贿人 3 证实其送给被告人李某甲钱款是为了加快请款审批速度及方便续约；被告人李某甲在侦查阶段供认其作为招标采购委员会的副主任，在 2012 年组织的谈判中提高了行贿人 3 经营的 A 市某连锁超市在 A 市某医院所租场地的租金，另外作为办公室主任，其可以加快对行贿人 3 提交的 A 市某医院员工在 A 市某连锁超市刷卡消费的请款审批，因此可能行贿人 3 觉得有必要跟其维护好关系，以保障以后不要再涨价或者为他的经营设阻、保障请款的审批，才送其钱款。上述证据相互印证，足以认定被告人李某甲和行贿人 3 均对送钱的目的心知肚明，有具体请托事项，也在李某甲职权范围之内，构成受贿犯罪。被告人及辩护人所提该宗事实无具体请托事项、无谋取利益的意见，与查明事实不符，不予采纳。

（3）关于起诉书指控的第21、25、27、30、31宗事实。经查，在该5宗事实中，因被告人李某甲在收到行贿人5第二次行贿款人民币3万元、收到行贿人6第二次行贿款港币5万元、收到行贿人7人民币3万元、收到行贿人8人民币3万元、收到行贿人9人民币10万元后均已全部退还，现有证据不足以认定被告人李某甲对上述几笔钱款存在受贿的故意，故上述五笔钱款不应计算为被告人李某甲受贿犯罪数额，被告人李某甲和辩护人就此所提意见有理，予以采纳。

（4）关于被告人李某甲是否有自首情节的问题。经查：

到案经过证实，办案人员于2018年10月8日到A市某学院将被告人李某甲带回办案机关并展开调查，李某甲没有投案的自动性、主动性。

被告人李某甲于2018年10月8日归案后，到2018年11月1日才书写第一份认罪的自述材料、2018年11月23日才作出第一份认罪的讯问笔录，不符合自首如实供述的及时性。综上，被告人李某甲并不符合认定自首的法律规定，不能认定其有自首情节；被告人及辩护人所提李某甲有自首情节的意见无事实和法律依据，不予采纳。

被告人李某甲归案后如实供述本案全部事实，应认定其有坦白情节，其如实供述司法机关尚未掌握的同种较重罪行，应当从轻处罚。

本院认为，被告人李某甲无视国家法律，身为国家工作人员，利用职务上的便利，非法收受他人财物，为他人谋取利益，数额巨大，其行为已构成受贿罪，应依法惩处。犯罪分子违法所得的一切财产，依法应当予以追缴。被告人李某甲归案后除如实供述司法机关已掌握的罪行外，还如实供述司法机关尚未掌握的同种较重罪行，依法应当从轻处罚。被告人李某甲已退出赃款，可以酌情从轻处罚。公诉机关指控被告人李某甲受贿罪的罪名成立，本院予以支持。但如上评析，不认定起诉书指控的部分犯罪事实。被告人李某甲从2004年开始受贿至案发，时间长达14年，受贿次数多达20多宗，数额高达280多万元，且在党的十八大后不收敛、不收手、主观恶性深、社会危害性大，在量刑时亦应从严惩处，辩护人建议判处被告人李某甲有期徒刑四年至五年的意见明显存在罪、责、刑不相适应情形，本院不予采纳。判决被告人李某甲犯受贿罪，判处有期徒刑八年六个月，并处罚金人民币四十万元。

发回重审一审判决对于受贿金额的认定问题，基本采纳了我们的意见，但没有认定被告人有自首情节。

针对自首情节认定问题，被告人提出了上诉。

第二次二审判决认为，"在案证据证实李某甲接到办案机关电话通知后，到指定地点交代的绝大部分犯罪事实虽是办案机关尚未掌握的，但仍属于同种犯罪，且其在供认前已被多次调查谈话，依法不能认定为自首。一审法院已据其如实供述同种较重罪行、全额退赃等情节，对其从轻处罚，现再请求从轻改判无据，本院不予采纳。"

律 师 点 评

职务犯罪辩护之难，很多律师同行都会深有感触。从某种意义上来讲，职务犯罪的辩护不能仅限于法律思维，还要考虑到法律之外的种种因素，结合灵活的退赃策略，从各个角度寻找辩护空间。具体到这个案件中，虽然最终取得了减轻处罚的实际效果，但确实非常"可惜"，"可惜"在复函已经明确认定自动到案，并如实供述的情况下，最终还是未争取到自首情节。但从另一个角度看，该案正是当下司法实践中职务犯罪辩护空间小的生动写照，无论是自首、立功等减轻情节的认定，还是受贿故意的评价，司法实践中都趋于保守。

在此，将本案中金额辩护和自首情节辩护的思路做以下简述：

（一）受贿罪"及时退还"的认定关键在于是否具有受贿故意

这个案件非常"特殊"，"特殊"在受贿金额刚刚超出300万元这条线，所以降低金额就成为这个案件的重点辩护思路之一。而对于金额，无外乎具体分析收受款项是否与行为人的职务相关，从而侵犯了职务行为的廉洁性，以及是否有"及时退还"情节，以评价行为人是否具有受贿故意。

所以，退还的"及时"与否，主要应当考察退还行为能否反映行为人不具有受贿的主观故意。不可否认的是，绝大部分不具有受贿故意的收受行为，其退还在时间跨度上都是极短的，但司法的难点恰恰在于对不常见的、法条难以完全涵盖的行为能否有普适性的、易于被社会接受的解释规则。将"及时退还"的行为与受贿故意的判断紧密结合,才是现实可取的认定规则。

(二)职务犯罪自首认定,关注自动到案和如实供述情节的同时,还要关注时间节点

自首情节作为法定从轻、减轻处罚情节,在职务犯罪辩护中的地位不言而喻。《中华人民共和国刑法》第六十七条规定,犯罪以后自动投案,如实供述自己的罪行的,是自首。一般认为,自首的成立需同时具备自动到案和如实供述自己的罪行两个要件。

由于职务犯罪案件办案程序的特殊性,职务犯罪案件中对自首情节的认定往往存在不少争议。比如电话通知到案是否能认定为自动到案,或者到案后经过长时间说服教育才供述自己的罪行是否能认定为如实供述。

正是因为职务犯罪自首认定的争议较大,所以往往关注点都放在是否符合自动到案和如实供述这两个要件上,却忽略了另外一个重要的自首认定线索,即第一份笔录的时间与传唤时间的时间节点。

以具体的职务犯罪个案为例。张三因滥用职权案被立案调查。全案证据材料中,共有张三的笔录6份,其中1份询问笔录,5份讯问笔录。在这6份笔录中,张三都如实供述了其滥用职权的主要犯罪事实。其中,张三询问笔录的时间为2017年7月3日10时00分至15时00分,第一份讯问笔录的时间为2017年7月3日22时00分至23时55分。

在本案的程序卷中,询问通知书记载:张三,请你于2017年7月3日10时接受询问。传唤证上记载:嫌疑人于2017年7月3日22时到达某某检察院接受讯问。拘留决定书上记载的拘留时间是2017年7月4日15时。

也就是说,张三在被传唤前,已经如实供述了其主要犯罪事实。

《最高人民法院关于处理自首和立功具体应用法律若干问题的解释》规定,自动投案,是指犯罪事实或者犯罪嫌疑人未被司法机关发觉,或者虽被发觉,但犯罪嫌疑人尚未受到讯问、未被采取强制措施时,主动、直接向公安机关、人民检察院或者人民法院投案。

《最高人民法院 最高人民检察院关于办理职务犯罪案件认定自首、立功等量刑情节若干问题的意见》规定,根据刑法第六十七条第一款的规定，成立自首需同时具备自动投案和如实供述自己的罪行两个要件。犯罪事实或者犯罪分子未被办案机关掌握，或者虽被掌握，但犯罪分子尚未受到调查谈话、讯问，或者未被宣布采取调查措施或者强制措施时，向办案机关投案的，是自动投案。在此期间如实交代自己的主要犯罪事实的，应当认定为自首。

对比这两个司法解释的规定，之所以在《最高人民法院 最高人民检察院关于办理职务犯罪案件认定自首、立功等量刑情节若干问题的意见》中增加了"调查谈话"和"调查措施"的规定，是因为在实践中相当一部分职务犯罪都是从纪检监察部门的调查开始的。

那么，可能有人会认为，这里的规定是嫌疑人尚未受到调查谈话、讯问，或者未被宣布采取调查措施或者强制措施时，那本案中张三的询问笔录，是否属于这里的"受到调查谈话"的情形呢？答案是否定的。

从文义解释的角度来讲，这里的讯问，是与后半句的强制措施相对应的。同理，这里的调查谈话，是与后半句的采取调查措施相对应的。换句话说，这里所讲的调查谈话和调查措施，是纪检监察部门针对违纪和违法行为开展的调查活动和强制措施。所以，我认为本案张三不符合以上情形，应当认定张三具有自首情节。

承办律师

彭磊，中南财经政法大学刑法学硕士，曾任职于湖北大学法学院和广东某市人民检察院，现为广东保信律师事务所合伙人、刑事部主任。专注复杂经济犯罪辩护这一细分领域，秉承着专业、理性、客观、精细的辩护理念，取得多个无罪案例。研习法律20多年，在《中国刑事法杂志》等法学期刊上发表专业论文20余篇。

陈绵，加拿大蒙特利尔大学法学硕士，曾任职于德勤华永会计师事务所从事审计工作，现为广东保信律师事务所执业律师。专注办理复杂经济犯罪案件、民刑交叉案件及涉税争议案件，擅长分析司法会计鉴定意见等财务证据。参与办理的多起诈骗案、非法经营案、骗取贷款案等取得无罪、不起诉或不批捕的辩护效果。

14 一句话引起法官重视,审计报告被否定
——假冒注册商标案二审发回重审,重审得以大幅度改判

不服一审判决,受当事人及家属委托为其二审辩护

上诉人 H 系某公司实际控制人,2021 年 1 月,民警接到举报称 H 经营的公司涉嫌销售侵权的电子烟产品。民警在该公司现场查获一批待销售的电子烟,后经权利人辨认,查获的电子烟及商标标识所涉商标均系假冒。民警在该公司财务人员的电脑中提取到电子烟销售订单。H 在其部分《讯问笔录》中承认曾销售过假冒电子烟,部分公司员工亦供述公司的经营业务之一是销售假电子烟并对假冒电子烟销售订单信息予以辨认。公安机关委托会计师事务所基于涉案电子烟销售订单统计出该公司查获的待售假冒电子烟的非法经营数额为 127 890.96 元,已销售假冒电子烟订单所涉非法经营的数额为 20 786 315.81 元。一审庭审中,上诉人 H 翻供不承认曾销售过假冒电子烟,并表示财务人员电脑中的销售订单信息是为融资而录入的虚假信息。一审法院以 H 未提供证据证实销售订单信息系虚假为由,未采信其辩解,以 H 犯假冒注册商标罪,判处有期徒刑五年并处罚金人民币 1 054 万元。

被告人 H 因不服一审判决,提出上诉。其认为一审法院未对在案电子烟订单的真实性予以准确认定,不应采信审计意见;一审法院对 H 判处上千万之巨的罚金,无异于对其没收财产,由此导致其个人及家庭将面临沉重的债务和严峻的经济危机。

辩护意见引起二审法官高度重视，审计报告被否定

鉴于本案二审时间紧迫、工作量大，我和团队的刘思瑶律师立刻前往二审法院阅卷，复制了一审卷宗资料、庭审笔录等全部案卷材料。通过对一审庭审笔录中控、辩双方的争议焦点及法官的审判思路等诸多庭审细节的梳理、挖掘，我们经加班挑灯阅卷，逐渐形成核心辩护策略，即着力从审计机构认定假冒电子烟订单的统计金额入手。基于此，我们发现，在案证据存在严重程序违法，包括但不限于：①公安机关未依法对财务人员的电脑予以查封、扣押，从财务人员电脑中提取电子烟订单的过程不合法、不透明，以致无法保证电子烟订单的真实性；②会计师事务所出具的审计报告仅对电子烟订单的数量和金额作出统计，并无法对电子烟订单本身的真实性负责，一审法院直接采信审计报告有"以鉴代审"之嫌；③在案证据存在的其他诸多问题。

鉴于刑事案件二审以不开庭为常态，我们多次电话联系承办法官，提出希望约见反映案件中存在的问题并开庭审理。法官在电话中表示，公安机关取证程序中的瑕疵不影响本案实体认定。我们用一句话直击要害，即本案核心证据的矛盾表现在上诉人H在2021年1月被抓获，而审计报告中却出现次月（2021年2月）的销售订单，这恰恰说明本案不能排除因公安机关取证不合法导致订单（证据）被人为修改的可能性，鉴于审计报告依据的电子烟订单不真实，基于此形成的涉案金额不应采信，更不得作为定案根据，即"皮之不存，毛将焉附"。法官听后态度发生了180度的转变，要求我们尽快提交二审辩护意见。

我们撰写并提交了上万字的高质量的质证意见、辩护意见及二审开庭审理申请，以期得到二审法官的重视和采纳。不久，我们收到二审开庭通知书，这意味着本案柳暗花明、迎来曙光。二审开庭前，检察机关让公安机关对案件补充侦查，补充了电子数据的提取笔录、财务人员对电子烟订单的辨认笔录等。二审开庭时恰逢新冠疫情，在合议庭争取到的极为有限的庭审时间内，控辩双方激烈交锋，面对出庭检察员对上诉人H的强势讯问，我们不甘示弱，对检察机关补充的新证据发表了有理、有力的质证意见，即新证据根本无法解决本案证据存在的硬伤，财务人员电脑因未依

法查封、扣押，其中存储的财务资料已受到严重污染。尽管公安机关让财务人员及多名业务人员对电子烟订单予以辨认，但辨认过程不具有合理性与自然性。检察机关应移送已销售订单所附随的海关报关单、送货单、银行流水等客观证据证实存在已销售行为，而不能仅凭辨认就确认订单的真实性。庭审后，二审法院以本案事实不清、证据不足为由，裁定发回重审。二审阶段辩护成功，取得阶段性成果。

公诉机关变更起诉，重审判决大幅降低被告人 H 的主刑及罚金刑

本案发回重审后，公安机关让财务人员对电子烟订单予以重新辨认，确认只有小部分订单真实，大部分订单系虚增业绩而产生。随后公安机关让会计师事务所根据新的订单明细予以重新审计，统计出已销售电子烟订单的金额为人民币 3 345 984.986 元。公诉机关变更起诉，将指控的非法经营数额由原先的 2 000 多万元变更为 300 余万元，量刑建议为四年以上五年以下有期徒刑并处罚金。

公诉机关虽大幅降低起诉金额，但重审一审中控辩双方交锋激烈，我们通过庭审发问及质证，指出公诉机关一直回避公安机关的违法取证问题，无论财务人员如何辨认电子烟订单，电子烟订单均不具有真实性、合法性，更何况财务人员在公安机关的辨认内容前后不一、自相矛盾。公诉人当庭表示公安机关的取证确实存在程序违法，但这不代表被告人 H 没有销售电子烟的事实。辩护人指出，认定被告人是否构成犯罪的事实基础应基于合法的证据，而公诉机关应对证据的合法性承担举证责任；否则，根据存疑利益归于被告人的原则，应认定被告人 H 不存在销售电子烟的行为。

我们在本案重审庭审中的专业性、责任心，不仅得到被告人 H 及其家属的高度认可，而且得到公诉人及合议庭成员的认可。一审休庭期间，公诉机关向法院补充了关于公安机关取证合法性的证据，但法院未对该新证据予以开庭质证。经过近九个月的漫长等待，重审法院以假冒注册商标罪判决被告人 H 有期徒刑四年三个月（较原审的五年减少九个月）、罚金一百五十万元（较原审的 1 054 万元减少近 90%），我们在案件重审阶段实现有效辩护，再次取得阶段性成果。

后　记

该案二审及重审的有效辩护，离不开律师团队专业、严谨、细致的工作作风，对委托人及其家属的人文关怀，更离不开法官、检察官的责任与担当。通过代理此案，我们深刻地认识到，在以审判为中心的诉讼改革中，人民法院应勇于对办案机关的违法侦查行为"零容忍""说不"并做否定性评价，唯有如此才能倒逼办案机关提升执法水平，有效减少冤假错案的发生。

承办律师

秦建军，专注刑事辩护及代理、刑民行交叉案件、争议解决、公司法律业务等。1998年考取律师资格并进入律师行业，具有深厚的法律研究功底和实务经验。盈科全国青工委副主任、第三届盈科全国刑委会副主任、盈科全国刑民交叉专业委员会理事、盈科深圳股权高级合伙人、刑民交叉事务中心高级顾问，青年律师导师、青少年维权中心高级顾问。

刘思瑶，北京市盈科（深圳）律师事务所高级合伙人、盈科深圳经济犯罪法律事务部副主任，深圳律协商事犯罪辩护法律专业委员会委员。曾获盈科全国刑事模拟法庭大赛"最佳出庭律师奖"、"最佳辩护奖"，盈科全国"十佳青年刑辩律师"，专注刑事辩护、刑事控告及刑事风险预防等法律服务领域，自执业以来办理了多起疑难复杂案件，取得良好的辩护效果。

15 一审领刑十二年　重审撤诉获自由
——诈骗罪二审无罪记

师徒反目，官非上身

2018年10月，某市级中学离职教师李某（被告人）通过朋友了解到几个工程线索，基于一种可能，也基于以往工程经验，他计划通过分包、转包等建设工程领域常见方式承揽工程获利。曾经的学生邓某华、肖某阳表示支持，三人于2018年12月1日达成合作协议，合作项目、内容暂不明确，约定邓某华筹集资金后交给李某，李某出具借条，同时向学生披露其价值700多万元（拍卖成交价921万元）的别墅以担保履约。

2018年12月5日，签订协议后第四天，邓某华说服同学陈某参股，但陈某为规避国家工作人员不得经商的法定追责事由，以未登记结婚的女友苏某玲名义与邓某华签约。2019年下半年，陈某在微信聊天记录中一再强调"邓某华你把我借你的钱还回来"，充分证明邓某华是向陈某借钱而非苏某玲。涉案工程项目均真实存在。

2019年1月20日，廖某国、吴某江自带某市高铁站项目主动要求与李某合作，三方签订居间协议，计划找时任某市委书记撮合，创造缔约机会。吴某江证言称政府原因导致项目未成，却不否认李某为项目所做工作，书证和其他电子证据均证明李某已履约。2019年8月24日，廖某国还基于信任，与李某追加合作三亚某医院项目。其间，李某资金周转困难找陈某强拆借，在微信、短信中表明将后补借条。

项目未成，加之陈某在催债电话、微信中经常侮辱谩骂李某，李某无法忍受拒接电话，但与出具借条的邓某华一直保持联系并承诺还款。

陈某于微信中扬言起诉，最终却让女友苏某玲报警。2020年9月15日，湘乡市公安局接苏某玲诈骗报案后，于2020年10月24日以合同诈骗罪拘留李某，同年11月7日决定逮捕。至发回重审并开庭后取保，李某被羁押共计916天。

诈骗罪成，获刑十二年

湘乡市人民检察院起诉书指控，被告人李某以能承揽工程为由与被害人签订合作协议，先后骗取三名被害人钱物共计204万元，并将大部分钱物用于偿还欠款，家庭和个人开支。

（1）2018年9月，李某告知肖某阳和邓某华可承揽某钢铁公司维修项目，但需前期投资。2018年12月1日，三人签订合作协议，约定李某负责前期策划，李某、邓某华筹集前期资金100万元，李某让邓某华想办法解决。2018年11月（起诉书故意颠倒前后时序），邓某华告知陈某与李某等在合作项目，需筹集资金，希望陈某借款给李某。此后，李某、肖某阳、邓某华与陈某在湘乡会面，李某称手里有很多资源，可拿下很多工程，其中已对接好某钢铁公司维修业务，希望陈某能借钱给他用作前期投资。2018年12月5日，李某和邓某华、陈某、苏某玲（陈某女友）在湘乡达成项目合作，签订协议。约定苏某玲提供70万元作为项目前期开支，苏某玲信任邓某华，由邓某华作为协议方与苏某玲签字，李某作担保人，苏某玲占股比例18%。2018年12月6日，苏某玲分三次向李某共转账70万元。之后，李某以争取项目需资金为由向陈某借款，陈某、苏某玲分别共转账20万元给李某；后陈某又通过刘某转账10万元。至此，苏某玲、陈某共向李某转账100万元。李某收款后，于2018年12月6日转账给妻子杨阳60万元，其中50万元用于女儿留学，其他资金大多被李某用于偿还债务及家庭开支。借款到期后，苏某玲、陈某追问李某项目情况，李某告知放弃了某江工程项目，正在争取湘某钢项目，一直未果。苏某玲、陈某发现被骗后，多次向被告人李某催讨，李某采取逃避方式拒绝联系，未偿还款项。

（2）李某以某钢脱硫脱硝改造项目需前期费用为由，与陈某强口头约定由陈某强以借款形式提供前期运作费用，施工后由陈某强负责基建管理，营利后李某再还款。2019年1月开始，陈某强先后转给李某38万元。李某收款后，大部分用于偿还个人债务及家庭开支。后陈某强发现李某并没有取得脱硫脱硝项目，要求还款，李某未予偿还。

（3）廖某国通过陈某强认识李某，告知想争取某高铁站项目，李某自称有关系协调，但需前期运作费。廖某国将此事告知合作人某环境科技有限公司法定代表人吴某江，三方需签订居间协议。李某向廖某国提出前期费用50万元。2019年1月20日，被告人李某、陈某强、廖某国就某高铁项目前期事宜达成合作协议，约定由李某协调关系促成某环境科技有限公司中标。次日，廖某国向陈某强借款30万元，通过彭某转账给李某。之后，李某还以协调关系需资金为由，先后向廖某国索要款项，廖某国通过彭某以转账等方式给李某36万元。李某收款后大多用于家庭开支，未退还廖某国。

一审法院认为，被告人李某没有正当职业和收入来源，作案前已负债，在家庭生活难以为继的情况下，虚构能承揽项目，承诺和被害人合作，又以需前期费用为由借款，获得款项后大部分用于家庭开支、偿还欠款，仅小部分用于争取工程项目，非法占有目的明显，与被害人之间名为民事合作，实为以合作手段为个人牟利，骗取他人财物，数额特别巨大，构成诈骗罪，公诉机关指控罪名成立。经审判委员会讨论决定判决李某犯诈骗罪，判处有期徒刑十二年，并处罚金五十万元。

破釜沉舟　背水一战

每一个上诉成功的案件背后，必然有一名坚强的当事人，和一名坚定支持他、与他共进退的坚毅家属。有些被告人一审失败便认命或认罪认罚投降，李某却坚强无比，决意斗争到底、申诉到底。最难能可贵的，是李某的妻子也坚定支持他将无罪辩护继续下去。一审期间，妻子的坚持获得了亲友们的认可，一审宣判后，各种建议、干扰、质疑纷至沓来，有人介绍换律师去法院疏通，有人建议认罪和解、求饶，争取减刑。李某家庭因其被捕而突逢变故，债务如山经济压力巨大。上诉后若维持原判，不仅李某将妻离子散，其家人的余生也都将活在负债累累中，无异于雪上加霜。

恰逢新冠疫情，会见受阻，在想尽办法会见当事人问明决心后，为最大限度带给家属信心，辩护人迅速研判判决书，组织家属面谈。罗秋林律师为当事人家属深度剖析、全面阐述了判决中的逻辑矛盾、陷阱、证据采信双标。

如一审判决认定"已有几个工程项目在做，可承揽到某钢铁公司维修项目，可拿下很多工程，借款给李某，李某无工程经验，无还款能力，款项用于个人消费，苏某玲、陈某发现被骗后，多次向被告人催款，被告人采取逃避的方式拒绝联系，未予偿还，与陈某强口头约定工程施工后由陈某强进行基建管理并以此借款，以协调项目为名向廖某国索要36万元"等事实均没有证据支持，反而与师徒三人的合作协议项目为空，邓某华与苏某玲签订合作协议，邓某华向苏某玲出具借条，李某向邓某华出具借条，邓某华才是借款人，以及李某与廖某国于2019年8月24日又签订海口项目合作协议并支付费用的银行流水等书证相矛盾；与李某在微信与短信中明确因资金周转困难向陈某强借款并愿补借条相矛盾；与李某持续与邓某华、陈某强微信、短信、电话联系相矛盾；与辩护人从李某的微信聊天、转账记录、支付宝转账记录、银行流水、机票、高铁票、酒店住宿信息等费用开支统计的70多万元项目支出书证相矛盾。

如一审判决认定的"被害人苏某玲和陈某、陈某强、廖某国尚有损失未退赔，分别为56.64万元、36.04万元、64.32万元"完全系办案人员恶意导致。李某夫妻所有房屋，经其他法院以921万元拍卖，辩护人在庭前会议表示，李某别墅拍卖款待结算，愿带现金当庭向被害人还款。湘乡市人民法院知悉前述财产线索后，于庭前会议结束当天下午，非正式通知其他法院，希望扣押全部剩余款项。后又与检察院联合发出建议函，由湘乡市公安局将别墅剩余拍卖款中的260万元扣押。此行为直接导致李某在一审判决乃至重审期间无法还清债务。

如一审判决违背裁判规则，遗漏证据，未对辩护人指出的无罪证据进行回应。一审质证时，辩护人指出控方证据中存在以下无罪证据：两份合作协议、两份借条、李某银行交易记录、微信聊天记录、某市高铁站项目居间协议及第三方证明材料、地产公司别墅出售材料、被害人关于真正借款人是谁、合作项目的内容、借款原因、李某无诈骗行为以及履行了相关合同义务、双方还有其他项目未结算等无罪证据。根据《最高人民法院关于加强和规范裁判文书释法说理的指导意见》第四条、第六条之规定，裁判文书应当结合庭审举证、质证等情况，根据证据规则，运用逻辑推理和经验法则，围绕证据的关联性、合法性和真实性进行全面、客观、公正审查判断，阐明证据采纳和采信的理由，但本案一审判决均未示明。

如对《某房地产公司房屋买卖居间合同》、某房地产公司业务员微信聊天记录、某区人民法院民事判决书、对电子数据的认定与对被告人妻子取款 10 万元的认定，对被害人催款记录等证据的认定，都采取了双重标准，入罪时认定，出罪时不采信。

听完辩护人的介绍，家属情绪激动，决定破釜沉舟继续委托。

罗秋林律师推崇刑辩律师必须具备"三心二意"，即要有坚强的心、勇敢的心、持之以恒的心，同时要有随时可能被公权力击垮而失败的意愿，击溃公权力，争取无罪结果获胜的意愿。整个代理过程，辩护人都在以实际行动贯彻这一理念，坦然面对挫折的同时，也无时无刻不在努力争取最佳结果。

烫手山芋　两易合议庭

接受二审委托后，辩护人立即联络法院阅卷，但或因书记员不在或因案卷在别处，跑了两次仍未见到完整卷宗。直到第三次，正好书记员外出，主审法官亲自接待，他被律师阅卷的决心触动。把案卷抱出来时，他惊叹："仅一名被告人的诈骗案，卷宗竟达八大本。"主审法官当时尚未阅卷，他原以为案情简单，未料到律师提交的无罪证据竟比侦查机关和检察院指控的卷宗要多得多。

也难怪法官感慨，辩护人提交的证据确实多。以往手机电子数据都是公安机关提取，以光盘或 U 盘形式提交法院，法官不打开电脑根本无法看到具体证据。本案最重要的物证——李某旧手机及电子数据，却是辩护人在侦查阶段自行搜集并委托鉴定机构提取的。李某被拘留前不久才换新手机，公安机关也未主动提取手机数据。旧手机能证明李某积极履行了各项合同义务，李某妻子向辩护人披露旧手机这一线索后，辩护人第一时间陪同家属前往湖南天网电子数据鉴定中心委托提取并固定电子数据。为方便法官更直观审查，把所有无罪证据体现到书面卷宗中，辩护人多次与鉴定机构沟通报告内容。鉴定中心一开始表示，只描述提取过程不详细打印内容，电子光盘会提供给办案单位自行查阅。经沟通，最终鉴定机构打印了近两百页鉴定报告。但辩护人仔细查看了超过20G的手机数据，可作为无罪证据的远不止这些，于是把鉴定报告和附件光盘拿到公证处，一版一帧截屏、打印、公证，形成400多页的公证书，这两大本已近700页。这相比后来辩护人在一审阶段申请法院提取的相同手机内的电子数据，简直天差地别。侦查机关并未全面取证，少量证据中语音信息全无，根本不能反映案件事实，而辩护人提取的侦查机关故意遗漏的证据，也是二审发回重审的关键。

当然，除手机电子数据外，辩护人还收集了：李某与吴某江、廖某国另两份居间协议，李某妻子为李某等购买往返机票、车票的购票记录，妻子为李某取款的记录，某改扩建项目政府立项公告，脱硫脱硝改造项目公告，网页取证可信时间戳认证证书，司法拍卖终结截图，廖某国失信被执行名单查询结果，某建设公司诉廖某国合同纠纷案执行裁定，某律师事务所与陈某强法律服务合同纠纷一审民事判决书、陈某强民间借贷案件检索，廖某国失信被执行人案件检索，陈某强、廖某国实际施工人案件检索结果，作为施工单位实际控制人的工商信息，陈某是水利局主要领导的网页新闻，李某出售别墅还款因第三方违约导致还款拖延的法院判决、二审裁定、执行裁定等证据。

时间仓促，此次阅卷没来得及拍全卷宗，但借此机会与主审法官完成初步沟通，阐述了主要辩护意见。几天后，辩护人再次联系法官，被告知承办人已换成另一庭长；几日后再联系新任主审法官，又被告知合议庭变更，主审法官换成刑庭庭长。频繁变更审判员，法官接连让贤，是否预示着案件结果可能向好？最后，湘潭市中级人民法院三位庭长组成了本案二审合议庭，足见对本案的重视。

多次联系承办法官，被告知案卷已送至检察院供检察官阅卷。此时，辩护人感觉离二审开庭审理的目标又更近了一步。随后，辩护人赶往检察院查阅案卷材料，果然发现一审庭审中有证据未举证质证，却被作为定案依据，如李某原系中学教师的证明。

放弃三百万债权换来的新证据

为争取开庭，以不变应万变。辩护人向二审法院邮寄了《开庭审理申请书》《非法证据排除申请书》《召开庭前会议申请书》等程序性申请，并要求家属针对判决书认定的李某原系中学教师，没有建筑业从业资质，亦未挂靠其他单位，自 2018 年以来没有成功承包过工程项目，无固定经济收入等事实继续收集反证。

无巧不成书，侦查机关调取的李某银行流水中一笔由某水总水电公司支付的小水电站项目借支款，一审时辩护人将其作为无罪证据指出，能证明李某曾有工程经验。经会见得知，李某曾与该公司签订合作协议。了解情况后，辩护人立即联系该负责人，恰逢该公司破产重整更换总经理。经负责人几番斡旋，公司同意向法院提供合同以证明李某具有工程经验，但出于债务考虑，要求李某书面承诺放弃追讨在该项目享有的 300 万元债权。

为获得新证据促成二审开庭，加强改判可能性，李某当机立断做出取舍，毫不犹豫在承诺书上签字。辩护人立即将从某水总水电公司取得的新证据，即某内部承包合同，提交给二审法院。

这份新证据可直接否定判决书关于李某没有工程经验的认定。

秉持正义，检察官建议发回重审

因部分卷宗未拍全，辩护人前往湘潭市人民检察院阅卷，获得了与检察官助理当面交流的机会。趁阅卷间隙，辩护人向检察官阐述了案件存在的问题，表达了希望与其面对面沟通，提前就案件事实和辩护意见进行交流的意愿。当时检察官正好不在，但其助理欣然同意在合适时间帮忙约见检察官。

不久后，检察官的电话如约而至。辩护人罗秋林律师向检察官详细阐述了案件证据采信的片面，事实认定的错误，公诉机关未客观公正履职，辩方二审提交了新证据等，检察官对辩护人的专业能力表示认可。在仔细查阅证据后，检察官认可案件存在问题，辩方无罪证据也较充分，表示将建议中院发回重审，将来撤诉可能更为明智。

案件虽然出现了重大转机，辩护人仍继续加强与法院的沟通，做好开庭准备，全方位为当事人争取合法权益。能与检察官面对面沟通无疑为本案的成功发回奠定了坚实基础。检察官的公正执法，也让辩护人坚信，法律面前真相终究会水落石出，正义必将得到伸张。

说服法官　步步为营

与检察官详谈后，辩护人多次联系二审承办法官，希望就案情与他当面沟通。此次会面，辩护人做了充分准备，围绕争议焦点，将能证明被告人无罪的关键书证梳理成PPT，自带投影仪，准备随时为法官演示。

交流中，辩护人强调：①李某没有非法占有故意。原审判决认定李某尚欠被害人157万元，但庭前会议辩护人已说明房产拍卖款921万元，减去民事执行款，足够偿债，被告人有能力也有意愿还款。湘乡市人民法院冻结260万元执行款是导致李某至今未还款的直接原因。此事实有《拍卖通知书》、《执行裁定》、湘乡市人民法院向市人民检察院出具的《建议函》、湘乡市公安局《办案协作函》为证。②邓某华才是债务人，他并未指控李某诈骗。此事实有李某向邓某华出具的100万元《借条》，李某与邓某华的《合作协议》，李某提供给邓某华的别墅《买卖合同》、契税发票，李某与邓某华微信聊天记录等为证。③邓某华向苏某玲借款，而非李某。此事实有邓某华与苏某玲签订的《合作协议》，李某仅为见证人；邓某华出具的《借条》，邓某华系借款人，李某仅为担保人；陈某微信聊天记录，邓某华借钱不还等加以证实。④李某曾有工程经验。此事实有银行流水工程转款收入，新证据《水总某公司内部承包合同》等为证。⑤未虚构事实。李某与中间人尹某及被害人的微信聊天记录可以证明，李某与中间人曾反复谈论如何获取工程，如何请托相关负责人，中间人在微信上向李某不断索取前期费用，项目真实存在，与陈某强的借款也是普通借贷，不存在工程许诺。⑥李某为项目花费巨大。李某微信、支付宝、银行转账可查明的相关开销高达70多万元，每一笔都有记录。

法官耐心倾听了辩护人意见，核实证据的同时提出了一些质疑，并安排书记员详细记录。经过一个半小时的介绍，法官认为被告人是否具有非法占有的故意确实存疑。

辩护人借机提出为李某办理取保，避免冤案危害结果扩大。但法官表示很快会出结果，一审法院再决定是否取保。听得出法官仍在寻找一审判决的依据，极有可能认同原来的裁判思路，维持原判。于是，离开后，辩护人继续紧锣密鼓推进争取开庭的辩护工作。

很快，辩护人接到湘潭市中级人民法院二审谈话通知。检察官建议发回重审，与法官沟通，无罪证据对他的触动也很大，为何还以谈话方式审查？实在出人意料！二审时限将近，辩护人有些失望，编辑短信发送给主审法官，严词陈述应依法开庭，重视无罪证据云云。法官收到短信后立刻回电称案件要发回重审，并没有要维持原判。接到电话，压在辩护人心头的一块大石总算是落了地。

程序正义促实体公正，为权利而斗争

发回重审后，辩护人多次提出管辖异议申请和提级管辖申请，根据《最高人民法院关于健全完善人民法院审判委员会工作机制的意见》第八条，辩护人作无罪辩护应提交审委会讨论，重审也应交审委会讨论。因原审判决由审委会成员作出，根据《中华人民共和国刑事诉讼法》第二百三十九条、《最高人民法院关于适用〈中华人民共和国刑事诉讼法〉的解释》第二十九条、第三十七条之规定，在一个审判程序中参与过审判工作的审判人员，不得再参与本案其他程序审判，审判人员就包括审判委员会委员。湘乡市人民法院的审委会属于参与过本案审判工作的审判人员，应当主动回避。且李某家属对湘乡市人民法院超标的冻结260万元的行为持续控告，该案提级至湘潭市中级人民法院更有利于公正审理。

此案在湘乡市人民法院影响重大。一方面因第一次开庭时，律师当庭提出检察官违法办案，控告并要求其回避，导致庭审中断；同时，本案是新冠疫情期间当地唯一现场开庭的案件，且持续开庭五天，创当地庭审时长之最。另一方面，针对合议庭法官的持续控告，先是主审法官庭审中多次打断辩护人发言，侵害被告人合法权益，经投诉后法院以工作需要为由变更合议庭。后来，针对财产冻结问题，家属又再次对法官提出控告，但至发回重审时，执行款仍未解冻。

原主审法官主持的本案第一次庭审，在庭审公开网上直播，被人发布到视频号。一时间舆论哗然，网民纷纷声讨其盛气凌人不讲法律侵害被告人及辩护人合法权益的行为，网络上出现很多文章对其进行了猛烈抨击，湘乡市人民法院一时间成为众矢之的。在强烈舆情影响下，院长主动来与辩护人对话，了解辩护人的诉求。

这样对话的机会难能可贵，辩护人带上投影仪和精心准备的PPT，如约赶到院长办公室。在听完辩护人的陈述后，院长仔细看了证据材料，建议参与谈话的合议庭法官仔细研究，慎重处理。最后，院长还指示对本案超标的冻结的情况要及时纠正。

这次面谈，让审委会主要成员、主审法官都提前对案件事实有一个较清晰的认识，为案件的后续审理做了很好的铺垫。

坚持异议，还是接受管辖

对于是否坚持管辖异议，将案件移出湘乡审理，家属也曾有过纠结。如果管辖发生变化，无疑程序会拖沓延长，而且还不止一两个月。该案从发回重审到再次开庭已近半年。开完庭后宣判又是近半年。如果异地管辖，案件还要移到其他检察院阅卷，再起诉到法院，再安排庭审，审理时间可能翻倍。与此同时，260多万元资金正被冻结，李某仍在羁押，时间成本对他们全家来说无疑无法承受。不提管辖异议，原一审判决已经不公，又如何让人安心？

纠结过后，家属还是选择支持律师继续申请异地管辖。除辩护人向一审法院和上级法院立案庭、刑庭提交申请外，李某妻子还前往湘潭各级政法部门控告、信访、走访，包括湘潭市委政法委，市纪委、监委，信访局，市人大，市检察院、中院纪检监察组，当面提出诉求，同时向湖南省人民检察院、湖南省高级人民法院邮寄书面申请。经过一段时间的维权斗争，湘乡市人民法院称已向中院请示，经上级法院汇报后决定。

沉冤昭雪，检察院撤诉

重审一审开庭前，辩护人又把所有证据按一审判决的审判逻辑重新梳理、编排了一遍，同时还提交了家属配合收集的其他工程合作协议等新证据，以证明李某有施工经验，无非法占有故意。

到一审开庭，法院又召开了多次庭前会议，依法通知全案被害人及部分关键证人出庭，这也是辩护人无数次博弈后争取来的权利，难能可贵。被害人的陈述对被告人非常有利，为李某的无罪辩护提供了助力。

被害人廖某国、陈某强都陈述根本不认为李某有诈骗的事实和故意，仅是合作关系。被害人苏某玲则明确表示，借款时与陈某只是未婚同居的男女朋友关系，投资款是借她的名义代转给第三方邓某华的。如此说来，苏某玲根本不是本案适格被害人。陈某经法院通知无正当理由拒不到庭，根据《最高人民法院关于适用〈中华人民共和国刑事诉讼法〉的解释》，经人民法院通知，证人无理由拒绝出庭，法庭对其证言真实性无法确认的，该证人证言不得作为定案的根据。

庭后第三天，2023年4月28日，法院一早通知辩护人去办理取保候审。李某在被羁押916天后终获自由。2023年11月28日，湘乡市人民法院通知宣判，向辩护人和被告人送达了准许检察院撤诉的裁定书。2023年12月28日，湘乡市人民检察院作出《不起诉决定书》，认定无法证实李某主观上具有非法占有的目的，本案事实不清，证据不足，不符合起诉条件，决定对李某不起诉。

司法是维护社会公平正义的最后一道防线，律师亦是这道防线上关键的守护者。本案二审无罪辩护的成功，得益于司法机关的秉公执法，也得益于辩护律师精湛的专业素养和不屈不挠、坚持不懈的敬业精神，更得益于当事人坚定的信念和家属的大力支持。一个成功的无罪辩例，必然是天时、地利、人和的完美结合。

承办律师

罗秋林，湖南金凯华律师事务所高级合伙人、副主任律师，进攻型刑辩团队负责人，执业23年获34个无罪辩护成功案例。

李雨霞，北京万景律师事务所合伙人、北京市律师协会刑事诉讼法专业委员会委员、长沙市产前诊断医学伦理委员会委员、长沙市湘融国际商事法律服务中心调解员、华勤法律调解中心调解员。

16 从非法经营罪，到危险作业罪，再到检方撤诉到终无罪

李某和朱某二人被认定为在未取得危险品化学经营许可证的情况下违法经营汽油，其行为构成非法经营罪，2021 年 12 月 31 日被 Y 县人民法院判处有期徒刑一年六个月，并处罚金十万元。2022 年 1 月 7 日，李某和朱某二人慕名找到我，提出希望能委托我为他们二审的辩护人。该案经过近三年，终于得到无罪结果。

新法上市、迎来转机

该案一审审理期间，2019 年 8 月 16 日《国务院办公厅关于加快发展流通促进商业消费的意见》(国办发〔2019〕42 号)，取消了成品油零售经营资格审批及管理工作移交给当地市级人民政府。也就是说，从这一天起成品油已经不属于国家法律规定、行政法规规定的专营、专卖物品或者其他限制买卖的物品。2020 年 7 月，为了深化落实"放管服"改革工作的要求，商务部废止了《成品油市场管理办法》，自此按照行政许可的角度论证非法经营罪失去了上位法的依据。同时，原一审判决还认为李某的行为不仅违反了《危险化学品安全使用许可证实施办法》，还被《危险化学品安全管理条例》所禁止，确属违反国家法律法规规定的行为，认为李某的违法经营行为扰乱了市场经济秩序应予以惩罚。而我认为，违反《危险化学品安全使用许可证实施办法》及《危险化学品安全管理条例》规定

的行为侵犯的法益主要不是市场许可秩序，而是公共安全，从法益侵害角度看应考虑认定为危害公共安全类犯罪，因此原一审法院认定李某违法经营汽油的行为扰乱市场经济秩序明显不当。根据《最高人民检察院办理下级人民检察院请示件暂行规定》，对于违规非法经营成品油的行为若仍然以非法经营罪予以追究的，当前须以法院的名义逐级请示最高人民检察院。也就是最高人民检察院已明确表示违规经营成品油的行为在《中华人民共和国刑法修正案（十一）》的规定出台以后，一般不再定非法经营罪。该案一审法院在《中华人民共和国刑法修正案（十一）》的规定出台以后，仍然认定李某等人构成非法经营罪明显违背了最高人民检察院关于具体案件法律适用的指导精神，以及我国刑法规定的"从旧兼从轻"原则。我便据此上诉，认为上诉理由已相当充分。可是在2022年3月1日，我的团队及当事人等来的却不是F市中级人民法院的无罪判决，而是撤销原一审判决，发回重审的裁定。虽然十分遗憾，但是毕竟对当事人没有定罪，可以认为在如此确凿的事实及法律依据的基础上，一审法院肯定会知错就改，改判李某等人无罪。

希望落空、新罪诞生

谁也不曾想到，就在重审一审开庭前我却收到了Y县人民检察院的变更起诉通知书，新的起诉书在没有改变原起诉书任何事实的情况下，直接将李某等人涉嫌非法经营罪改成了涉嫌危险作业罪。我在与办案检察官沟通未果后，便在重一审法庭上进行了果断而强有力的辩护，提出检察院在已明确知道李某等人的行为不构成非法经营罪后，不是撤回起诉，反而不顾本案基本的法律事实，在定性和适用法律上均出现严重错误。起诉书认定李某等人非法经营成品油是发生在2015年7月16日—2016年3月6日，而在2016年3月6日之前《中华人民共和国刑法》并没有将这种危险经营的行为定为任何罪名，只是在2021年3月1日通过《中华人民共和国刑法修正案（十一）》增加了一个新的罪名（危险作业罪），根据刑法溯及力原则，该罪名只能在2021年3月1日后方可适用，而不是溯及至2021年3月1日之前的任何犯罪行为。除非一种例外的情况：即行为发生时的法律认为是犯罪，而现在的法律也认为是犯罪。如果现行刑法处罚较轻，就适用现行刑法，即现行刑法有溯及力，这就是"从旧兼从轻"原则。回到这个案子，在非法经营罪取消之后，李某等人在2015年7月16日—2016年3月6日的违法经营行为已经不构成犯罪，而在2021年3月1日通过《中华人民共和国刑法修正案（十一）》新增加的危险作业罪是不溯及李某在2015年7月16日—2016年3月6日的行为的认定和评价的。因为旧的行为不构成犯罪，何来"从旧兼从轻"原则的对号使用？对于刑法的溯及力问题，在法庭上，我既用了大量的篇幅论证，又用了精准的、简洁的、有力的观点来点醒公诉人和法官。

《中华人民共和国刑法》第十二条关于溯及力的规定采取了"从旧兼从轻"原则，其本质和实质意义也就是三句话：第一，若从旧不构成犯罪的，不定罪；第二，若从新不构成犯罪的，不定罪；第三，只有从旧构成犯罪，从新也构成犯罪的情况下，且新刑法规定更轻的情况下才适用新刑法及定罪。通过庭审及辩护词精准的论证，我认为李某应该无罪。可谁曾想到在2023年7月13日，重一审法院依然适用危险作业罪判处李某有期徒刑一年六个月，并处罚金十万元。

一往无前　再战新罪

2023年的7月17日，我的团队成员不服（2022）皖1226刑初261号作出的李某构成危险作业罪的判决，上诉请求改判李某无罪。我认为，如此简单的案件，如此清晰准确的说理论证，如此明确的法律规定，二审中级人民法院没有理由不改判无罪。可就在等了足足三个月之后，在2023年10月17日，我收到了F市中级人民法院的刑事裁定书——认为依据《中华人民共和国刑事诉讼法》第二百三十六条第一款第（三）项的规定，原判决部分事实不清，裁定撤销原判发回重审。为此，我还积极与F市中级人民法院的主审法官沟通，指出以事实不清已经发回过一次了，为何又要以该种理由发回，这是明显违背《中华人民共和国刑事诉讼法》规定的，因为《中华人民共和国刑事诉讼法》第二百三十六条第二款有明确规定。原审F市中级人民法院的主审法官回复，二审法院也知道案件有问题，经讨论认为原审判决是错误的，但直接判决无罪的话对一审法院影响太大，再次发回就是让他们自己纠错。

瞒天过海　缓刑收场

在案件第二次发回重审后，我就一直耐心等待着原一审法院第三次的一审开庭，因为我坚信这个案件两个罪名（非法经营罪、危险作业罪）都不成立，加之当事人李某虽然两次被一审法院判实刑，但是人一直没有被收监，长期处于取保候审状态。即使连续三年来取保候审早已过期失效，也没有公权力单位找他续办取保候审，他就一直在外面自由着，从这一点上也可以看出法院工作人员的内心也清楚对李某是不能定罪的。

在第三次开庭前十分钟，李某又被法官约谈，让其认罪认罚，说认罪就判缓刑，不认罪就判实刑！我了解这个情况后，在法庭上怒斥公诉人、法官。但是庭审过后，法院的领导、检察院的领导仍找到当事人，做他的工作，让其认罪认罚，并承诺判给缓刑。李某等人在强大的威慑面前还是低头了，当即认罪认罚，法院当然也兑现了缓刑承诺，但要求李某签署保证书，保证第一不上诉、第二不告诉辩护人缓刑的判决结果，案件就此结束。

老天有眼　最终无罪

就在李某拿过判决书并承诺不再上诉的第九天，上诉期届满的前一天的上午，我给一审法院的主审法官李某打去电话询问该案的判决结果。主审法官的助理告知李某的判决书已经下发。我当时一惊："我是他的辩护人，我怎么不知道？我怎么至今未收到判决书？"挂断电话后，我马上给李某打电话询问判决书下发的时间。恰好发现，我联系各方确认的这一天已经是上诉期的最后一天。我再次联系主审法官，非常严肃地指出了不按时给辩护人判决书的恶劣影响，并明确表明要上诉。

这次上诉成功后，F市中级人民法院第二次发回重审，一审法院终于裁定准予一审检察院撤回起诉，后一审检察院对全案包括李某在内四个当事人依法作出不起诉的决定。虽然该案最终没有得到无罪的判决，但在当今的司法实践中经过法院审判后检察院撤回起诉并作出不起诉决定的就是100%的、实质上的无罪判决。不起诉文书下来后当事人李某也到公安机关开出了无犯罪记录证明。直到2024年的春节前，该案历经四年五审终于画上了一个圆满的句号，以笔者和当事人完胜而告终！

如此简单的一个案件，如此的一波三折艰难诉讼的过程，说明一个道理：所有的无罪案件都是这样拼搏出来的。对一个案件的纠错，其带来的收益是多方面的，它能够支撑着司法在阳光下进步，努力让人民群众在每一个案件中都能感受到公平正义。

承办律师

郑强，金亚太（阜阳）律师事务所管委会主任。在检察系统一线业务部门（公诉、反贪、反渎）工作20余年，自执业以来，专攻疑难复杂案件，截至2024年共办理各类刑事案件共计60余件，其中大无罪类案件15件（包括判决无罪、法院准予撤回起诉、不起诉、撤销案件等）；经人民法院审判后无罪案件9件（包括宣判无罪、法院准许检方撤回起诉案件）。

曹越，金亚太（阜阳）律师事务所郑强刑辩团队专职律师。

17 一场误会被控诈骗　无罪辩护绝处逢生
——求职诈骗宣告无罪案辩护手记

2022年8月9日，我接到当事人张某某打来的电话，他兴奋地告诉我，法院宣判无罪了！法院作出无罪判决是一个艰难的过程，本案历经一审、二审，发回重审，两次开庭审理，法院宣告被告人无罪后，检察机关提出抗诉，二审法院经审理驳回抗诉，最终在律师的坚持不懈的辩护下、家属鼎力相助下，加之有担当的法官努力推动下，取得了无罪的好结果。

基 本 案 情

张某某与田某系同一栋楼的邻居，张某某从事人力资源方面工作，田某找张某某帮助录用某工会岗位工作，张某某同情42岁的家庭妇女的邻居再返职场不易，评估了她硬件条件比较差，在笔试考试前一天约定服务费9.5万元，办不成全额退款。后因田某笔试未通过，又因田某没有打通张某某电话，多疑的田某在物业查询张某某所居住的房屋不是张某某名字，怀疑张某某欺骗她，遂与张某某发生争执，田某在微信中提出不办了退钱，张某某同意退钱，次日下午田某到派出所报案，公安机关当即立案。在田某报案当天上午，田某丈夫单某与张某某见面约定，等等补录机会或者其他机会，一个月后彻底办不成再退钱，对此田某不知情，几天后张某某在小区地下车库被抓。

接 受 委 托

张某某自始至终认为自己是无辜的，是一场误会引起的被害人报案，好心帮邻居找工作却被冤成"诈骗"。接受委托后，我立即到检察院阅卷，结合对整个事件的始末的了解，决定做无罪辩护。

我阅卷发现，这个案件有很多不利于当事人的证据，也有些能够证明当事人无罪的证据，都是当事人张某某自己提供的，他掉进了自己挖的陷阱里。

有些案件可能有没有律师，"好律师"还是"差律师"，对案件结果影响不大，但有害的辩护，一定会使得案件逐步陷入不利的境地，就如这个明显无罪的"诈骗"案，之前的律师竟然给出了够罪的意见，还劝说认罪。当我接手之后，他重新洗牌，确定新的辩护思路，以争取更大的辩护空间。

我阅卷三天后紧急形成了一份相对成熟的7 000多字的无罪法律意见，并立即约见检察官。刚见面，检察官就表明了已准备起诉。与检察官见面后的第二天，我又依据《人民检察院审查案件听证工作规定》向检察院申请召开听证会，再结合与检察官沟通情况，提交了新证据录音材料，并附上一份围绕新证据量身定做的补充法律意见书，剑指证据已经发生变化，足以影响案件定性与事实认定，要求作不起诉。可是刚提交补充法律意见书，就被告知起诉书制作好了，已经在走流程。

虽然我介入不久，案件很快起诉了，但我对案件无罪的结论充满信心。我约见到了法官，初步沟通了案情和无罪观点，提交了一份书面的庭前无罪辩护意见，希望法院建议检察院撤回起诉。法官耐心地听取了我的意见，提出希望其进一步收集证据。

一审庭审效果很好，法官非常耐心地听取了当事人的陈述，我也做了有理有据的辩护，虽然很遗憾一审被判了有罪，但这些工作一直伴随着二审、发回重审的无罪辩护发挥效用。一审结果是当事人被判了三年有期徒刑，很快被批捕收监。法官表示，此类案件二审基本是维持原判。

二 审 辩 护

我与当事人没有气馁，坚决上诉。二审期间，袁天增律师加入辩护，我与袁律师充分沟通，调整了辩护策略，搜集并提交了新的证据。二审与法官沟通时，法官透露出认罪判缓的意思，我们则坚持无罪辩护。

恰逢新冠疫情，法官助理和书记员在法院门口接待了我们，认真地听取并记录了我们的意见。我们一再争取开庭审理。法官助理则表示，虽然不开庭审理，但有质证的机会。没多久，二审法院以部分事实不清、证据不足，律师提交新的重要证据为由发回重审。这一结果实属来之不易。

在二审案件改判率很低的当下，案件发回重审，往往意味着案件能够迎来一线转机，给辩护工作留出充足的时间，可以寻找新证据、新辩点，增加了无罪辩护施展空间。争取发回重审，是对二审案件进行有效辩护的一条路径。

这类案件的辩护，只要在法律上下足功夫，证据上找对突破口，就一定有机会获得法官公正的认可。所以发回重审后，该案的主要辩护工作就是研判案情、法律研究、细析证据、申请证人出庭，等等。

发 回 重 审

发回重审后，安排了两次开庭审理，我继续跟进补强辩护。第一次庭审中，我提出《起诉书》没有明确指控张某某虚构了什么事实，隐瞒了什么真相而导致田某被欺骗。公诉人回答不了，只能开始翻找案卷。接着，公诉人称指控张某某诈骗的虚构事实是张某某与田某微信聊天里说到的"不用考试找好单位进去工作的多了，我给你办了就是了，你急啥"。

对此，我提出：首先，从时间上来看，对话发生在10月23日，显然是在钱已经交付之后的对话，田某没有因事后这句话陷入错误认识，所以不能成为诈骗的虚构事实。其次，张某某在陈述一个客观事实，根据经验法则便知"不用考试找好单位进去工作"这个事实本身是符合真实情况的，而且张某某曾帮助别人办理过。再次，公诉人断章取义。张某某在表达这句话之前，还说过走笔试面试是一种情况，不走是一种情况，言外之意就是不通过考试办理工作是一种情况,再结合在案其他证据可知,田某笔试未通过,还可以选择补录、人才推荐的方式,包括了不通过考试办理工作的情形,因此张某某向田某表达这句话不存在欺诈。

我认为,本案中关于张某某是否存在欺诈,至少应当审查以下内容:①行为人是否告知了被害人交易风险,即花了钱可能找不到工作;②行为人是否有具体承诺,如向被告人承诺一定帮忙找到工作并约定具体的期限;③行为人与被害人约定在何种情况下返还钱款以及返还钱款的具体期限;④行为人收到钱后,是否付出了努力和成本。

就本案来说,第一,张某某与田某约定了办不成工作全额退款,说明张某某已经告知田某交易风险,这种情况下田某依然请求张某某帮其办理工作,则张某某的行为不应认定为欺诈。第二,张某某没有向被害人作出具体承诺,在田某笔试未通过后,张某某与单某约定实在不行一个月后再退,那么在附有期限截止日期前不能认定张某某是欺诈。第三,如果张某某与田某约定在某种情况条件下返还钱款,比如办不成全款返还,但条件还未成就田某就报案,此时也不应认定为欺诈。第四,如果张某某收到钱后,为田某请托的事项投入了一定成本,即便没有达到田某的目的,也不应认定为欺诈。张某某为帮助田某被工会录用,在接受委托前后,多次找田某静咨询,并将田某的报名表和简历传给田某静,田某静帮助打听,告知张某某等通知。张某某收到田某交付的9.5万元后,于10月23日将5万元现金作为安排工作的定金交给田某静。

本案还有一个比较特殊的地方就是谁是被害人。虽然被害人田某请托张某为自己找工作,但是经过其丈夫单某同意的,交付给张某某的钱是夫妻共同财产,在后续具体事务洽谈中,单某与张某某直接联系,并就田某找工作的事情双方达成新的约定,影响到张某某是否继续办理工作还是立即退款的决定。

关于夫妻共同被害人,应判明交付给行为人的财物来源,是夫妻共同财产还是夫妻一方财产,在具体事务中夫妻双方谁起决定性作用,是夫妻双方共同商量决定的,还是夫妻一方决定的,等等。

在夫妻共同被害人类型的案件中,在审查和认定非法占有的目的时,还应当结合夫妻另一方的态度和意志。例如本案中,虽然田某报案,公安机关将田某列为被害人,但也要考虑单某的态度和意志,田某与单某系夫妻关系，交付的9.5万元系夫妻共同财产。田某报案前后，不仅单某不认为张某某诈骗田某，甚至还表现出愧疚感，田某的报案完全在单某意料之外。当其得知后，立即带田某到派出所要求撤案，而且其也不认为张某某非法占有他们的财物，单某继续自愿处分其共同财产，与张某某达成共识继续办理。

宣告无罪

2022年8月9日法院向张某某送达了无罪判决书。近年来，我国的无罪判决率在万分之四左右。法院无罪判决中有相当部分是自诉案件，那么公诉案件的无罪率更低，例如河北省2021年公诉案件无罪率万分之一点一，仅有10人无罪。2023年，石家庄市各级法院共判处各类刑事案件被告人1.3万人，其中宣告无罪31人，无罪判决率约千分之二。31人中包括相当的自诉案件，据内部人士称，公诉案件肯定不超过10人，无罪判决率约万分之七。

提起抗诉

法院宣告无罪后，不出所料检察院提出抗诉，但检察院的抗诉书与公诉意见没什么差别。案件移送市检察院后，我便提出撤回抗诉的申请，但收到的是支持抗诉意见书。抗诉意见仅涉及一个理由，就是认为一审审判程序违法，可能影响公正审判。

带着问题我向抗诉检察官作进一步了解，检察官提出是关于回避的问题，涉及法官助理。带着这两个线索、关键词及困惑，我重新查阅两份一审判决书，发现无罪判决书落款日期下方有"法官助理"和"书记员"的署名。

难道是法官助理署名问题？此前关于法官助理是否应当在裁判文书上署名曾经引发热议，甚至存在认为法官助理署名违法，不署名也违法的尴尬现象。《最高人民法院关于适用〈中华人民共和国刑事诉讼法〉的解释》第一百九十九条规定，合议庭成员、法官助理、书记员应当在判决书、裁定书等法律文书上署名。所以说，当前法官助理署名是有法律依据的。

裁判文书尾部署名处以裁判日期为界，日期之上是审判人员署名，日期之下是审判辅助人员署名，例如法官助理、书记员，这种署名方式也符合司法文书署名的一般惯例，所以说本案法官助理署名是符合刑诉法解释规定的，无罪判决书不可能违反法律程序。

难道问题出在庭审时审判长没有公布法官助理名单？毕竟刑诉法解释规定，审判长宣布合议庭组成人员、法官助理、书记员、公诉人的名单，以及辩护人、诉讼代理人、鉴定人、翻译人员等诉讼参与人的名单。《最高人民法院关于适用〈中华人民共和国刑事诉讼法〉的解释》第三十一条规定："人民法院应当依法告知当事人及其法定代理人有权申请回避，并告知其合议庭组成人员、独任审判员、法官助理、书记员等人员的名单。"于是我翻开庭审笔录，发现确实没有记载法官助理的名字。

如果不是判决书落款有法官助理署名，我都不知道法官助理是谁，具体参与了案件什么辅助性工作。或许是判决书有法官助理的署名，这就给了抗诉机关的想象空间，没有公布法官助理名单，也没有告知被告人和辩护人有对法官助理提出回避的权利，这大抵是抗诉机关认为程序违法的地方。

《最高人民法院关于适用〈中华人民共和国刑事诉讼法〉的解释》第三十八条，关于回避的准用范围增设了法官助理，即"法官助理、书记员、翻译人员和鉴定人适用审判人员回避的有关规定，其回避问题由院长决定。"

没有公布法官助理名单，没有询问被告人、辩护人是否对法官助理回避就必然是程序违法吗？能否成为撤销原判、发回重审的理由？实践中很多经审判委员会讨论决定的案件，也没有向当事人、辩护律师公布审判委员会委员名单，更没有告知有权提出回避，也没见检察机关提出程序违法。

对于这个问题，我认为，法官助理没有参与庭审，无须公布法官助理名单，无须告知被告人及辩护人是否申请法官助理回避，即便需要公布而没有公布法官助理名单的属于程序瑕疵。没有发现法官助理存在《最高人民法院关于适用〈中华人民共和国刑事诉讼法〉的解释》第二十七条、第二十八条的任一情形，不存在违反回避制度问题。没有证据证实法官助理应当回避而未回避，更没有证据证实可能影响公正审判。二审不能以此撤销原判、发回重审，否则不仅是对司法资源的极大浪费，而且毫无意义的发回会对被告人造成二次伤害，无形中导致本案的被告人承受三次重复追诉，反而不利于维护司法公正。

对此知名刑辩律师赵德芳持反对观点，并在"天下说法"微信公众号发表了题为《未告知法官助理名单，且未告知有权申请其回避是程序违法》文章，坚决地认为没有告知法官助理名单，是一种严重违反刑事程序法的行为，没有依法询问是否申请回避，这是严重违反回避制度的，是法定发回重审的理由。

我认同德芳律师的部分观点，甚至作为上诉案的辩护律师发现这个程序问题后，我也会这么做。

我深知实体正义的实现要以程序正义为前提，程序正义确实能够维护实体正义，可以说，程序不公正，结果再正确，也不符合正义的标准。按照现行刑诉法解释，审判长没有公布法官助理名单，没有告知当事人有对法官助理申请回避的权利，的确违反了相关程序规定，但不至于构成重大程序违法而发回重审，也不符合发回重审制度的程度与要求。

赵德芳律师在文章中还提到，其亲办的全国瞩目的劳荣枝案也涉及原一审法庭没有公布法官助理、另一名书记员的名单的情况。目前，这种现象很普遍，很多法官安常守故，可能还没有注意到刑诉法解释的这个新变化。

驳回抗诉

二审法院送达我支持抗诉意见书，二审出庭检察员的抗诉意见果然是一审法院没有公布法官助理名单，没有告知当事人有权申请其回避属于程序违法，建议发回重审。

刑事抗诉案件依法应开庭审理，但也有例外情形，就是对抗诉案件，第二审人民法院经审查，认为具有刑事诉讼法第二百三十八条规定的违反法定诉讼程序情形，需要发回重新审判的，可以不开庭审理。所以当二审法官发现抗诉意见是程序违法问题时，他表示需要向检察院核实。我则表达了我方观点，认为不符合发回重审的条件，开庭审理，驳回抗诉。

二审开庭时，我发表了其二审辩护意见：

《刑事抗诉书》针对一审法院对张某某的无罪判决所提出的抗诉理由不能成立，张某某没有欺骗被害人的行为，不具有非法占有的目的，一审判决认定事实、适用法律正确。抗诉机关的抗诉意见也不能成立，一审审判程序合法，没有违反回避制度，二审法院应依法驳回抗诉，维持对张某某的无罪判决。

1. 法官助理没有参与庭审，无须公布法官助理名单，无须告知是否申请法官助理回避，即便需要公布而没有公布法官助理名单的属于程序瑕疵。

2. 虽然没有公布法官助理名单，但法官助理对案件没有决定权，不影响案件公正审理。

3. 法官助理不存在《最高人民法院关于适用〈中华人民共和国刑事诉讼法〉的解释》第二十七条、第二十八条的任一情形，不存在违反回避制度的问题。

4 没有证据证实法官助理应当回避而未回避，更没有证据证实可能影响公正审判。

5. 在劳荣枝故意杀人罪、绑架罪、抢劫罪一案中，二审辩护人指出一审法院没有宣布法官助理名单，违反回避制度，出庭检察员认为法官助理和书记员虽然署名，但没有决定权，不影响案件公正审理。江西省高级人民法院也认为不致因此而影响公正审判。

综上所述，一审法院没有宣布法官助理名单，没有告知对法官助理申请回避，既不属于程序违法，也没有违反回避制度，更不会影响案件的公正审判，抗诉意见不能成立。

2023年2月3日，二审刑事裁定书驳回抗诉，维持原判。

承办律师
李耀辉，河北世纪方舟律师事务所律师。

18 坚持无罪辩护，以刑期"实报实销"告终
——合同诈骗案从十年改判四年半

办理疑难、复杂案件，是刑辩律师的必经之路。越是疑难复杂案件，越需要辩护律师沉着冷静，打出一套组合拳，全力为当事人争取利益。

史某明涉嫌合同诈骗336万余元，华东K县人民法院一审判处有期徒刑十年。

2022年1月，我介入二审辩护，认为是民事纠纷，不构成合同诈骗罪。但是，类似案件二审有罪判决已经生效，这让辩护工作难上加难。

经过我们顽强的无罪辩护，华东M市中级人民法院撤销案件，发回重审。最终，K县人民法院重新审理，改判四年半，刑期"实报实销"，当事人恢复自由。

一审认定合同诈骗336万余元

跨境电商网店店主史某明与国内一家第三方支付公司签订服务协议，委托跨境支付业务。双方因国外买家拒付账单产生纠纷。第三方支付公司报案后，史某明涉嫌犯合同诈骗罪被公安机关刑事拘留，后一审获刑十年。

一审法院认定，被告人史某明与Y信息技术有限公司（以下简称Y公司）经协商达成合作意向，Y公司作为网络支付服务提供商，为史某明的电子商务业务提供网上外币银行卡支付结算业务。2017年11月7日，史某明开始向境外信用卡用户发货。2017年11月22日，史某明以"沈

某某"的名义和Y公司签订支付服务协议。2017年11月24日，史某明以自己的真实姓名与Y公司再次签订支付服务协议。协议约定，若史某明发送实物给客户的，应当要求客户收到货物后在收货单上签字确认，并妥善保留该收货单据。当出现客户拒付或否认交易等纠纷时，史某明应积极配合Y公司及银行、中国银联、国际信用卡组织、司法机关、金融监管机构等的调查工作，及时准确地提供相关交易信息和上述收货单据。双方约定订单完成交易后，由Y公司先付60%的货款给史某明，待买方确认货款后，再将货款的35%支付给史某明，货款的5%为Y公司服务费用。

2017年11月7日至2017年12月17日期间，被告人史某明发现Y公司的支付存在漏洞，遂利用国际信用卡支付不需要密码的特点，通过填写不真实的购买交易和虚假的快递信息，使境外信用卡持有人的钱款被划转到第三方支付平台和关联的银行后，Y公司将相关销售货款按照合同约定支付给史某明。境外信用卡用户在发现被骗后有拒付权限，后大量境外信用卡用户拒付，导致销售款项被转回给境外信用卡用户，造成Y公司损失。

自2017年11月7日至2017年12月17日，被告人史某明在Y公司结算的交易未拒付共计金额为812万余元，按照合同约定Y公司应向史某明支付95%的货款即771万余元。后Y公司发现史某明商户为150692号的交易记录中自2017年11月8日至2017年11月29日期间共计有17 500余笔被拒付，拒付交易金额共计人民币1 361万余元，其中货物损坏/名不符实、重复扣账、已取消的循环交易、重复交易等类拒付金额，合计52万余元，其余拒付原因显示为：持卡人未授权、没有授权交易、欺诈。Y公司在2017年11月20日至2017年11月29日，实际已经支付给史某明1 160万余元，扣除Y公司应当支付的未拒付部分的货款771万余元及正当拒付部分的货款52万余元，史某明实际诈骗金额为336万余元。2017年11月29日，Y公司发现被骗后，关闭支付通道，并停止向史某明支付余下的款项。

2018年12月21日，Y公司法定代表人丁某向华东K县公安局报案。2019年1月17日，立案侦查，同年1月24日将被告人史某明抓获。史某明归案后未如实供述自己的犯罪事实。

从质疑一份证据开始

我和助理阅卷后,认为事实不清、证据不足,尤其是电子数据、银行流水单据问题重重。我们决定主动出击,鉴于时间紧,案件疑难复杂,就从一份证据着手,先向中级法院提交《二审公开开庭审理申请书》和《调取证据申请书》等材料。而后,撰写了新的《法律意见书》,全面论证不构成合同诈骗罪,而是民事纠纷。

针对这种案件,与法官的当面沟通极有必要。我和中级人民法院法官打电话预约时间,提出这个案件存在争议,证据存在问题,希望能够预约时间当面交流。法官则要求辩护人先提交书面辩护意见。

我提出,已经准备好了书面意见,但同时也希望当面沟通,言简意赅地说明观点,然后再提交书面意见。几次反复拉锯之后,法官最终同意确定面对面的谈话时间。

2022年1月19日,我一面把《二审公开开庭审理申请书》递交给法官,一面表达本案的证据问题重重,仅就K银行北京市分行以及Y银行北京市分行出具的拒付记录而言,合法性、关联性、真实性均存疑,申请公开开庭审理本案,以便于查清事实。

一、从证据的合法性来看,两家银行出具的拒付记录均有形式上的问题,不能作为证据使用。

二、从证据的关联性来看,两家银行出具的拒付记录中没有主体信息,没有记录显示与史某明有关。

三、从证据的真实性来看,两家银行出具的拒付记录不能与随卷所附光盘中的105692订单情况电子表格对应,真实性存疑。

本案还存在一个重大问题,同一份证据居然用来证明两个人不同的犯罪事实。K银行北京市分行的拒付记录,既用来证明万某飞的犯罪事实,又用来证明史某明的犯罪事实,而两人的涉案事实和金额显然不同。

我们还向中级法院递交了K银行数据和Y公司数据对比表、Y银行数据和Y公司数据对比表,其中数据相互矛盾、冲突。

这次和法官见面，让法官直接感受到辩护人的认真与执着。

接下来，随着研究深入，我们前后提交六份《法律意见书》，多份申请书。

从四大方面论证不构成犯罪

2022年2月28日，我们再次和法官见面，并提交了详细的第一份《法律意见书》，提出一审刑事判决书认定事实不清、证据不足、适用法律错误、程序违法、量刑畸重。本案属于民事纠纷，属于可变更、可撤销的合同纠纷，完全可以通过民事诉讼解决，不需要上升到刑事手段打击。

1. 关于事实，史某明和Y公司发生支付结算纠纷，史某明始终愿意退款，只是双方对于退款金额有争议，不应认定构成合同诈骗罪

（1）史某明使用化名签订第一份合同有合理解释，且随后重新签订合同时使用真名，双方达成支付服务民事法律关系。

（2）双方明确约定当拒付率达到35%，超过35%的拒付金额由史某明承担。史某明也多次表态愿意承担，只是对金额有异议。

本案中，拒付率约为60%，超过35%，根据协议约定，应当由史某明承担，史某明也多次表态愿意承担。双方的争议焦点在于史某明希望丁某提供退款流水单，便于查清拒付的真实比例和金额。这完全是履行合同引发的纠纷。

2. 关于证据，现有证据不能证明上诉人史某明构成合同诈骗罪，史某明并未采用虚构事实或隐瞒真相的方法骗取财物

（1）一审认定史某明填写不真实的购买交易和虚假的快递信息的证据不足。

首先，史某明是收单的，是从冯某处收单后发货。

其次，快递信息显示妥投，证实真实发货并到达指定地点。史某明的订单，大部分都可以通过EMS平台查询。

（2）外国客户是否拒付、拒付原因、拒付比例、拒付金额均存疑。

首先，Y公司提供的拒付数据并非原始数据，是否与上家一致存疑，包括北京Q信息技术有限公司（已解散并注销营业执照）和深圳市P信

息技术有限公司。Q 公司和 Y 银行北京分行结算。P 公司和 K 银行北京分行结算。外国客户是否有拒付，司法机关应当提供银行原始拒付凭证或流水，并且要和 Y 公司的拒付数据一致。而从目前来看，银行数据和 Y 公司数据差距很大。

其次，拒付原因存疑，亦有可能是正当的拒付理由。外国客户拒付的理由可能有多种多样，除了史某明的原因，亦有可能其他原因。例如，即使货物质量没问题，有的客户收到货物后仍不满意，进而拒付；银行多扣了金额，导致客户拒付，这一点在证据材料中很明显，有的订单金额 112.85 元，竟被 K 银行扣去 276.01 元，差额达 163.66 元，增加了 145.67%，显然在这种情况下客户会选择拒付。有的订单金额为 733.52 元，竟被 Y 银行扣去 2851.77 元，差额达 2 118 元，增加了 288%，客户选择拒付是完全正当的。同时，也不排除物流环节导致货物丢失、被海关扣关、货物损毁等情形，导致拒付，甚至也不排除外国客户收到货物后，利用 180 天拒付权限的漏洞进而恶意拒付的可能性。

最后，拒付比例和拒付金额存疑。Y 公司的拒付数据真实性存疑，不排除 Y 公司后台修改的可能性，事实上史某明质疑的也是拒付数据过高，有可能被篡改。司法机关应当对 Y 公司、Q 公司、P 公司、Y 银行、K 银行的数据进行取证、筛选、核对，从而确定拒付比例和拒付金额。

3. 关于法律适用，本案属于民事欺诈，属于可变更、可撤销的合同纠纷，不构成合同诈骗罪

诈骗犯罪与民事欺诈有诸多相同点。司法实践中，应当正确认定诈骗罪，将其与民事欺诈准确区分。本案属于民事欺诈，属于可变更、可撤销的合同纠纷。我们从欺骗内容、欺骗程度、欺骗结果等方面，论证不构成合同诈骗罪。

4. 关于程序，本案一审存在诸多违法违规之处。

5. Y 公司和丁某并未产生错误认识，并非基于错误认识处分财产，丁某的陈述真实性存疑。

这次，我们再度提交了《调取证据申请书》，并申请调取史某明在 Y 公司结算的拒付和未拒付交易清单和银行流水记录。申请调取第三方支付机构关于史某明的拒付和未拒付的所有交易清单和银行流水记录，以便比

对；申请调取 Y 公司划扣国外客户款项的银行流水记录、客户拒付之后银行给 Y 公司的回执；申请调取史某明已妥投及没有拒付的订单；申请调取深圳市 X 网络科技有限公司与深圳市 P 信息科技有限公司关系的材料。申请调取史某明与丁某、刘某某、戴某某、林某某等 Y 公司人员的微信聊天记录和 QQ 聊天记录、通话记录等，以便于证实双方一直在沟通退款事宜，系支付结算引发的合同纠纷。

辩护扎扎实实，有理有据

在第一份《法律意见书》中，我们提出，本案属于民事纠纷，属于可变更、可撤销的合同纠纷，完全可以通过民事诉讼解决，不需要上升到刑事手段打击。

紧接着，我们提交第二份《法律意见书》。我们仍然不认可一审判决，不认可 Y 公司提供的拒付数据。何况，即使按照一审判决的逻辑，即使按照 Y 公司提供的拒付数据，本案一审认定实际诈骗金额同样存在计算错误的问题。

（1）正当拒付金额不止 52 万余元，至少有 191 万余元。

（2）未拒付金额不止 812 万余元，按照合同约定应支付给史某明的货款也不止 771 万余元。

其间，我们和市检察院承办检察官也多次当面沟通，多次提交《法律意见书》。

虽然形势不明，但双管齐下，全力以赴，希望法官和检察官能够从内心确认案件存在问题，而不是沿着惯性维持，从而推动案件转向。

整个春节假期加班研究

在接下来的整个春节假期，我和助理加班加点，继续研究案件，将近万条数据逐一比对，形成上百页的两大表格。仔细研究史某明等人的微信聊天记录时，又有新的发现。从一些证据未经质证的角度出发，某种程度上就是新证据，而且是有利于当事人的新证据，于是我们又提交了第三份《法律意见书》。

一、新证据显示史某明是收单的，是从冯某处收单后发货。

二、新证据显示Y公司给史某明新开商户号150812，证明不可能是诈骗，如果是诈骗，Y公司不可能继续给史某明开新号。

三、新证据显示Y公司存在虚增拒付率20%的情况。

四、本案证据链条断裂，各方层层合作，但交易清单和银行流水记录不完整，不能排除合理怀疑，不能得出唯一结论。

五、持卡人未授权、未授权交易、欺诈等原因引发的拒付，不一定就指向史某明涉嫌合同诈骗。

第一次延期审理

二审审限快到了，但法院迟迟没有新的进展。鉴于案件疑难复杂，我们提出申请延期审理。

我们此前已经提交了《调取证据申请书》《证人出庭申请书》和《庭前会议申请书》。鉴于需要通知证人（被害人）到庭，鉴于调取证据需要时间，法官同意延期审理。

是否有真实发货成焦点

2022年4月，法官主动与我们电话沟通，询问是否真实发货。我提出是真实发货，如果全都没有真实发货，未拒付的比例一定远低于40%，提出史某明没有真实发货不符合常理。

针对法官对银行流水和Y公司提供的拒付记录比对的疑问，我回复可以通过"银行卡号"对比确认，史某明的诈骗金额远低于一审认定，甚至算下来诈骗金额为零。

在与法官交流后，我根据沟通的内容和事实、证据，再度提交新的《法律意见书》，主要说明两点：一是史某明有真实发货；二是"银行卡号"是对比银行流水与Y拒付记录的关键。

不断挖掘证据漏洞

我和助理每隔一段时间就拿出案卷材料研究，尤其是电子数据，果然有所发现。

补充侦查卷1，史某明拒付订单明细、回访录音、邮件光盘中，将《692邮件回复截图》中的回访邮件按订单号，在史某明订单分析光盘中《10569订单情况》中检索，回访邮件的回复内容与Y提供的表格中的拒付理由对比结果如下：回访邮件共68条，回复内容与拒付理由不一致的合计60条，占比88.2%。回访邮件共68条，回复内容与拒付理由一致的合计8条，占比11.8%。

长久等待后发回重审

2022年6月，在长久等待后，法院认为原审判决事实不清、证据不足，裁定撤销原判，发回重审。这是关键一步，意味着案件回到原点，意味着案件充满各种可能性。

申请更换检察官

律师要穷尽一切合法合理的手段，维护当事人利益。

案件发回重审后，我到检察院询问，发现还是原来的检察官办理这个案件。我又与办案检察官当面做了深入交流。办案检察官坚持认为有罪。在这种情况下，我坦率地向检察官表示，发回重审的案件，应当更换检察官，我将申请更换检察官。

于是，检察官说，这是你的权利。

我提交《更换检察官申请书》。虽然现行法律法规对发回重审案件是否更换检察官没有明确规定，但不论从法理精神还是案件的实际处理来看，更换检察官具有充分的必要性。更换检察官，有利于减少冤假错案的发生，有利于案件的公平公正处理，有利于维护被告人的合法权益。

（1）本案明显事实不清、证据不足，没有达到事实清楚、证据确实充分的标准，原办案检察官违反客观义务。

（2）从维护被告人合法权益和案件公平公正处理角度出发，有必要更换检察官。

（3）从法理精神和常识出发，发回重审案件更换检察官是应有之义。

过了一段时间，检察院更换了办案检察官。

每隔一段时间沟通

每隔一段时间，我就和法院、检察院沟通了解最新情况。在法院，我继续提交法律意见书、证人出庭申请书、调取证据申请书、庭前会议申请书。

2022年12月，得知史某明父亲患肺癌末期，我再度向法院递交《取保候审申请书》。遗憾的是，法院没有同意取保候审。

以刑期"实报实销"告终

一转眼，史某明就被关押了四年多。2023年6月，法院作出判决，经审理查明：被告人史某明与Y公司经协商达成合作意向，Y公司作为网络支付服务提供商，为史某明的电子商务业务提供网上外币银行卡支付结算服务。2017年11月8日至同年11月29日期间，被告人史某明在境外的买家在电商平台下单购物后，故意不发货或者发与实物不符的廉价商品给境外买家，骗取境外买家财物。目前已查实，拒付原因为："欺诈""交易不可识别、欺诈""商品或服务未收到""未收到服务/货物""未收到货""未提供服务或未收到商品"的订单共计3 729笔，史某明诈骗未遂共计人民币298万余元。

2019年1月24日，被告人史某明被抓获，归案后未如实供述自己的犯罪事实。在一审发回重审阶段，被告人史某明对指控的犯罪事实和证据没有异议，并自愿认罪认罚。

被告人史某明诈骗他人财物，数额特别巨大，其行为构成诈骗罪，应依法惩处。检察院指控被告人史某明犯诈骗罪的事实清楚，证据确实、充分，罪名成立，本院予以支持。被告人史某明认罪认罚，依法可以从宽处理；被告人史某明已经着手实施犯罪，因意志以外的原因而未得逞，可以比照既遂犯减轻处罚；被告人史某明在发回重审阶段能如实供述主要的犯罪事实，系坦白，依法可以从轻处罚；被告人史某明利用电信网络技术多次实施诈骗，可以酌定从重处罚。

法院判决，被告人史某明犯诈骗罪，判处有期徒刑四年六个月，并处罚人民币九万元。一个月后，2023年7月，史某明刑满释放。

这桩疑难复杂案件，以当事人刑期"实报实销"告终。

承办律师

蓝天彬，江苏法德东恒律师事务所高级合伙人、刑事业务研究会副主任，江苏省人大常委会法工委规范性文件备案审查咨询专家，南京市律师协会刑事诉讼法律专业委员会秘书长，前政法记者，毕业于厦门大学。专注研究非国家工作人员、公职人员法律风险防控和刑事辩护，多起案件获得不起诉或撤销案件、终止侦查、改判缓刑等结果。

19 一起"信访型"寻衅滋事案件的八年无罪之路

案 件 过 程

2015年10月27日,刘某萍被公安机关刑事拘留。

2015年11月30日,刘某萍被逮捕。

2016年7月25日,刘某萍被取保候审。

2016年9月20日,连云港市海州区人民检察院向连云港市海州区人民法院提起公诉。

2018年2月9日,连云港市海州区人民法院作出一审判决,判决刘某萍犯寻衅滋事罪,免予刑事处罚。刘某萍不服,上诉至连云港市中级人民法院。

2018年9月3日,连云港市中级人民法院以"原判认定事实不清,证据不足"为由作出撤销原判,发回重审的裁定。

2021年12月17日,海州区人民法院再次作出一审判决,判决刘某萍犯寻衅滋事罪,免予刑事处罚。刘某萍不服,上诉至连云港市中级人民法院。

2023年6月20日,连云港市中级人民法院以"原判定案的证据未经庭审质证,程序违法,可能影响公正审判"为由再次作出撤销原判,发回重审的裁定。

2023年8月2日,连云港市海州区人民法院裁定准许连云港市海州区人民检察院撤回对被告人刘某萍起诉的裁定。

2023年8月31日,连云港市海州区人民检察院作出《不起诉决定书》。

1

吴正红律师向我约二审有效辩护的案例时,我考虑了两个案件。一个是山东潍坊的某销售假冒注册商标的商品案,该案前后持续八年,历经三次二审四次一审,第三次一审时,全案六名被告人被判决罪名成立,第四次一审管辖辩护成功,检察机关全案不起诉。另一个是连云港刘某萍寻衅滋事案,该案因信访而起。此类情况的案件在这几年,是愈加多见了。该案前后也是八年,经三次一审两次二审,第三次一审时,检察机关撤回起诉并作出《不起诉决定书》。最终我选择了刘某萍案,原因是我认为这个案件更有社会意义。

2

该案案情并不复杂,与绝大多数"信访型"寻衅滋事案也并无二致,公诉机关指控:2013年10月至2015年10月,被告人刘某萍为反映其位于连云港市新海新区居住用房拆迁安置补偿等问题,多次到北京市天安门、中南海等地进行非正常上访,严重扰乱公共场所秩序。被告人刘某萍的非正常上访行为多次被连云港市公安局新浦分局决定行政拘留或训诫,且多次被北京市公安局西城分局训诫。

2015年10月,被告人刘某萍欲再次到北京进行非正常上访,并扬言要在中南海附近拦截国家领导人车辆,被连云港市海州区新东街道办事处工作人员劝阻。

公诉机关认为,被告人刘某萍在公共场所起哄闹事,造成公共场所秩序严重混乱,其行为已构成寻衅滋事罪,应当以寻衅滋事罪追究其刑事责任,建议对被告人刘某萍在有期徒刑一年至一年六个月进行量刑。

3

论证该案不构成寻衅滋事罪，庭审中我说：

本案公诉机关仅证明了刘某萍有去北京上访的行为，其他均未证明，甚而未在法庭上作出说明。如此，则：从主观方面而言，非正常上访的主观方面并不符合寻衅滋事罪的主观方面，寻衅滋事罪再是口袋罪，再作扩大化解释，其主观方面也含括不了信访者至北京"求取公正"的主观方面；从客观方面而言，非正常上访行为也并非起哄闹事行为。即便将该行为视为起哄闹事，若要定罪，结果上也需造成公共场所秩序严重混乱。因此，即便我们认可非正常上访行为在特殊情况下可以被认定为寻衅滋事罪，公诉机关也须证明被告人的非正常上访行为是基于满足不健康的心理动机，其之行为有"起哄闹事"的性质，其之行为且又造成了公共场所秩序的严重混乱。但本案，公诉机关仅举证证明刘某萍有"非正常上访行为"，至于其他，既无证据证明，公诉机关也未作出说明。

关于"造成公共场所秩序严重混乱"问题，庭审中我且提了一个问题，即刘某萍之行为影响的到底是北京的公共场所秩序还是连云港的公共场所秩序。若影响的是北京的公共场所秩序，则无论是国家信访总局，还是北京的邮局，他们都未如此认为，实则刘某萍得上访也完全是遵照秩序要求进行，而连云港的公共场所秩序又显而易见并未受到影响，道理很简单——刘某萍去的是北京，与连云港的公共场所秩序并无妨碍。在我一再追问下，最终公诉人二选一，说刘某萍影响的是北京的公共场所秩序；因此我又说：

刘某萍去的北京的任何一个地方中华人民共和国的任何一个公民皆可去得，刘某萍的行为与前往北京的任何一个公民的行为也并无明显区别。别人皆可去得偏偏刘某萍去不得？就因为刘某萍是上访户？我们国家什么时候对上访户如此区别对待了？若并未区别对待，则刘某萍的行为也只是导致北京的公交车上多了一个乘客，北京的马路上多了一个行人，北京的邮局多了一个邮寄信件的人。也别拿天安门、中南海附近说事,天安门、中南海附近的马路是禁止上访户通行的?因此可以说,刘某萍的行为没有给北京的公共场所秩序带来任何负面影响。而刘某萍之所以今天站在法庭上接受审判,在我看来,完全不是因为她影响了北京的公共场所秩序,而是因为她影响了连云港某些领导的心情。

我相信,我们国家完全能够容忍喊冤者如同其他人一样出现在北京的土地上。对他们而言,北京具有特殊的意义,他们认为那里更容易求得公正。这种想法对与不对姑且不论,可如果哪天我们的百姓在地方上遭遇了不公,感受到了委屈,却连北京都不敢去、不能去,就只忍着,大概那时,才是我们社会治理最危险的时候吧。

二审庭审时,出庭检察员进一步明确称刘某萍对北京秩序的影响表现在两个方面,一是滞留天安门、中南海(附近);二是扬言去北京(拦截领导车辆)。针对上述两点,我回应道:

出庭检察员认为刘某萍对公共秩序的影响表现在两个方面。一是滞留天安门、中南海附近,但何谓滞留?一分钟是滞留还是一小时是滞留?法律并无明确规定,而控方也并未举证证明刘某萍经过上述地方用时几何。不能举证时间长短,又无法定的参照标准,自然不能认定刘某萍之"滞留"行为。"滞留"或许还有另一种解读,即当相关管理人员要求其离开时其拒不离开,可该种情形刘某萍也不具备。最关键的是,刘某萍只是经过天安门、中南海附近,法律尚未规定相关路段禁止信访户通行。可见"滞留"之说纯属无稽之谈。二是扬言去北京(拦截领导车辆),可扬言去北京却并未真的去北京,自然不会对北京的秩序造成任何负面影响。且刘某萍多次去北京,并未拦截领导人车辆,扬言行为同样未影响到连云港的秩序——刘某萍只对政府工作人员一人提及此事,并非对连云港公众扬言,且内容也并非涉及公共安全,自是不会对连云港的秩序造成任何不良影响,这些都是显而易见的。北京的秩序未被影响,连云港的秩序未被影响,造成公共场所秩序严重混乱到底从何谈起?

庭审中,控辩双方且对刘某萍之行为是否系非正常上访、刘某萍之信访事项有无事实基础和法律基础等问题展开了辩论。我的第一层意见是刘某萍的信访事项具有足够的事实和法律基础,第二层意见是即便刘某萍的信访事项能否得到法律的支持控辩双方存有争议,也并不影响刘某萍享有信访的权利。否则,所有对法院已决事项进行信访便是违法,便可能是犯罪,这显然是不能成立的。

4

就这样一个显而易见的无罪案件,却耗了八年之久,历经三次一审两次二审,近十次的庭审,中间还夹杂各种庭外辩护。

我之所以选择这个案件,因我认为这个案件具有社会意义。单从法律上而言,这个案件并无太多探讨的必要,其之无罪是比较明显的,但这几年又经常有因信访、因维权而被寻衅滋事的案件发生,各地似乎也已习惯了以这种简单粗暴的方法去应对信访危机,且屡试不爽——单以这两年而言,以我了解的,信访型寻衅滋事案件,到了法院阶段无罪的,似乎仅此一例。可问题是,以这种方法应对信访危机,进行社会治理,不仅不会化解矛盾,反而会进一步加剧矛盾,同时也会加剧百姓对政府的不信任。庭审中我说,百姓在遭遇不公时,应有反映问题的渠道,这不仅可以化解矛盾,还可疏导情绪。百姓的方式方法或有不当,但政府应有适当的容忍度。若一遇问题便强力"堵截",反而会使矛盾激化,令百姓怨气加重。怨气引发戾气,而戾气在和平年代又最具破坏力,是整个社会最大的不稳定性因素。

信访问题只是表象,解决引发信访的矛盾才是关键。可现在的问题是,有些矛盾,地方上原本完全可以依法律化解于萌芽中,最终却一步步陷入一场巨大的、毫无意义的消耗中不能自拔。以下举一例以作说明:

2023年,我在江苏兴化办理了一起职务类犯罪案件,那个案件我的当事人完全可以按违纪处理,实际上该案中另有一人,情节较我的当事人更为严重,最终便是按违纪处理。同一个案件却如此区别对待,自然会给当事人强烈的不公的感觉。而在审查起诉阶段,我多次与检察机关沟通,想争取"从犯"处理,却一直未能成功。直到庭前会议时,我们对几项申请据理力争,并对检察机关的一些不当行为狠狠地批评了一番,检察机关才于会议之后变更起诉，但又附了条件，即需我们撤回那几项申请。也就是说，检察机关的内心十分清楚，可之前就是不愿意给，这又给了当事人强烈的不公的感觉。之后我的当事人虽心有不甘，却也因考虑到各种因素而愿意妥协。随后我作为辩护人多次与检察院、法院沟通"认罪认罚"，最终却因几个月的差距而未能达成，而这几个月，法律不仅能够做到，也是完全应该做到的。之后当事人上诉、申诉，当事人家人多次去北京信访。

而他们每次去北京，泰州驻京办都会安排大量人员维稳，泰州当地也每次都会安排数十人连夜驾车赶至北京，哪怕是他们有时并没打算真的去北京，只是买个票，当地也每次都会安排一大帮人到车站堵截。而每当他们被带回当地之后，当地又是在他家门口安装监控，又是把他家邻居的房子租下来，安装窃听设备。有一段时间，每天还会有无人机在他家房屋上空盘旋，而一到当地认为需要稳控的时间，他们家附近便有多名不知是哪个部门安排过来的便衣看守，可谓是各种维稳手段用尽。而最大的维稳手段自然是解决问题，可他们偏不，他们宁愿花数十倍、百倍、千倍的代价，可就是不愿意从根源上解决问题。目前看，当事人及其家人追求公正的心不会熄灭，而这样的行为他们可能会持续一辈子，也因此，这种消耗也便不可避免地会无休无止地继续下去。

前不久我看到一组数据，说我们国家每年财政收入的很大一部分用于行政性支出，这个比例远超世界发达国家。行政性支出一旦多了起来，科技、教育、医疗、文化等支出又如何能多起来？而以我之经历看，我们这社会的有些矛盾，实则完全不应形成，可最终就莫名其妙地形成了。有些地方官员，似乎只是基于内心的那点傲慢，为了那点面子问题，便没有矛盾也得制造矛盾，或任由矛盾扩大，再消耗大量的人力物力去应对，去化解，而最终矛盾实则不仅未能化解，反而因药不对症而进一步加剧。如此种种导致我们整个社会陷入一场毫无意义的巨大消耗中不能自拔。可我们与其如此循环往复地消耗，为何就不能遇到问题解决问题，以让整个社会轻装上阵？要知道，这种社会性消耗，消耗的不仅是我们的难以计数的人力物力，还有我们整个社会、整个时代的"福分"。这是一个值得深思的问题。而源头性问题若不能得到妥善解决，信访问题便不可能得到妥善解决，而整个社会也必将深陷其中，深受其累，深受其苦。

5

在我写完这篇文章的时候,我电话刘某萍,问她在哪。她说在北京,还是为之前的事。我又电话兴化当事人的家属,她说她的公公在去北京的路上。

承办律师
杜家迁,上海权典律师事务所刑辩律师。
邓学平,上海权典律师事务所主任,前资深检察官。

20 从重刑到"实报实销"
——一起冤案的辩护历程

此案在一审中,我的当事人因涉嫌诈骗罪被判处长达十一年的重刑。这一判决让当事人及其家属感到极度震惊,随后家属找到我寻求帮助。在对案件进行了细致的审查与分析后,我坚定地认为,这是一起典型的冤案,并且有充分的理由为当事人进行无罪辩护。

基于这一认识,我决定参与此案的二审辩护工作。同时,为了增强辩护团队的实力,我特别邀请了北京的资深律师何智娟加入。何律师的加入对案件的进展起到了关键作用。在我们的共同努力下,案件最终被发回重审。在重审过程中,我们成功说服检方改变了对当事人的指控,将原本的诈骗罪名改为虚假广告罪名。最终,我的当事人被判处一年九个月的有期徒刑。

尽管这一结果相比原一审已有显著改善,但我们对此并不完全满意。从介入此案的第一天起,我和何律师就坚信当事人是无辜的。我们认为,这是一起被错误定性为刑事案件的冤案,其实际上最多只涉及行政违规。然而,在复杂的司法实践背景下,我们也明白,能够为当事人争取到这样的结果,考虑到他们所面临的羁押状况,已是不幸中的万幸。

控方指控:从"青源乌发"到"古方柏草"的网络骗局

根据一审起诉书的指控,本案的事实可分为两个主要部分:第一部分涉及以刘某某为首的主要犯罪行为;第二部分涉及刘某某与我的当事人之间的相关事实。这两部分事实在具体细节上有很多相似之处。在一审中，所有被告都被统一指控为共同犯罪，并为这两部分事实承担责任，罪名为涉嫌诈骗罪。

控方的主要指控如下：2020年6月，刘某某在广州市白云区成立了一家名为"广州某某传媒有限公司"的企业，并开始从事电信网络诈骗活动。该公司通过销售名为"青源乌发"的洗发水，虚构并传播虚假的医生推荐、中医馆背书、交易记录和成功案例，通过网络平台吸引顾客。销售团队声称该洗发水能够使白发变黑，从而诱导消费者购买。2021年5月，市场监管局和公安局对公司的仓库进行检查时，发现大量不合格产品。为了逃避调查，刘某某将公司更名为"广州某某网络有限公司"，并继续进行诈骗活动，这次销售的是另一款名为"古方柏草"的洗发产品。我的当事人袁某某在此期间加入公司，参与了决策和管理工作。2020年9月—2021年5月，公司通过销售"青源乌发"产品获得诈骗收益518万元，涉及1 180名受害者。2021年6月至9月，公司通过销售"古方柏尊"和"古方柏草"产品分别诈骗79万元和318万元，涉及1 197名受害者。控方因此要求判处超过十年的刑期。

一审法院最终判决我的当事人犯有诈骗罪，判处有期徒刑十一年，并罚款人民币五十万元。而另一名主犯刘某某则被判处有期徒刑十四年。

寸土必争：律师团队逐步扭转局势

在这起案件的一审期间，当事人的家属曾最初与我取得联系，希望我能为其提供辩护。然而，由于种种因素，我们未能达成正式的委托关系。在一审判决出炉后，当事人家属意识到他们之前的选择可能是错误的，于是再次联系了我。

在正式接手案件前，我对案件的实质内容进行了全面审查，发现了许多问题。从证据和事实来看，这明显是一桩冤案。我的当事人是一名年轻的退伍军人，仅仅因为代理销售了一款洗发水，可能在销售过程中使用了夸大的营销手段，就被指控为诈骗罪。从逻辑和情感上来说，这样的指控显得难以成立。为了增强辩护的效果，我在征得家属同意后，邀请了在北京执业的何智娟律师加入此案的辩护工作。

在二审辩护的初期，几乎是在接受委托后，我第一时间致电负责本案的二审法官，希望能面对面交流并提出案件中的关键问题。然而，法官表示尚未认真查看案件，并未同意我的请求。但他说的第一句话就让我感到震惊："林律师，这起案件有什么问题吗？我们最近才审理过类似的案件。"这句话让我感到一丝不安，似乎透露出一种维持原判的态度。如果法官在未审理案件之前就已形成固定观点，那么案件的结果可想而知。这也是为什么我们刑事律师经常需要与检察官和法官沟通，以及时了解案件进展，并尽早了解他们的看法。

在了解法官的态度后，我和何智娟律师意识到必须立即采取行动。次日，我便赶到二审法院，申请查阅案卷，并申请调取一审法院未移交的其他相关材料。同时，我们撰写了一系列法律意见书和申请书。随着审查的深入，我们发现一审法院在认定事实和法律适用方面存在诸多问题，几乎难以计数。为核实更多案件细节，我多次前往中级人民法院和一审法院所在地，并多次会见当事人。

值得一提的是，恰逢新冠疫情，无论是会见当事人还是与法官、检察官面对面沟通，都极为不易。这起案件也因此成为让我驾车往返办案机关次数最多、行驶距离最远的案件。同时，虽然何智娟律师身在北京，她也在积极工作，不断将各种法律意见书邮寄给法院，并通过电话联系法官，反映案情。

当然，也不得不提到家属在这起案件中所发挥的重大作用。事实上，在任何冤案的成功平反中，家属的支持和努力都是不可或缺的。在这起案件中，当事人的母亲可以说是不惜一切代价，尽管身患疾病，她依然多次向各级司法机关陈述冤情，向最高人民法院和最高人民检察院寄送信件，亲自奔波于省、市、县各级司法机关之间，为儿子的案件呼吁。案件最终能够得到重审，很大程度上也要归功于她的不懈努力。

后来，二审法院以"事实不清、证据不足"为由，将案件发回重审。然而，案件发回重审并不意味着一切顺利，实际上，挑战才刚刚开始。重审后，原一审检察院（由不同的公诉人负责）依旧坚持认为当事人构成诈骗罪，应该受到严厉惩处。尽管我们多次与检察官沟通，撰写了大量法律意见书，并指出了多个问题，但一审检察院的领导和工作人员仍然不愿撤销指控或改变罪名。当他们重新向一审法院提起指控时，依然坚持诈骗罪名。

面对检察官如此坚决的态度，我们并不感到意外，因为在我们处理的每一起案件中几乎都会遇到类似的情况。然而，在第一次庭审过后，本案的检察院与公诉人开始改变了态度，这可能是因为他们在庭审过程中感受到了压力。在这次重新提起指控的庭审中，我们做到了"寸土必争"。

这里有一个关于"寸土必争"的小插曲。在此案件的审理过程中，我和同行律师经历了一件颇具讽刺意味的事情。在庭审的法庭调查阶段开始之前，我们注意到所有被告人均被戴上手铐并穿着带有看守所标识的服装。这显然违反了《最高人民法院关于适用〈中华人民共和国刑事诉讼法〉的解释》第三百零五条的规定，即在庭审期间不应对被告人使用任何形式的戒具。作为维护司法正义和被告人权益的刑事辩护律师，我们迅速向合议庭提出了解除被告人戒具的正式要求。

面对我们的要求，主审法官并未明确反对。然而，现场的法警却以最高人民法院的某项不明文规定为由，反对解除被告人的戒具。我们对此表示疑惑，因为作为专业的刑事辩护律师，我们对此类规定并不知情。于是，我们要求法警提供该规定的具体法律文件名称。出乎意料的是，法警回应称该规定为秘密，不能透露。这种荒诞的回应让我们哭笑不得，同时也暴露出司法实践中的某些不合理现象。

幸运的是，主审法官对此情况进行了及时干预，暂停了庭审。经过短暂的等待，法警最终解除了被告人的戒具。由于没有备用服装，法警指示所有被告人将标识服反穿。虽然这一插曲看似微不足道，但它深刻体现了我们作为刑事辩护律师，在维护法律尊严和被告人权利方面的不懈努力和坚定执着。

在正式庭审时，我们提出了要求检察官回避的申请，理由是检察官未能认真履行其监督职责。为了阐述这一要求，辩护人足足用了一个多小时详细说明回避的理由。面对我们的强硬立场，公诉人在庭上几乎无法提出有效的反驳。法院见状，直接宣布休庭。

在庭审后的大约三天后，公诉人主动致电我，表示经过上级检察机关的批准，愿意将对我当事人的指控罪名从诈骗罪变更为虚假广告罪。但这一变更仅针对我的当事人袁某某和刘某某。对于其他事实，检察院仍然坚持诈骗罪的指控。尽管这对刘某某而言意味着在原本的诈骗罪名基础上又增加了一项虚假广告罪，但由于"上诉不加刑"原则，总刑期不会因此增加。

我们对检察院的这一改变当然表示欢迎，并在得到当事人同意后，迅速调整了辩护策略。我们不再坚持无罪辩护，而是转向为虚假广告罪做罪轻辩护。经过协商，我们与检方达成了一致的量刑建议，即一年七个月至九个月之间。这一建议与当事人已被羁押接近一年七个月的事实相关，即所谓的刑期"实报实销"。最终，法院判决一年九个月。

　　在罪名变更后，检察院和法院担心我们在重新开庭时可能会进行无罪辩护，因此要求我们在庭审前提交辩护词，并不得在庭审过程中改变辩护观点。虽然我们对此感到不满，但为了最大化维护当事人的利益，还是遵守了这一要求，与公诉人和法官紧密合作，顺利完成了正式庭审。

以打促谈：刑事辩护中的程序与实体纠正

　　在我们律师接手案件的常规流程中，首要步骤是对案件的实体法问题进行全面审查。只有在发现案件在实体法上存在明显问题时，我们才会考虑接受委托。与当事人讨论委托协议，是在确认案件实体内容存在争议之后的事情。一旦正式接受委托，我们的工作范围便会大大扩展，不再局限于实体法问题，而是需要全面考虑案件的程序法问题，形成一个综合性的辩护策略，旨在从各个角度为当事人争取最有利的结果。在二审过程中，我们的主要目标往往是促使案件发回重审，以争取更多的辩护时间和更完善的辩护程序。在这一点上，本案也不例外。

　　在二审阶段，我们根据对法官的初步印象和态度，持续提出各种建设性的法律意见，旨在促使二审法院将案件发回重审。我们坚信，只有通过重新审查案件的实体和程序问题，才能纠正其中的错误。在本案中，由于存在大量的程序法问题，二审法官实际上没有太多选择，只能将案件发回重审。以下是一些关键的程序问题。

　　一是一审公诉人未全面举证。在审查一审庭审录像时，我们发现公诉人在举证环节中只宣读了部分被告人的供述，忽略了其他被告人的供述，特别是那些进行无罪辩护的被告人。正当的司法程序要求，所有相关证据，无论是支持有罪还是无罪的，都应被公平地宣读（举证）。公诉人这种选择性的做法接近于渎职，并严重侵犯了我当事人及其他被告人的诉讼权利。

　　二是公安机关隐匿关键电子数据。对于涉嫌诈骗的案件，电子数据通常是关键证据。然而，在我们审查案卷时发现，许多可能证明当事人无罪的原始电子数据公安机关并未提交。我们甚至发现有超过一百多部手机和电脑的数据未被提取，这种隐匿证据的行为是不可接受的。

三是无罪辩护案件被简易程序审理。我的当事人在一审进行了无罪辩护，但庭审记录显示案件以简易程序审理。尽管二审法官声称这是记录错误，但一审庭审录像显示，案件确实是以简易程序进行的审理。

除了上述程序法问题外，实体法上的事实不清、证据不足也是我们强烈要求发回重审的主要原因。在实体法问题上，辩护人不断提出交叉的法律意见。正是在我们律师团队与家属的密切合作下，二审法院最终意识到案件存在的问题，并决定以事实不清、证据不足为由发回重审。发回重审后，检察院对案件的指控罪名进行了变更，这是我们在二审中为当事人争取到一年九个月相对理想判决的关键转折点。

在案件被发回重审的过程中，作为负责任的刑事辩护律师，我们采取了一种"以打促谈"的辩护策略，旨在通过坚定的抗辩推动司法对话。在庭审前的准备阶段，我们与法官和检察官深入沟通，这不仅是为了确保案件审理的公正性和透明度，也为了给当事人争取更有利的审判条件。

在庭审过程中，我们坚持了一种精确严谨的辩护方式。不仅在程序法上进行了细致的争辩，还在实体法的层面上进行了详细的论述。我们从各个法律角度出发，在适当的时机提出有力的辩护意见，旨在揭示案件的真实面貌并揭示其冤案的本质。

我们多次向司法机关明确并强调了我们对此案的看法，努力从法律的角度揭示案件事实，表明这是一起冤案。尽管我们的辩护取得了一定的进展，但在现行的司法环境下，当事人最终还是被判处了虚假广告罪。虽然这一结果并不符合我们的期望，但鉴于案件的复杂性和司法环境的限制，这或许已是在现有条件下能够达到的最佳结果。

重审后的公正判决：案件走向终结

在经历了一系列严谨而复杂的法律程序后，重审的一审法院终于做出了新的判决。当事人被重新认定未构成虚假广告罪，被判处一年九个月的有期徒刑，并需缴纳万元罚金。相比最初的重刑判决，这一新的判决无疑更加公正合理，显示了法院在重新审视案件事实及相关法律后的审慎考虑。

在这一判决正式下达之前，由于我的当事人已达到法定的羁押期限上限，他获得了取保候审的机会，在法院最终裁决作出之前便已重返社会。此外，案件宣判后，另一名当事人对重审结果表示不满，选择提起上诉。然而，经过二审法院的审理，法院最终决定维持原判。

勇气与果断：刑事辩护中的关键合作与努力

在刑事法律领域，每一起辩护案件都充满挑战，要想获得好的结果绝非易事。如果辩护过程过于顺利，那么它可能就不会成为值得记录的案例。这起案件便是一个典型的例子。

在这起案件中，合作伙伴的作用至关重要。在确定这是一起冤案后，为了提高辩护的成功率，我特意邀请了北京执业的何智娟律师加入辩护团队。考虑到从北京到广东的距离较远，我承担了更多的线下工作，包括与二审法官、一审的检察官和法官进行案件阅卷、沟通以及会见当事人等任务。我和何律师的紧密合作，是这起案件能够取得成功的关键因素。

此外，家属的协同配合也至关重要。本案还涉及其他几名被告人，但从他们的辩护策略来看，大多数较为保守。无论是被告人还是他们的辩护律师，无论是在庭内还是庭外，无论是一审还是二审，无论是在程序上还是在实体上，他们似乎都不敢积极地表达自己的主张，尤其是在庭外，他们几乎没有任何声音。在重审结果出炉之前，他们甚至质疑我方当事人及其家属聘请外地律师的决定。

但我们的作风截然不同，采取了更加积极的辩护策略。每一起刑事辩护都如同一场战争，而战争需要勇气和果断，否则难以取得最终的胜利。当然，除了我们律师的专业努力外，当事人的家属也发挥了极为重要的作用。在听取了我们的专业法律意见后，他们意识到，仅在法庭上表达冤情是不够的。在我们的指导下，他们学会了主动出击，向更多的司法机关和相关领导反映当事人的冤情，包括向最高人民检察院和最高人民法院邮寄信件，并在省级和市级各级司法机关积极反映情况。这些努力对案件的进展起到了至关重要的作用。

最后，律师的责任心同样至关重要。我们多次受到当事人及其朋友的称赞，他们告诉我，尽管见过许多律师，但像我们这样尽职尽责的律师非常少见。在这起案件中，我全力以赴，为的就是不辜负当事人的信任。

承办律师

林广军，上海数科（深圳）律师事务所高级合伙人，毕业于兰州理工大学法学院法律系，硕士研究生，深圳律师协会商事犯罪辩护委员会委员。他曾在多个案件中担任辩护律师，并取得了不起诉决定或减刑的结果。

何智娟，北京市汉鼎联合律师事务所的专职律师，毕业于北京理工大学，拥有法学学士学位和法律硕士学位。她曾在商事领域执业多年，后在徐昕教授的指导下转型为刑事辩护律师。她在刑事辩护领域取得了显著成绩，尤其是在无罪辩护方面，她凭借出色的专业技能和敏锐的洞察力，成功承办了多起重大影响性案件。

21 谜案告破，神秘敲诈犯竟是同窗好友
——巨额敲诈精准辩护，原审刑期改判减半

绝望中的求助

2021年初，被告人耿某某被控敲诈勒索，一审判决对其辩解和辩护人的辩护意见不予采纳，认定耿某某敲诈勒索60.5万元，数额特别巨大，判处有期徒刑十一年。其家属几近绝望，辗转多方打听后，前来求助，想委托我代理二审，做最后的争取。我在查阅一审判决书后，又认真听取了案情介绍，认为该案应有较大的罪轻辩护空间，遂同意接受委托，介入二审程序。

欺骗式的借贷

被告人耿某某与被害人段某某原系某中专学校同班同学，关系较好。耿某某知晓段某某经常网贷，便设下骗局，告知段某某如果急需用钱可以从微信"AA小额贷款"处借钱，其愿意用自有车辆提供担保协助贷款。而该微信号系由耿某某通过网络购买来冒名使用，段某某对此毫不知情。

耿某某为伪装身份，通过变声设备冒充贷款公司工作人员，与段某某联络贷款及还款事宜，其间编造名目、虚增款项，并于部分逾期贷款催收时采取威胁恐吓方式，从段某某的借贷中获取巨额利益。自2017年底至2018年8月底，耿某某通过微信向段某某陆续出借款项434 506.38元，段某某一方共计还款1 039 618元，二者差额605 111.62元。

敲诈犯身份揭晓

2018年9月，段某某报警称：2018年8月10日，其被贷款公司套路贷胁迫还款，贷款两次分别为15 000元和1 000元，贷款公司先是拖走了担保人耿某某的车辆，又以非法催收手段（张贴有段某某个人信息的广告、摆花圈、撒冥币、黄纸、放棺材等）为要挟，以逾期费用、利息、拖车费、广告费、人工费、服务费、还车拖车费、催收费等名义逼迫其共计还款上百万元。

因段某某与"AA小额贷款"从未见过面，除了微信号和转账记录外，不能提供隐身催收人的更多信息。公安机关于当日立案，直到2019年6月方锁定耿某某为犯罪嫌疑人并网上追逃，段某某至此才知晓原来神秘的敲诈犯竟然是其同窗好友。2020年8月，耿某某自行到公安机关投案。

囫囵吞枣的一审

一审检察机关提起公诉时，未将双方之间自愿借贷部分进行剥离，简单地将出借与还款的差额作为敲诈勒索的数额进行指控。被告人对指控数额有异议，辩护人作无罪辩护。法院在认定事实时，全盘采信了公诉机关的指控，同样囫囵吞枣地将敲诈勒索数额直接认定为605 111.62元。且以被告人投案后未如实供述为由，不予认定其自首情节，最终判决："一、被告人耿某某犯敲诈勒索罪，判处有期徒刑十一年，并处罚金人民币二十万元。二、责任被告人耿某某依法退赔被害人段某某经济损失人民币605 111.62元。"

崎岖的二审辩护路

因接受委托时，该案已移送到二审法院多日，且当地中级人民法院对多数二审案件存在书面审理的习惯，为避免出现"走过场式"审判，我第一时间主动联系约见二审主办法官，递交辩护手续的同时，向其提出开庭审理申请，并请求给予尽可能多的庭前准备时间。果然，主办法官称其已简单阅卷，认为案件并无问题，正准备作出维持原判的裁定，要求我五日内提交书面辩护意见。再三沟通后，我得以获准两周的阅卷准备时间，但主办法官未答应开庭，只同意认真考虑辩护意见。

因恰逢新冠疫情，各地看守所管理非常严格，且因被告人原羁押的看守所重建，耿某某被转押于其他地区看守所，导致律师会见难上加难。几番联系商请，最终通过视频方式数次会见被告人并核实了证据。

阅卷并核实证据后，我认为该案定性并无问题，但犯罪数额认定和量刑有误，归纳出该案两大争议焦点：一是犯罪事实方面，被害人段某某报案时仅称其在2018年8月10日借款后被敲诈，数额为十余万元，对该时间段之前的借贷并未提及，且其向公安机关提供的微信聊天记录也仅有2018年8月10日之后的内容，此前内容均已被其删除，现有证据不足以证明该日期之前的贷款催收均实施了敲诈勒索行为。一审公检法均仅是将二人之间所有的资金往来进行简单的加减后，认定多出的数额即敲诈勒索数额，该认定方法明显有误。二是量刑情节方面，被告人耿某某系主动到案不存在争议，其到案后供述的内容范围明显受到侦查人员讯问方式的影响，自首情节应予认定。

据此，笔者确定了罪轻辩护思路，即"挖证据、摆疑点、争发还"的九字方案。

在形成初步辩护方案后，我又再次详细梳理了被告人与被害人之间的银行流水，并与言词证据、电子数据等其他证据一一对应，强化辩护意见的可视化效果，在此基础上形成详细的书面意见，随即向二审法官当面提交，进一步阐述了观点。清晰而详细的辩护意见引起了主办法官的重视，其决定将案卷移交市检察院审查。

之后，我又约见二审出庭检察员，提交书面材料并当面沟通，取得了检察员的认可。市检察院出具书面审查意见，采纳了我的辩护意见，指出原判认定全部差额为犯罪数额证据不足，被害人还款是否全部因恐吓、威胁而还，证据上不清楚。本案部分事实不清，证据不足，建议发回重审。

二审法院综合考虑后，依法作出了撤销原判、发回重审的裁定。

擘肌分理的重审辩护

本案发回重审后,我继续接受委托担任重审一审辩护人。庭前,我数次与主办法官进行了细致的当面沟通,同时又与公诉人沟通,但公诉人固执己见,拒不接受我的辩护观点。

为取得良好的辩护效果,我对案件又进行了重新梳理,并形成质证意见、交叉发问提纲,提交了关于被害人出庭、委托专业机构恢复被害人手机数据的申请书,当庭从以下两个方面发表了辩护意见。

1. 公诉机关指控的大部分敲诈勒索数额事实不清、证据不足

敲诈勒索罪是指以非法占有为目的,使用威胁或要挟的方法,强行索取他人财物,数额较大的行为。其基本的行为结构为:行为人对他人实施威胁—对方产生恐惧心理—对方基于恐惧心理处分财产—行为人或者第三人获得财产—被害人财产遭受损失。该罪认定的关键之处在客观方面,即行为人实施的威胁、要挟等手段,是否对被害人形成了足够的心理强制?敲诈勒索的行为对被害人是否足以造成了刑法意义上的急迫性?

按照该罪的一般理论通说及普遍司法实践,此处被害人的恐惧心理必须具有确定性和急迫性,即被害人在面对威胁之时没有任何选择的余地,只有破财才能免灾;如果此恐惧心理在客观上不具有刑法意义上的现实性与急迫性,如果被害人应对胁迫时还具有其他选择性、替代性的处理方式,就应该排除敲诈勒索罪的适用。因此,能否确立威胁行为与交付财物之间的因果关系,便成为确定罪与非罪的理据。

如轰动全国的陈某霖以公布私情为要挟、胁迫明星吴某波支付"分手费"300万元一案,北京市朝阳区人民法院审理后作出判决,认为陈某霖虽有威胁行为,但对于是否接受等关键因素,吴某波仍有协商余地,陈的要挟手段对吴并无紧迫性,因而对该部分财物的取得,陈某霖并不构成敲诈勒索罪。但之后,陈某霖单方违背已达成的"协议",要求所有钱款一步到位,并以继续曝光隐私相威胁,吴某波无奈之下选择报警。与前一阶段相比,这一后续阶段的胁迫程度具有现实的急迫性,吴某波报警行为已经是其被胁迫之下的唯一选择,从而导致双方关系从"自愿给付"转为

"强制索要",同时结合陈所具有的非法占有目的,可以认定其行为性质在此节点发生根本变化,满足了入罪条件。

本案中,2017—2018年,被害人段某某与被告人耿某某之间数十次借贷、还贷,次数多、金额大、资金往来方式复杂,因此,厘清二人之间借贷关系的建立与催贷方式的行为属性,明晰被害人段某某心理受挟制的程度,便成为正确认定耿某某犯罪行为、犯罪数额的前提条件。

在厘清上述问题时,本案有如下八个事实情节需要明确注意。

(1)耿某某尽管采取了冒充他人放贷的方式,但这并不影响段某某基于自主意愿借贷而产生的债权债务关系的成立。也就是说,尽管段某某有误判借贷对象的情形,然而"名甲实乙"的所谓受骗借贷,并不能成为耿某某所有借贷行为均为敲诈的逻辑前提。

(2)有证据证明段某某存在真实自愿的借贷需求,有向包括多个网贷平台甚至朋友借贷的事实,但没有充分证据证明段某某所有的借贷全部是用于偿还之前替耿某某借贷而欠下的债务。并不能排除段某某因存在大量网贷还款需求,从而主动向耿某某假冒的网贷平台借款,用于拆东墙补西墙,却在案发后得知被耿某某的假冒行为所骗,从而将全部责任推给耿某某的可能性。

(3)段某某删掉了其中横跨两个年度的借贷经过的所有聊天记录,只保留了部分耿某某向其非法催收最后一次债务的聊天记录,即保留了部分对其有利的证据,毁灭了可能对其不利的证据。且其前后笔录出现反复,关于借贷对象、借贷原因、还款情况等问题陈述不一,其陈述内容的真实性应予质疑。

(4)段某某自认曾通过父母帮忙,先后多次结清了全部贷款,后来因为:"AA小额贷款"(即耿某某)声称有逾期未还清,所以其不得不又向"AA小额贷款"借贷还债——该陈述欠缺证据佐证,同时严重不符合日常生活经验法则,因为,无论合法放贷还是非法放贷的主体,逾期不还的债务人都是存在严重诚信风险的,一般而言不可能再对这样的债务人发放新的贷款。同时,按照段某某的说法,若"AA小额贷款"一而再再而三地随意认定逾期、屡屡胁迫还款,段某某作为一个正常人,又怎么可能会向这样的恶意放贷者不断主动求贷呢?

（5）卷宗证据显示，段、耿二人从来都是通过微信聊天这唯一交流渠道交流，现实中从未以借贷双方的身份谋面，也即不存在现实真切的接触，这种交流方式，难以对被害人形成切实的紧迫威胁感。段某某也自认，耿某某的威胁催债行为，只有最后持续实施的上门催收、撒放冥币等手段，才真正地对其产生了急迫性的心理强制，使其产生严重的心理恐慌，因而不得不报警求助。段某某的报警行为，一如吴某波最后被迫报警行为，是真正迫切的受胁表现。

这也充分表明，即便如段某某所称，耿某某在二人之前的每次借贷催收过程中都使用了威胁手段，那么这种微信聊天中的所谓手段是不具备此种急迫性的，更何况因聊天记录缺失，段某某的此类说法只是孤立的单方言辞，并不可信。

（6）辩护人提交并经当庭质证确认的借条照片等证据证实，段某某在借贷时，对于利息的计算、违约金的数额、逾期的后果是明确知晓的。在没有充分证据证明其每次借贷当时的主观认知是错误的情况下，应当作出对被告人有利的解释，推定段某某每次借贷都明知至少这三项借贷后果的问题，且自愿接受。

（7）结合卷宗证据，段某某对于拖车费、停车费等费用的承担问题，也许在借贷之时并不明知，但在其删除所有借贷过程聊天记录而侦查机关又没有提取到其他足以佐证其说法的证据的情况下，其是否明知和自愿、耿某某又有没有对相应的几笔贷款实施足以令耿某某恐惧的上门威胁，已经是事实不清、证据不足的情形了，因此，不能仅以段某某的个人孤证径直认定。

更关键的是，残余的部分聊天记录显示，对于催收的各种款项，无论违约金、利息还是停车费、拖车费，在支付时间、支付金额、支付方式等方面，段某某均有着与耿某某讨价还价、进行协商的情形和余地，并不是已经丧失了任何的谈判空间。

（8）卷宗显示，从借贷交易习惯来看，借贷的最小基本单位为100元，但侦查机关调取的二人之间资金往来明细证明，本案中竟然还存在着288元、368元甚至38.38元的借贷金额，这是明显不合常理却没有得到其他任何证据解释的反常情形，更加凸显了公诉机关囫囵吞枣指控敲诈数额的错误。

综合上述，辩护人认为，对于2018年8月中旬这笔催收，耿某某实施了足以使段某某恐惧的上门催收现实威胁，构成敲诈勒索罪毫无疑问，但对于之前的数十笔借贷，借贷时是否约定了利息、违约金及逾期后果、其是否同样实施了上门催收或者威胁效果等同于上门催收的其他手段，证据明显不足，导致事实不清，不能直接认定。公诉机关怠于全面审查案件事实，对案件事实不清、证据不足的情形视而不见，径直采信段某某存在真实性、关联性瑕疵的孤证，一刀切地将本金之外的所有款项均作为犯罪数额认定并指控，是欠缺事实依据的。

2. 在案发后，耿某某能够主动投案，并如实供述，应认定其具有自首情节

犯罪嫌疑人在到案后的供述，很大程度上会受到侦查机关的讯问、引导以及自身表达能力等因素的影响。耿某某到案后，对于基本的犯罪事实是如实供述的，其虽然否认在2018年8月之前的借贷催收过程中实施了敲诈行为，但并未否认全部的借贷、收款的事实，只是基于自己的认知，对此行为的定性进行辩解。即便最终生效判决认定其该时间段的催收行为同样属于敲诈勒索，依法也应当认定其自首情节的成立，最高人民法院的相关规定和指导案例早已明确了"对行为性质的辩解不影响自首情节成立"的裁判规则。

原一审判决未认定耿某某自首情节的错误在于倒果为因，以草率认定的事实为因，由而导致否定自首为果。而如前所述，卷宗证据存在太多疏漏与疑点，原一审判决恰恰在事实认定方面存在错误，没有排除对大部分犯罪数额认定的合理疑点，也因此将错误认定的结果延伸至对自首情节的认定方面。

根据《最高人民法院 最高人民检察院关于常见犯罪的量刑指导意见（试行）》法发〔2021〕21号第三条第六项及河北省高院制定的相应实施细则第十四条之规定，对于自首情节，应综合考虑自首的动机、时间、方式、罪行轻重、如实供述罪行的程度及悔罪表现等情况，确定从宽幅度。本案中，耿某某在得知公安机关追查自己后，于未受到调查讯问也未被宣布采取强制措施的情况下，主动投案自首，动机纯粹、时间及时、方式直接、如实供述罪行的程度全面、悔罪表现良好，且其所犯罪行，以十余万元的敲诈勒索金额而言，并非极为严重，手段上追求的只是以败坏社会名

誉威胁求财，未曾对被害人的人身安全构成威胁，不具有其他严重情节，客观上亦未造成恶劣的社会影响，依法应对其较大幅度地减轻处罚。

重审判决刑期锐减

原审法院重审后作出新的判决，对于公诉机关指控被告人敲诈勒索 605 111.62 元评判为：对于 2018 年 6 月 16 日前被告人是否实施敲诈勒索行为，除被害人陈述外，无其他证据相印证，该部分指控不予认定。认定 2018 年 6 月 17 日起至案发，被告人以拖车、上门催收、贴大字报、撒冥币等手段为威胁，敲诈勒索 177 500 元，本院对公诉机关指控数额予以纠正。被告人虽系主动投案，但到案后未如实供述所犯罪行，依法不构成自首。判决如下：

一、被告人耿某某犯敲诈勒索罪，判处有期徒刑六年，并处罚金人民币七万元。二、责任被告人耿某某依法退赔被害人段某某经济损失人民币 177 500 元。

继续改判的二审

对于重审的判决结果，被告人及家属均喜出望外。因未予认定自首情节，被告人考虑之后，就该问题提起上诉。案件再一次来到二审法院后，辩护人提出，被告人否认 2018 年 8 月之前实施了敲诈勒索的行为，但并未否认全部的借贷、催收事实，属于对行为性质的辩解，应当认定为自首。该观点得到了出庭检察员和合议庭的一致认同，但亦提出因犯罪数额巨大，且未能实际退赔被害人损失，故从轻幅度不宜较大。据此，二审法院作出终审判决，认定被告人自首情节成立，刑期改判为有期徒刑五年六个月。

结 束 语

这个案件从二审介入争取发回重审，到重审一审实现大部分改判，再到第二次二审继续改判，历经坎坷，最终的判决结果由原判处的十一年有期徒刑，并处罚金二十万元，变更为判处有期徒刑五年六个月，并处罚金七万元。敲诈勒索数额由60.5万元减为17.7万元，刑期减半，可以说实现了有效辩护。

通过办理本案，对于二审案件的辩护，我有以下三点体会。

一是与时间赛跑。各地二审刑事案件普遍存在书面审、开庭难的问题，走过场式二审现象严重，近年来施行的各种考核更是加剧了这一痼疾。有鉴于此，我认为，律师介入二审后，一定尽可能快地完成阅卷、会见核实证据、与主办法官当面充分沟通等工作，重视二审案件优先等级，避免主办法官过早形成先入为主的认知。

二是要精准辩护。除了"快"之外，同样重要的是辩护人精准"挑毛病、找问题、抓焦点"的能力，辩护人要善于找出一审判决错误的突破点，无论是事实认定错误还是法律适用问题或程序违法，以一个显著的问题引起二审法院的重视，从专业性方面取得法官信任，便更容易为后续辩护做好铺垫。

本案中，我正是通过对卷宗证据抽丝剥茧的研究，抓住大部分金额的认定事实不清、证据不足的突破口，用清晰有形化的辩护意见放大疑点，使疑点得到办案人员的重视，最终实现了辩护目的。

三是要讲究沟通策略。二审法官并非天然排斥辩护人，但因种种现实因素，普遍存在着"重视实体错误、轻视程序违法"的认知现象，反感排非，抵触一味程序辩护，且鉴于案多人少又高压考核结案的司法现实，他们往往在粗略翻阅卷宗证据后便作裁判。因此，我建议在沟通时，首提实体纠错，次提法律适用纠错，后提程序纠错。除了体现恪尽职守的工作态度外，还要表现出能够换位思考的关切态度——如实体错误不得到纠正会导致责任追究、事实不清的，若能发回重审则可以兼顾纠错与结案考核等，往往能够有助于辩护人与二审法官的沟通效果。

此外，辩护人沟通表达辩护目的时若能拟定好表达顺序，以温和沟通、虚心探讨、诚恳交换意见的态度，先使自己得到认可，再争取观点得到认可，则通常会更容易被二审法官接受，避免甫一接触便抛出全部观点要求纠错改判，引发法官"自尊受损"和"体系维护"的潜意识，导致沟通变成对抗。

承办律师

孟凡宁，河北国途律师事务所创始合伙人，河北省首批刑事专业律师，河北省律师协会刑事法律委员会委员，邢台市律师协会刑事专业委员会副主任。专注刑辩近20年，曾成功办理多起无罪案件、部督案件。

侯爽，河北国途律师事务所管委会委员，刑事业务部副主任。

22 涉恶两罪并罚被判四年半，二审改判缓刑

本案系一起指控多人犯罪的涉及车辆抵押贷款的"套路贷"涉恶案件。当事人韩某某在其中负责财务工作，被指控诈骗罪、敲诈勒索罪两个罪名，有自首情节。韩某某与家属追求缓刑结果。我作为辩护律师接受委托介入案件是在检察院审查起诉阶段。在该阶段，我和助理多次与经办案件的检察官沟通，就定罪量刑交换意见，提出无罪辩护观点，但检察官坚决不接受无罪观点，认为涉恶案件不存在无罪辩护的空间，且同案已经判决，希望辩护律师不要做无谓抗争，并要求尽快接受认罪认罚。经过多轮沟通，双方仍无法达成认罪具结。检察官快速将案件移送法院（未经退回公安机关补充侦查），同期移诉的六名被告人中，仅韩某某未签署《认罪认罚具结书》。案件移送到法院后，发生了戏剧性的两幕：一是庭前会议上法官表现了对唯一未做认罪认罚当事人的辩护律师的不尊重，质疑律师未完成阅卷，并质疑辩护律师提交的申请文书的动机；二是一审法院在辩护律师进行无罪抗争情况下，经过一整天的庭审后，建议控辩双方重新考虑达成认罪认罚具结，但在控辩双方听从法庭建议达成认罪认罚具结，辩方放弃无罪辩护，庭审高效完成后，一审法院又超出认罪认罚具结刑期重判韩某某。一审判决韩某某诈骗三年、敲诈勒索罪三年，数罪并罚四年六个月。

庆幸的是，本案二审遇到了一个司法理念先进的合议庭。二审法庭充分保障上诉人的诉讼权利，积极回应辩护律师的调查取证申请，认真考虑了辩方申请的有专门知识的人的专业意见，甚至同意安排分案审理的同案

犯到庭对质。本案二审法庭真正践行了"庭审实质化"。最终二审法院改判韩某某诈骗罪两年六个月、敲诈勒索罪两年六个月，数罪并罚三年并适用缓刑。

案情简介

本案案发在温州。2015—2019 年，被告人韩某某系一服装公司财务人员，因公司老板另开办车贷公司，应老板要求一同处理车贷公司财务事项。该车贷公司成立风控、车辆评估、拖车变卖、违约谈判等不同部门，而韩某某主要负责会计方面事项，包括登记贷款人员信息、统计还款、计算员工工资、招聘财务人员、对财务人员进行日常管理、教其他财务人员做账等工作。后因车贷公司涉嫌"套路贷"被立案侦查，相关人员涉嫌诈骗罪、敲诈勒索罪等罪名，整案被定性为涉恶案件。2020 年 3 月 23 日，韩某某到公安机关自首；次日，被侦查机关刑事拘留，并被羁押在看守所。在韩某某到案之前，同案犯公司老板、部分高管已获刑。

办案过程及心得体会

1. 辩护方案及时确立并积极沟通

虽然是在审查起诉阶段才接受委托的，但在非常有限的时间内，我及时明确了辩护策略。2020 年 3 月 23 日韩某某到案自首，次日被刑拘，4 月 23 日被逮捕，6 月 20 日案件移送审查起诉。审查起诉期间，我阅卷仅 20 天，其间经办检察官便催促着做"认罪认罚"。在详细阅卷并与韩某某当面沟通后，我快速形成初步辩护意见，并在与检察官初步沟通下，争取到检察官对两个罪名各两年六个月的精准量刑建议，变更为各两年至三年幅度量刑。检察官认为韩某某的行为除记账之外，还有招聘、分工等管理行为，应被认定为"财务负责人"身份。韩某某无法接受该量刑建议，认为自己与出纳王某的行为相当，且工资更低，因此不同意认罪认罚具结。辩护人则坚持无罪辩护，并围绕韩某某是否属于"财务负责人"补充了辩护意见，并在移诉之前再次与检察官充分沟通（包括数次电话沟通），虽然最终未达成认罪认罚，但检察官在起诉书中并未认定韩某某为

"财务负责人"。最终,案件未补充侦查,便被提起公诉,检察院对韩某某的量刑建议两个罪名刑期各为两年六个月至三年六个月。

"认罪认罚"制度出现后,审查起诉阶段的沟通与辩护往往奠定了案件的最终走向,量刑建议的刑期往往与最终判罚大同小异。因此及时阅卷之后,对案件的定性及可能的刑期,辩护律师应当结合近期当地法院的类案判例等作出理性评估。并在预估刑期基础上,以更好的结果作为与公诉人沟通争取的目标,第一时间与公诉人沟通。本案当事人及家属追求缓刑结果,但面对两个罪名的指控,又是涉恶案件,难度可想而知。涉恶案件在扫黑除恶政策背景下,想要获得案件无罪或不起诉效果难于登天,但不妨碍我以不起诉作为沟通目标。本案因案卷多且未退回公安机关补充侦查,我两次书面提供辩护意见(另多次电话沟通)。第一份辩护意见以整体定性辩护作为重点,以不起诉作为目标,围绕"套路贷"性质与特征、诈骗罪及敲诈勒索罪犯罪构成要件、"恶势力"认定展开辩护,同时论证韩某某的具体财务行为不属共犯行为,不构成相应犯罪。除了亮明辩护目标之外,第一份辩护意见往往带有"试探"之意,用以了解公诉人对案件的整体看法与公诉方向。公诉人往往有着对案件构成犯罪的坚定看法与先入为主的认知,想要说服他们并非易事。第一份辩护意见很难说服公诉人,但可以试着说动、引导公诉人朝着对当事人有利的方向指控。就本案第一次辩护意见沟通时,公诉人即提出对韩某某的两罪各两年六个月量刑建议,理由是韩某某参与时间久,除记账外还有招聘、安排分工等,属于传授犯罪方法行为,身份系财务负责人。虽最终双方未达成一致意见,但第一次意见沟通我已经了解了公诉人入罪及量刑思路。针对公诉人的意见,我迅速起草了第二份辩护意见书,围绕韩某某是否为财务负责人身份进行论证,具体分析至各个行为、公司事务参与度,以及与另一名财务人员王某(取保)的对比分析,以证明其非财务负责人的身份。沟通第二轮辩护意见后,公诉人仍然坚持无法给出缓刑的量刑建议,双方未达成认罪认罚,但沟通已取得一定的成效,原起诉意见书及沟通过程中公诉人认定的韩某某财务负责人的身份在起诉书中并未予以认定。

2. 无罪辩护在庭前会议中不受待见

本案系涉恶群体性案件,案涉事实多达100多起,起诉书长达100多页,一审主审法官同意召开庭前会议,通过对无异议的犯罪事实进行确认,以实现提高庭审效率的目的。由于其他六名被告人均认罪认罚,仅韩某某做无罪辩护,因此庭前会议上法官一开始对我这个辩护律师就抱有成见。法官一进庭前会议室,就先说韩某某的自首不一定能够认定,企图给我这个辩护律师一个下马威,并进一步质疑我是否已经充分阅卷。就法官的不负责任言行,我提出抗议,要求法官道歉,庭前会议一度陷入僵局。

当然,辩护律师作无罪辩护,必须有的放矢。经详细阅卷,我发现,案件证据体系上存在重大问题:①绝大多数被害人笔录中都描述对车贷利息费用金额有完全告知,部分被害人多次偿还完继续贷款,甚至部分被害人认可车贷公司的贷款方式,陈述与"套路""虚构事实隐瞒真相"定义不吻合;②笔录显示业务员对于本息的收费方式的告知,有全程录音,表明未隐瞒,而在案证据中录音证据缺失;③仅12名被害人附有相关车贷材料证据,该证据可显示本息收取方式,被害人均签字确认;④车辆抵押系到民间借贷服务中心做抵押登记公证,表明具备合法性,但无在案抵押登记材料;⑤部分被害人转账记录缺失。为此,我在庭前会议前后共提出多份申请,包括调查取证、证人出庭、被害人出庭等。因韩某某未认罪认罚,我以无罪思路进行庭前会议的沟通,认为案件事实及证据均显示不存在诈骗及敲诈勒索行为。被害人未陷入错误认识或因恐惧交付财物,部分被害人陈述认可贷款,甚至有部分被害人存在多次还款完毕又重新贷款的情形。为此,辩护人申请90多名被害人出庭,希望查明被害人签订贷款协议时的主观心态。在案证据中的车贷合同、录音等显示:车贷费用的收取、利息计算方式均已明确告知贷款人,被害人不存在错误认知。但一审法官似乎已认定本案系一起无争议的"套路贷"涉恶案件,反感辩护人的诸多申请,设置障碍要求针对每一被害人的具体申请事实与理由,要求重新提交书面申请。对法官的该种要求,辩护团队于一周之内共整理了一百多名被害人的材料,前后共计提交了10多份书面申请。

无罪抗辩的案件,需要辩护律师在庭前会议中坚定信念。随着庭前会议制度的不断完善,较为复杂的刑事案件普遍启动庭前会议程序。传统的刑事辩护重心为庭审辩护,即在庭审中从事实、证据和法律适用层面对罪之有无、罪之轻重等进行辩护。随着我国刑事诉讼制度改革,刑事辩护重心前移,庭审前的庭前辩护的重要性变得不容忽视。除侦查、审查起诉的庭前阶段，庭前会议也成为重要的辩护阶段。庭前会议具备多种功能，有经验的法官通过庭前会议可以提前收集（或部分解决）诸如管辖争议、回避、是否公开审理等程序问题，还可以要求辩护律师就非法证据排除申请，证人出庭作证申请，收集、调取新证据申请等事项进行辩护意见的表达，并听取公诉人的回应意见。而辩护律师也可以借助庭前会议，进一步了解法庭对程序性事项的处理意见，并可以充分提出程序性权利保障的诸多请求，还可以就定罪证据严重不足的案件要求检察院撤回起诉。庭前会议中通过证据目录及证明体系的展示与说明，询问控辩双方明确指控事实中无争议部分及争议的焦点等，能够提升开庭的效率。

本案中，因韩某某未认罪认罚，我以无罪辩护作准备，考虑到扫黑除恶的政策背景，以及部分分案审理的同案涉恶罪名判决，"辩护人醉翁之意不在无罪辩护"，而在于拉低及平衡当事人在整个共同犯罪中的刑期这一现实目标。当然以无罪辩护切入，需要具备法律上站得住脚的犯罪构成要件缺失，以及事实及证据基础，否则会适得其反。

3. 控辩双方在法官的建议下达成认罪认罚具结，结果却出乎意料

一审第一次庭审一开始，因为法庭未回应辩护律师提出的调查取证申请，也未做任何书面或口头回应，且审判长在告知庭审程序过程中，并未询问是否有回避申请，我提出程序存在瑕疵。审判长听取意见并询问我是否有回避申请。我回应道，因为之前提出的调查取证申请，法庭并未作出回应，不知道法庭是否同意调取相应证据。在未获得法庭的答复之前，暂时不申请法官回避。审判长对我的表态，反复追问："是否申请回避？""不要模糊表态，明确回答法庭。"而我坚持暂不申请回避，是否申请回避以法庭是否支持调取证据再定，并向法庭说明申请回避的理由是《中华人民共和国刑事诉讼法》第二十九条第四款规定的"与本案当事人存在其他关系，可能影响公正处理案件的"。最终，法庭调查进行了一整天。在一天的庭审结束前，审判长主动询问韩某某不认罪认罚的原因及对量刑的期望，同时希望并建议在第二次开庭审理前双方达成认罪认罚协议。后控辩双方在法庭的建议下，经过多轮沟通，最终对韩某某涉嫌的两个罪名量刑建议从二年六个月至三年调整刑期均为二年，为缓刑判决留有余地，并在第二次庭审前达成双方签署了认罪认罚具结。庭审也基于全部

被告人均认罪认罚，辩护方不再进行无罪抗争，第二次开庭高效结束。不久，本案迎来了一审宣判，令人意想不到的是韩某某涉嫌的两个罪名分别被判处三年，合并刑期四年六个月！

二审庭审实质化，以事实为基础的扎实推进

本案绝望中见希望。一审宣判后，韩某某一度在看守所中以泪洗面，会见时无法有效沟通。家属上诉坚决，并希望韩某某振作精神提起上诉，但韩某某完全丧失了信心。经多次会见、耐心沟通后，韩某某在不抱很大希望的情况下，提起了上诉。幸运的是本案二审遇到追求庭审实质化的合议庭。二审法官充分保障上诉人的诉讼权利，对辩护律师的调查取证申请、证人出庭作证申请、同案犯对质申请均予以积极回应。就韩某某是否系"财务负责人"这一核心事实问题，在二审的法庭获得了充分的辩护，真正践行了"庭审实质化"。最终二审法院未认定韩某某"财务负责人"的身份，于2021年3月31日，二审法院改判两个罪名分别量刑二年六个月，数罪并罚三年并适用缓刑。宣判当日韩某某走出了看守所。

众所周知，刑事案件二审开庭率低，书面审理则基本上维持原判。因此让二审法官选择开庭审理是案件成功的第一步。而一份扎实专业的上诉状，是二审开庭审理的敲门砖。除此之外，需要在原审框架之外，进行新的事实或证据的补充，以建立起辩方证据及事实体系，动摇二审法官对原审判决的事实认定。为此，辩护人围绕一审认定的"财务负责人"身份咨询了多名专业财务人员，包括注册会计师等。在会见过程中，辩护人意外了解到税务局系统内会登记企业财务负责人身份，与当事人核实后，申请二审法院调取，发现案涉车贷公司财务负责人员登记非韩某某，则名义上韩某某便非财务人员身份。除该新证据之外，经沟通，咨询的其中一名上市公司财务负责人愿作为专家证人身份向法院提供证言，二审法官充分保障了辩护人、被告人的各项权利，围绕公司财务负责人具体事实工作对专家证人进行了问话并记录在案。新证据固定之后，辩护人向二审法院提出证人出庭作证申请（原审已提出），申请有专门知识的人出庭作证，申请被分案审理的韩某某的两名老板出庭作证，确定公司是否曾任命韩某某为财务负责人。此外，我提出了对于财务人员中立性行为在刑事犯罪中不应

加以重刑的观点，以进一步说服法官。最终二审顺利开庭，并改判缓刑。尤其难能可贵的是，本案二审法官真正贯彻了"以审判为中心"，不但安排了韩某某与分案审理的同案两名主犯（通过视频参与庭审）当庭对质，还对辩护人的调查取证申请进行了调查核实，充分听取了有专门知识的人的专业意见。

刑事二审案件经验谈

韩某某案件之后，我总结了二审案件的辩护经验，也许存在偏差，却是切身体会。

（1）刑事上诉状必须精练有力、切中要害，改判理由充分且问题无法回避。为了引起二审法官的关注，我给上诉状取了个标题《她只是一名兼职会计》，以体现韩某某涉案的间接性、附随性。而上诉状的第一部分直击"认罪认罚具结是法官促成又被法官否定"这一抓手，表述为"司法公信力层面，欺骗不应当发生在法庭上"，分两个层面论述"欺骗"所在：一是情理上，原审法官促成认罪认罚又重判对庭审参与者的感情上存在欺骗；二是规范上，判决不采纳量刑建议缺乏法律基础，原判是对认罪认罚案件量刑建议的不当调整。根据《中华人民共和国刑事诉讼法》第二百零一条"对于认罪认罚案件，人民法院依法作出判决时，一般应当采纳人民检察院指控的罪名和量刑建议，但有下列情形的除外：（一）被告人的行为不构成犯罪或者不应当追究其刑事责任的；（二）被告人违背意愿认罪认罚的；（三）被告人否认指控的犯罪事实的；（四）起诉指控的罪名与审理认定的罪名不一致的；（五）其他可能影响公正审判的情形"，该条款更多的是对认罪认罚被告人的权益保障。本案韩某某在法庭上彻底认罪认罚，未有上述情形，且系在原审法院的建议下达成认罪认罚，原审不采纳量刑建议，有违法律规定。

（2）要抓住机会与二审法官有效、充分地沟通，摸清法官审判思路与关注重点，提前做好应对准备。辩护律师在二审辩护过程中，需要尽可能和主审法官多沟通，甚至创造沟通的条件。如，可以借助提出一份书面调查取证申请，电话联系法官，问询法官是否收到了申请，并借机对案件进一步的审理安排进行沟通。虽然法官工作繁忙，但一般不会拒绝沟通。而沟通可以让法官更加关注这个案件，也可以让辩护律师提前知道法官办理案件的进度，尤其是可以提前获知法官对案件的一些想法，并进一步补强相关证据或相关说理。

（3）要寻找新证据、激活证人证言，有专门知识的人的专业意见有时起到决定性作用。本案中，我申请了一名上市公司的财务负责人就"财务负责人"这一专业身份进行了详细说明。二审法官同意该有专门知识的人作证，使得法官对"财务负责人"这一专业问题有了进一步明晰的认识与判断。此外，我向二审法院申请调取财务报表。经过调查获知，向税务机关报送的财务报表上需要填写财务负责人的名字，而韩某某并不存在相应的被填写为财务负责人的行为。二审法院调查核实了该份申请，进一步强化了非财务负责人的新证。新证据、新证人是二审获得改判的关键所在。

（4）要清醒认识法官始终是以实体问题为考虑基点，仅程序问题、证据瑕疵难以撼动二审法官。辩护方案需要以实体无罪、轻罪为抓手，辅以证据、程序问题多角度展开。我国的刑事司法实践表明，一个案件的二审改判仅仅是由于一审程序存在问题，或证据存在重大瑕疵是远远不够的。法官对案件实体的认识仍然是案件是否存在改判空间的关键，对此，辩护律师必须有充分的认知。需要进行组合拳式辩护方案的推进，以程序、证据存在的问题，进而展现事实版本的其他可能，才更容易说服法官。

（5）要有取有舍，围绕核心问题集中发力。案件中的某些细枝末节有时可以放弃，方便法官撰写二审改判的裁判文书，且庭后宜及时提供重点突出的书面二审辩护词。本案中，二审庭后，就韩某某是否是"财务负责人"在辩护词中展开了原判认定事实错误的多角度、系统性论证。首先，原审判决对财务负责人的认定自相矛盾。判决书既采纳辩护人的意见认为财务人员因没有接触被害人等"作用相对于业务员较轻"，又认定韩某某为财务负责人是自相矛盾的，财务负责人的作用必然大于一般业务员（从量刑可知）。之所以会最终认定韩某某是财务负责人，核心原因在于存在着整个案件应当有个"财务负责人"的指标预设或断定，并错误兑现目标，有违法治思维。辩护词从文义视角、专业视角（有专门知识的人从专业视角切入）、《中华人民共和国公司法》《中华人民共和国会计法》等规范视角、形式与实质视角（是否有任命、对外宣称等）、作用比较视角（参与财务工作的同案间）等角度展开论述，充分揭示了韩某某并非财务负责人。

（6）要重点考量量刑均衡是案件改判的一个重点、难点问题。二审案件辩护的一个重大切入点是同案之间的量刑平衡。在共同犯罪中，存在同案间就相关事实相互扯皮的情况，此时，需要注意来自同案犯的压力。同案量刑均衡是一个刑事案件的基本公正要素。而不少共同犯罪案件中，同案犯之间难免推诿扯皮，尤其是分案审理的同案就相关共同犯罪的事实已经被认定情况下，想要改变该部分事实的认定，非常之难。此时，需要通过激活分案审理的同案到庭对质，或利用其他方式追求事实的澄清。

（7）要充分认识到在现有的司法政绩观、考评机制下，如要改判，二审法官会面临诸多压力。二审案件的改判，不仅仅体现了法官的专业技能与公正品质，还体现了审判智慧与责任担当。辩护律师需要站在法官的角度思考问题，给各方有台阶下——仿佛改判是由于新问题的发现而非原审的疏忽。

回顾韩某某案，在收到二审判决书的时候，我发现二审判决书中对律师的辩护理由都不予支持，但在不予支持的理由中零星几句点到了事实认定的变化，并以退出违法所得作为改判的新的事实和理由。实质上，二审辩护我们做了大量工作，包括申请有专门知识的人到法院作证、申请调取了新的证据，甚至为了二审法官书写判决书便利而放弃了部分上诉理由的坚持。另外，二审法官为了进一步查明案件事实，将分案审理的同案犯通过视频参与庭审接受询问（一审辩护人提出过申请未获准许，二审法官主动安排难能可贵），安排未上诉关联重要同案犯到庭参与诉讼。二审法官对上诉人诉讼权利的保障以及为了查明案件事实所做的努力都没有体现在判决书中。无论是二审法官的努力，还是辩护律师卓有成效的准备工作，在判决书中仅仅轻描淡写一笔带过。这或许就是中国特色刑事司法实践的产物。但不得不说，该判决充分体现了二审法官的中国式智慧。

承办律师

汪廖，浙江东瓯律师事务所管委会主任，法学博士，浙江省律师协会刑事专业委员会委员，浙江省律师协会首批律师专业能力评定律师（刑事类），温州市法学会刑法学研究会副会长，温州市律师协会刑事专业委员会副主任。

23 王某污染环境二审改判案

案 情 简 介

2017年8月—2018年5月,被告人王某在其家中设立医疗废物加工点,从网上收购医疗废物进行加工粉碎并对外销售。2018年5月8日,该加工点被某市环境保护局查获。经现场称重,查获的使用后一次性医疗输液软管、使用后一次性医疗注射器、针头及病人使用后的一次性盆具等医疗废物共计18.989吨。经环境保护局认定,上述医疗废物属于危险废物。

另查明,现场查扣的18.989吨医疗废物已交由某公司进行应急处置完毕,处置费用共计83 551.6元。由被告人王某缴纳30 000元,由某镇政府缴纳53 551.6元。

一审法院认定王某触犯污染环境罪,判处一年有期徒刑,并处罚金人民币一万元。王某在一审判决不久后被原审法院决定逮捕。

辩 护 意 见

接受委托后,我根据王某的陈述,为其提出了两点主要上诉理由:现场查扣的18.989吨医疗废物的处置费用由上诉人全额支付;上诉人已经制定了《关于采取环境保护措施的计划书》,将以实际行动落实环保计划。

随后,作为辩护人,我又指导王某和家人制作环保宣传横幅,落实各项环保计划并拍摄照片,进行证据的收集和整理,并根据这些新的证据向二审法院提出了以下辩护意见:

1. 现场查扣的18.989吨医疗废物的处置费用83 551.6元是由王某全部承担的。二审阶段中，原公诉机关提交的证言以及王某名下的江苏农村商业银行卡尾号为××××银行流水相互印证，证明了王某所在的村民委员会出于对王某平时遵纪守法以及王某家庭经济状况等情况的了解，于2018年×月×日借款53 551.60元给王某缴纳废弃物处置费的事实。

2. 王某在深刻认识到自己的行为对空气、土壤、水体都会造成破坏后，制定了一份翔实可行的《关于采取环境保护措施的计划书》，并带动全家人一起行动，一步步落实环境保护计划。他和家人克服经济困难，积极筹资租用挖掘机清理废弃坑塘，既治理了污水污染又便于灌溉。他还自费制作环保宣传条幅、更换村里垃圾桶、积极参加公益活动……并且发自内心决定将环境保护作为自己的终身公益事业。

辩护人认为，我国刑法不仅是惩罚犯罪的有力武器，而且也起着教育的作用，是教育和改造罪犯的有效手段。请求二审法院根据以上情节结合王某犯罪的主观恶性较小，其之前一直遵纪守法，无任何不良记录，并且自愿认罪认罚，已经缴纳一审判处的一万元罚金和王某在一年的取保候审期间遵守相关规定，随传随到的表现，本着教育与惩罚相结合的原则，改判对王某适用缓刑，给他改过自新、投身公益、自我救赎的机会。

二 审 改 判

上诉人的上诉理由和辩护人的辩护意见得到了二审法院南京市中级人民法院的采纳。但遗憾的是，由于受新冠疫情影响，二审法院提审上诉人的时间被迫一再推迟。至二审判决作出时，王某已被关押近七个月。最终，二审法院撤销一审判决，改判有期徒刑七个月。并处罚金人民币一万元。

一审判处有期徒刑一年，二审改判有期徒刑七个月。处于新冠疫情防控的特殊时期，虽然没能实现改判缓刑的上诉目标，但我和我的委托人还是能理解和接受的。

承办人：

孙金萍，上海申浩（淮安）律师事务所主任，南京大学法学院法学学士，国家二级心理咨询师。主要业务领域为刑事辩护。

24 两年四审
——记一起刑事自诉案件的无罪辩护

背景：十年连理，反目成仇

曾几何时，老板黑总和老板娘白总是员工小红心目中的才子佳人，二人结婚十余年，家庭和睦，共同设立的 A 公司规模也日益壮大，还成立了多家关联公司。经过多轮融资，黑总在 A 公司持股 70%，白总持股 8%，夫妻在 A 公司长期处于控股地位。

天有不测风云。2020 年，黑总因涉嫌巨额行贿被某市监察委员会留置九个月，A 公司亦因涉嫌单位行贿被立案调查，后黑总被变更强制措施为取保候审。为降低负面影响，黑总决策打造具有替代功能的 B 公司，并陆续安排 A 公司的部分员工（包括小红）、非涉案业务及资产转移至 B 公司，由夫人白总担任 B 公司法定代表人。实质上，A、B 及多家关联公司依然是集团化运作，白总也依然是 A 公司及关联公司的股东、监事，一直与黑总共同经营管理 A 公司。因此，A 公司和 B 公司分别租赁了同一办公楼层且相互联通的两个办公区域办公；为便于工商登记，A 公司和 B 公司也分别登记在该大厦同一层两处相邻的房号。

当全体员工逐步落实黑总对集团公司的一系列调整和决策时，黑总和白总因夫妻感情问题发生了隔阂与纠纷，黑总做出了诸多不可思议的举动，包括：对外矢口否认自己此前的决策行为、半夜撬开白总的保险柜拿走印章、不当地要求同一集团的员工之间"划清界限"、将公司资产擅自交由个别"心腹员工"保管和处理，甚至在白总不知情的情况下突然组织办公室搬迁等。

直到 2021 年，因不明人士到办公场所闹事，员工小红报警，警方到场后黑总才出面声称系其雇佣保安来看管"自己"的公司。最终经派出所调解，白总和黑总签署了调解协议，约定双方达成和解，承诺各自公司的保安负责看管自己公司的财物（A 公司归黑总管、B 公司归白总管），双方再另约时间进行公司的清算与分割。

调解之后，黑总并未罢休，又安排 A 公司针对白总、小红等 B 公司人员提起了一系列的刑事控告和民事诉讼：包括以 A 公司的名义提起对白总、小红涉嫌侵占罪的自诉案；向公安机关控告白总、小红涉嫌职务侵占罪；向仲裁机关提起针对多名 B 公司员工的劳动仲裁。此外，黑总本人还向法院提起了对白总的离婚诉讼，由黑总操纵提起的各类相关诉讼共计 20 余起。

就是在这样的背景下，忠赢律师团队的几名律师受托以白总、小红辩护人的身份介入办理本案，主要负责应对处理涉及刑事控告的部分。本文着重讲述刑事自诉案件跌宕起伏的办理过程。

过程：两年四审，一波三折

一审法院在接到 A 公司的立案申请后，很快作出了裁定。认为"涉案的会计凭证、会计账簿、财务会计报告等会计资料以及大部分证照、公司印鉴、银行 U 盾等财物尚未达到侵占罪的数额标准"，故裁定不予受理此案。A 公司不服提出上诉，并举证部分印章以及财务软件的购买记录和金额发票，以此证明数额达到了立案标准，请求二审改判。

由于恰逢新冠疫情，案件审理期被迫拉长，二审法院终于在半年后作出了裁定：撤销原一审"不予受理"的裁定，指定一审法院立案受理。这个结论让辩护人颇感意外，被告人更是觉得十分委屈。经与承办法官沟通，原来，二审主要是基于最高人民法院的"立案登记制"规定，认为一审不予受理的裁定由立案庭径行审查不当，应由刑事庭审理裁决。原本跟本案实质认定无关的一纸程序裁定，却被黑总利用并大做文章。黑总故意曲解裁定书内容，在公司内部和客户群中，甚至包括向儿女的老师大肆宣扬白总、小红等人是犯罪分子，已被"刑事立案"，即将被认定构成犯罪并判刑，影响十分恶劣。

一审法院正式立案后，A公司的代理律师提交了大量证据，并且将涉嫌侵占的对象范围扩大到滞留在办公场所的办公桌椅和电脑等物品，金额累计达到40多万元，构成了刑法关于侵占罪规定的"数额巨大"。黑总还多次向法院的信访部门投诉，以此向合议庭施加压力。对此，一审法院也特别慎重，不仅专门组织庭前会议交换证据及审理。半年后，一审法院正式下达刑事裁定，驳回A公司的起诉。A公司不服，提出了上诉。二审法院组成合议庭进行书面审理，多次听取各方意见，于一年后作出裁定，最终驳回A公司上诉，维持一审裁定。

此案前后历时两年多，作为被告人的辩护律师在案件办理中，经过多轮证据收集、证据交换、现场走访以及法律论证和庭审辩护等工作，终于还了当事人的清白。虽然过程曲折艰辛，但是结果终遂人愿。

辩护：去伪存真，直击本质

常言说：清官难断家务事。本案系由家庭夫妻矛盾引发的系列案件之一。律师初涉案件，当事人陈述以及双方提交的资料显示，可谓"公说公有理，婆说婆有理"，案情着实扑朔迷离。辩护律师团队经过抽丝剥茧，抓重点、看本质，弄清本案实际上是A公司的股东黑总、白总间因婚姻感情不和引发的侵占案。黑总以A公司的名义提起刑事自诉，系利用刑事手段插手"夫妻纠纷"，企图逼迫白总同意离婚，并在财产分割、子女抚养等方面获益。而小红仅仅因为其是白总公司的重要员工，被无端卷入夫妻纠纷，受到了牵连。

明确辩护目标之后，针对自诉人的指控，辩护人着重围绕以下几方面进行了辩护。

1. 被告人白总、小红从未保管涉案财物，不具有构成刑法所规定的侵占罪的前提条件

依照刑法第二百七十条的规定，侵占罪是指将代为保管的他人财物或者将他人的遗忘物、埋藏物非法占为己有，数额较大，拒不退还的行为。

结合本案，A公司主张被侵占的财物包括三部分：①财务记账使用的

财务软件；②一众公司的"章证照"；③办公桌椅和电脑等。显然，以上财物不属于遗忘物、埋藏物，因此本案的考量焦点在于：被告人白总、小红对以上财物是否实际形成了代为保管的法律关系。换句话讲，如果要指控白总、小红构成侵占罪，A公司首先需要证明二人对涉案财物存在保管和控制的事实，而且这种保管和控制还必须具有现实性，并不包括曾经保管和控制过的状态。然而，白总、小红无论是在长期任职的A公司还是在后设立的B公司的工作职责中，均不涉及具体的财务以及办公物品保管之职，也不存在因具体工作事项实际保管和占有上述财物。具体而言：

（1）A公司举证证明白总、小红侵占价值两万多元的某财务软件，但该财务软件本属于电子产品，且安装于电脑中，实名绑定后财务人员仅需输入账号及登录密码后即可进行财务操作。A公司的财务人员可以重新下载软件、安装和操作，哪怕是前财务人员不交接密码或者忘记密码，还可申请重置密码，完全不影响A公司对该软件的正常使用。因此，该财务软件不可能成为"拒不返还"的侵占对象。更何况白总、小红在A公司并不负责管理财务部门，该软件根本不可能被侵占。

（2）对于A公司举证证明涉案多家关联公司的"章证照"等办公物品被侵占的事实，价值小计为三万多元，但基于上述物品经常处于流动保管及其使用特点以及两家公司散放混管的状态，A公司没有任何客观证据证明曾将上述涉案财物全部或者部分交由白总、小红负责和固定保管。

另外，A公司（黑总方）在矛盾发生后具有通过撬保险柜、搬柜等方式强占涉案财物的行为，导致部分涉案财物目前仍下落不明。A公司一方面指控白总、小红侵占章证照，但另一方面又去登报公告关联公司的证照挂失事宜，自认相关章证照被涉案公司人员"保管不善丢失"了，说明"章证照"等标的物品根本不在白总和小红处。A公司的行为不仅自相矛盾，而且指控属于贼喊捉贼。

（3）对于指控侵占的办公桌椅、电脑等财物，白总和小红也同样不负有保管义务，相关财物至今仍在A公司的控制之中。A公司在自诉状中已经自认了办公大厦两部分曾以A公司和B公司名义分别租赁，同时由两家公司共同使用，双方一直使用到2021年后由双方保安共同看守，且现场安装了24小时监控摄像头，场地内的办公资产（包括办公桌椅、电脑等)至今仍然处于共管状态(从 A 公司提交的证据图片也清晰显示这些办公桌椅仍留在原地)。双方共管控制期间,A 公司(黑总方)派遣的保安特别强势,甚至多次阻拦 B 公司的员工正常进入办公场地。白总、小红连对存放在办公大厦的个人物品都无法取出,又如何能够实现对明显被监控的办公桌椅和电脑的侵占?如果将共同监管说成是单方侵占,按此逻辑,黑总安排保安入驻 A 公司控场的行为更属于构成侵占公司财物。

综上,该案指控的涉案财物,要么不可能被侵占,要么不属于被告人所控制,要么仍然由控告人 A 公司控制保管,指控缺乏对财物实际占有的前提事实。

2. 白总和小红等被告人明显不具有侵占的主观故意

白总本是 A 公司股东,也与 A 公司的大股东(实控人)黑总系夫妻关系,依照公司法对 A 公司享有管理和收益的权利,白总根本没有必要侵占本案所涉财物。

A 公司的指控逻辑是:白总和小红在工作中可能接触涉案财物,等于已经实际占有涉案财物,其离职后不能交还涉案财物就属于拒不返还,因此推论白总主观上具有非法占有的目的。A 公司用结论倒推前提,明显犯了"本末倒置"的错误。

首先,A 公司没有提交譬如"工作职责、保管清单"等之类的客观证据,未能证明白总以及小红对涉案财物实际控制和占有。所谓白总对涉案财物"离职不还",实际可能是根本没有财物可以返还。而且 A 公司所称的"离职",也只是白总等人根据黑总的统筹安排,在集团中的公司间内部调动。

其次,白总与 A 公司实控人黑总是夫妻关系,两人早年一起创业,故在关联企业中均有交叉持股和相互担任董监高等管理职位。而 A 公司虽是部分涉案公司的法人股东,经过股权穿透,均能最终显示白总亦系涉案财物所在的 A 公司以及其他关联公司的实际控股人之一,在黑总涉案不能行使管理职权的情况下,白总作为与黑总共同拥有同等持股比例的股东更有权限去合法持有、监管涉案公司的章证照以及其他财物。

最后,A 公司与 B 公司本为关联公司,通过股权穿透,白总除了实际持有 B 公司 99% 的股权,又与黑总共同持有 A 公司 78% 的股权。以上两家公司的股权,本就属于被告人白总与黑总夫妻的共同财产。根据《中华人民共和国民法典》第一千零六十二条规定,夫妻对共同财产,有平等的处理权。即便 A 公司进行公司清算或分割,白总仍有权按照夫妻共同持有的股份比例分配和收益。因此,从股权财产的归属以及股东对公司拥有最终控制权而言,白总没有必要、也不可能侵占本就具有控制权的 A 公司的涉案资产。

显然,A 公司指控白总具有对涉案财物非法占有的主观意图不能成立。

3. A 公司的故意构陷意图明显

A 公司为了达到指控侵占罪的立案条件及标准(数额较大),罗列无关公司主体、拼凑财物项目、虚报财物金额。

第一,罗列无关公司主体方面:据对 A 公司所列多家公司主体的核实,其中有部分公司并非 A 公司的下属企业,另有部分公司已经注销,或者部分公司无工商登记信息,大部分公司与 A 公司在法律上并不具有关联性;对于涉案中指控的大部分财物,A 公司不是适格的诉讼主体。除此以外,虽然 A 公司持股或间接持股部分关联公司,但根据《中华人民共和国公司法》第三条规定,"公司是企业法人,有独立的法人财产,享有法人财产权",各公司自身涉案的章证照本就属于各自公司所有的财物,依法也应由对应的公司自行独立进行主张,而不是仅因 A 公司持有股权或间接持股,就代为主张被侵占章证照的所有权,因此,A 公司作为主张权利的主体显然不适格。

第二,在拼凑财物项目方面,A 公司一共主张的涉案物品达 700 多项,经核实有 200 多项财物要么不存在,要么与 A 公司无关联,要么不可能成为侵占的对象。尤其荒谬的是,A 公司还将安装在职场门上的一把指纹锁以及房顶吊灯作为被侵占对象要求返还。A 公司在指控中故意罗织罪状显而易见。

第三,在指控侵占财物金额方面,明显存在数额不实,发票等证据不具有对应性,属于事实不清,证据不足。

二审期间,由于 A 公司依然无法提交"将所指控的财物曾经交由白总和小红代为保管"的相关证据,而只是牵强地解释 A 公司与白总控股的 B 公司因友好关系共用场地、互用物品,因而类推出双方产生了代为保管关系。A 公司用推理代替事实,进而实施指控的行为,不可能为法律所肯定。最终，通过辩护人的充分说理和证据分析，辩护意见被法院全部采纳，一审裁定驳回自诉人 A 公司对白总、小红二人的指控起诉，二审也裁定驳回上诉。一场试图利用刑事手段干预离婚纠纷的刑事自诉闹剧，在法律面前被打回原形，公平正义得以彰显。

结局：一波未平，一波又起

本案作为刑事自诉案件，相比公诉案件，并非普遍发生。但辩护律师在办案过程中，除了要像办理公诉案件时承担同样繁重的辩护工作之外，还要时常应对来自控告人的非理性"正面交锋"。

随着本案的终审裁定，原以为家庭矛盾引起的风波即将平息，但在白总和小红刚刚松了一口气的时候，又因 A 公司和黑总之前蓄意组织的对白总及小红的职务侵占罪控告，在外省被立案后又被跨省抓捕。辩护律师再次通过及时的会见辅导和跟进辩护，最终帮助二人得以取保释放。

本案的过程与结果，也可以为一些企业家，尤其是家族型企业或者紧密合作型企业的经营者们敲响警钟。商业战场中，利益往往是考验人心的试金石，即使是亲近的关系，也有可能最终互撕俱伤。只有尊重和敬畏法律，坚持合规经营，才能保障企业的良性发展，维护企业家自身的合法权益。

承办律师

任忠孙，广东卓建律师事务所创始合伙人、刑事法律事务部主任，广东省律师协会刑事法律专业委员会副主任，全国刑事律师机构"庭立方"认证严选律师。

周洪，广东卓建律师事务所合伙人、刑事法律专业委员会副主任，深圳市律师协会商事犯罪辩护法律专业委员会委员。

萧明皓，广东卓建律师事务所刑事法律专业委员会委员、金融犯罪研究中心研究员。

邓小宇，泰和泰（深圳）律师事务所律师。

25 认罪认罚案件，上诉后依然发回重审获得改判
——裁判文书的大数据陷阱

本案被定性为省厅督办案件（此案后全国断卡行动开始全面铺开），被告人已与检察院签署完认罪认罚，两个罪名分别为妨碍信用卡管理罪和盗窃罪，在有立功情节情况下，当地精准化量刑、刑期为七年，没有量刑幅度。（后来案件发展才知，离正式开庭还有20多天。）

六合刑辩团队陆青青律师接受家属委托辩护，作为第一被告辩护律师。辩护人第一时间与承办法官联系，递交委托手续，阅卷，审查海量电子数据。通过阅卷发现，在卷宗到达法院后，签署认罪认罚前，检察院仍然在补证据，仍然在通过新做笔录强化第二罪名盗窃罪所涉及行为构成犯罪。最后一本卷宗形成的时间刚好为签署认罪认罚前时间。

律师通过多次会见，详细了解其运作模式，发现第二罪名所涉及盗窃行为只是第一罪名妨碍信用卡管理罪的售后行为，并不是真正盗窃行为。在审判时，因为断卡行动才刚刚开始，专业法官、律师、检察官都对妨碍信用卡管理罪、帮信罪、掩饰隐瞒罪认识不足。律师私下也与法官深入沟通，讨论本案的定性问题。检法坚持认为本案构成两罪，不愿意更改认罪认罚量刑建议。

随后一审正式庭审开始，辩护人通过证据、发问等形式直接指出本案证据存在巨大问题，由本案重要证人亲口证实其不在现场。笔录大量内容与实际情况不符，并连续十多次说出笔录是警察教的。其他辩护人也紧跟提出异议。检察官当庭修改认罪认罚量刑建议，把除第一被告外都列为从

犯、并减刑一年多到几个月不等,但依然不改变定性,坚持定两罪名,一审法院当庭宣判对第一被告罪名不变,刑期不变。

对于这种开庭前就写好判决,罔顾庭审查明事实,对非法证据不予排除,提前准备好判决书、强行判决的情况,辩护人感到异常愤怒,建议被告人上诉。但被告人鉴于当时认罪认罚刑事政策,担心上诉被抗诉,加重处罚,故不敢上诉。辩护人尊重被告人意思,没有上诉,但同案犯上诉,本案有幸进入二审。

在卷宗到达二审法院后,辩护律师第一时间提交委托手续,并与承办法官沟通,表达此案中存在的重大问题,也表达了律师要求本案改判的决心。

法官要求书面提交辩护意见,并表达一审判决问题不大,有案例支撑,甚至她自己也这样判过。压力回到陆青青律师这里。虽然本案程序方面也存在很大问题,且已经影响到了真实性,但陆青青律师把辩护重点先放到证据的提炼解读上、案例总结分析上、案件定性上。她将能够查询到的全国范围内妨碍信用卡管理罪、掩饰隐瞒所得罪、帮信罪大约6 000多份判决书,重新整理分类出与本案相关的200多份,再筛选出其中十多份,逐一分析相同情况下各地的不同裁判理由与结果,最终得出本案定性不唯一、不必然性。

这里就引出了大数据陷阱问题。在全国范围内断卡行动的大背景下,妨碍信用卡罪的子罪名——收买、贩卖信用卡信息罪大量适用。现在是大数据时代,言必谈大数据,可以说是想得到的方方面面均涉及。法律人常常使用裁判文书来推测法官裁判思维、裁判要点,甚至常见的案例研究、案情走向研判、定性、量刑等都来自对从前期判例总结。虽然我国不是判例法国家,但刑事律师都知道判例特别是少见罪名判例的影响力、司法惯性巨大。检察院认罪认罚、精准量刑基础就是大量参考前判例量刑,大数据重要性可见一斑。可问题来了,大数据一定是真实有效的吗?推演出来的结果是真实有效、具有唯一性吗?

比如本案因卡被冻结产生的取钱行为应如何定性,应不应当定性为盗窃呢?主要有四种不同的判例观点。

第一种观点:黑吃黑的行为,定性为盗窃没有争议(陈兴良教授在其文章《挂失并取走自己账户下他人款项构成盗窃罪》中有论述,此处不展开。该篇文章载于《中国审判》2010年5月5日第51期)。

第二种观点:认为取钱的行为属于妨碍信用卡的"售后"行为,已经

由妨碍信用卡管理罪进行了处罚不再重复评价。[（2020）川 0522 刑初 221］

妨害信用卡管理罪保护的是金融管理秩序这种法益，上家实际使用人，目的是利用信用卡走账，而走账必然会出现各种不能取现的情况。而中间商卡商就需要解决这种不能取现的问题，取现也是破坏这种法益。因此和妨碍信用卡管理的行为是关联在一起的。作为中间商卡商需要保证卡能够正常使用。冻卡后的取钱行为实际是一种"售后行为"。

第三种观点：认为按上家 A 指示取现返回上家 A 的行为构成掩饰隐瞒犯罪所得罪。[（2018）鲁 13 刑终 700 号］

第四种观点：认为即便是按照上家指令取现，把钱款返回给上家的情况依然构成盗窃。在裁判文书中这种判决相对比较多。

这里关键是钱款的实际控制人、所有人到底是谁，或者说在取钱时间点，钱款属于谁。这是定性关键。

陈兴良教授关于成立盗窃罪的观点是建立在取现"自己"名下的银行卡，但钱款实际并不属于"自己"的情况。

本案争议焦点是，上家实际用卡人"自己"通知中间商卡商、名义办卡人取现返回给"自己"是否构成犯罪，是构成盗窃罪还是他罪。

依据本案检察官公诉观点，这些钱是属于电信诈骗被害人的，依据是刑事案件可以穿透的原则。但穿透原则应是有限的或者说不能无限扩大化的。最常见的一个比喻是，如果诈骗犯拿诈骗来的现金买了早餐，早餐店老板是不是涉及犯罪，是否需要退还赃款。

从罪刑法定原则，本案也不符合盗窃罪的构成要件"秘密窃取、非法占有为目的"，而是在上家的授意下取现返回上家。在本案实际用卡人没有到案的情况下，就没有"失主"，且取出来的钱也返还了实际用卡人，有多个证人口供及实际用卡人发布的通知作为证据。即存在这种可能性，合理怀疑。

陆青青律师列举了找到的各种情形的不同判例，说明类案检索不可偏听偏信，仍然要从犯罪构成、相关法律、司法解释去分析判断，不能"一检"了之：

（2020）川 0522 刑初 221 号：对取现还给上家、余款分掉的行为不予评价、没有单独处理。

（2020）川 3424 刑初 15 号：被告补办银行卡没有交还上家，以掩饰隐瞒犯罪所得罪定罪；

（2017）浙11刑终75号：办卡人补卡分钱，未交给上家，定掩饰隐瞒犯罪所得罪；

（2017）闽01刑终615号：办卡人挂失补卡取钱，自己占有，不通知上家，仍然认定掩饰隐瞒犯罪；

（2018）鲁13刑终700号：办卡人把赃款取出转回上家定构成掩饰隐瞒犯罪所得。

陆青青律师结合本案证据，再指出控方指控逻辑与思维存在根本错误。本案上家实际用卡人的付费模式是一月一付，而不是想象的卖卡或者一次性付费。如果发生银行卡被突然冻结，卡商还要承担解锁冻结卡的义务，如不能解除，还要对卡上余额对等扣除使用费。为保障能正常扣除使用费，卡商还要提供人保给实际用卡人，这些运作模式都可以从构罪逻辑上根本否定控方的指控逻辑，即卡商不可能主动盗刷借出去的卡，因即便盗刷后也要赔偿给上游实际用卡人。本案还指控卡商把盗刷金额分给了其他几人，这种情形更不可能存在，相当于自己盗刷后分自己钱。

综上，在本案钱款已经转移到上家控制银行卡的这个时间节点，钱款由实际用卡人控制。因是实际控制人上家授意取现，取现的是上家自己的钱款。盗窃罪中的"他人款项"中的"他人""秘密窃取""非法占有为目的"将不复存在。因此不构成盗窃罪，应整体评价取现行为以掩饰隐瞒犯罪所得罪或妨碍信用卡管理罪一罪整体评价妨碍信用卡行为和取现行为。

本案经过二审以事实不清发回重审，重审减轻量刑。比较遗憾的是没把第二罪名盗窃与第一罪名合并，只以减轻量刑结案。

承办律师

陆青青，四川仁厚律师事务所专职律师，六合刑辩团队负责人，主攻刑事、金融犯罪、刑名交叉等刑事相关领域。在刑事领域，办理了一批疑难、复杂、有争议案件，获得了减档减刑、改判、不起诉、缓刑、无罪化处理等较好结果。

26 民营企业家被控挪用资金 1.15 亿元
——二审未开庭即撤销原判，发回重审，刑期"实报实销"

指控事实，子虚乌有

魏某某实际控制的福建某置业公司对外担保造成公司名下资产被法院查封，出现资金链断裂，其开发的"御某豪庭"房地产项目无法按时交房，导致上百名业主上诉，当地政府维稳压力大。

魏某某投资 1.5 亿元成立福建某置业公司建设某县"御某豪庭"项目期间，公司不存在因为挪用涉案资金而造成资不抵债的情形，公司的楼盘工程进度如下：总共 10 栋楼，其中 9 栋已经完成综合竣工验收备案并已交付业主使用，最后一栋楼 10 号楼剩余工程量为 5 个月，所需资金 500 万元。公司在经营期间，魏某某就持续借款给福建某置业公司用于工程建设，2017 年底还借款给公司 700 万元用于 10 号楼的工程建设。公司净资产为 2.5 亿元（经某县人民法院摇号选定的房产评估公司评估），其中车位约 450 个，商铺约 4 500 平方米，住宅约 200 套。公司应收账款约 9 800 万元（已售住宅、已售商铺）的按揭款，公司应付款项为：①项目开发贷余额约 2 800 万元；②工程欠款约 3 800 万元；③延期交房违约金 700 万元；④税收欠款约 500 万元、后续税收应付 1 000 万元，合计约 1 500 万元。楼盘项目是资产覆盖债务，不存在资不抵债的情况。

虽然有上述资产足以清偿公司债务，但由于魏某某无法及时投入 2 000 万元资金，以完成商品房的竣工验收，地方政府维稳压力不断增大，最终造成本案系地方政府利用刑事手段插手股东内部矛盾的非法审判行为。

某县检察院指控，2014—2017年，魏某某利用担任福建某置业公司法人代表及实际控制人职务上的便利，未经公司其他股东同意，指使公司出纳将公司的开发贷、商品房销售款及按揭回款等共21 491.143万元通过公司对公账户以工程款或建安款名义汇入某建筑工程有限责任公司，其中挪用公司资金11 530.25万元，归个人使用，数额巨大，超过三个月未还且进行营利活动，构成挪用资金罪。

一审重判，果断上诉

一审认定，福建某置业公司成立于2013年7月，被告人魏某某系该公司实际控制人（实际控股90%），于2014年4月14日至2015年11月10日担任该公司法定代表人、董事、经理，其他股东还有N市某某区某某测绘有限公司（实际控股10%）。2014年，福建某置业公司在某县开发建设"御某豪庭"房地产项目，某建筑工程有限责任公司是该项目承建商之一。2014—2017年，被告人魏某某未经过福建某置业公司其他股东同意，指使时任某置业公司出纳的吴某某将该公司"御某豪庭"项目的开发贷、商品房销售款及按揭回款等资金通过该公司的对公账户以工程款或建安款等名义汇款给承建商某建筑工程有限责任公司总计21 491.143万元人民币，其中某建筑工程有限公司实际收到工程款9 960.893万元人民币。其余资金11 530.25万元人民币被魏某某指使吴某某从某建筑工程有限公司的对公账户内转账至某某市中某房地产开发有限公司、福州润某实业有限公司、福建建某物资贸易有限公司、福州福某建材有限公司、福建润某集团有限公司、魏某某等公司或个人账户上，用于偿还其在福建润某集团有限公司经营的汽车销售亏空资金等其他债务，其中2015年左右魏某某通过其他账户陆续汇给某置业公司股东之一南平市某某区某某测绘有限公司（法定代表人何某某）投资股金（分红）800万元人民币。

一审判决认为，被告人魏某某利用其担任福建某置业公司法定代表人及实际控制人职务上的便利，挪用公司资金10 730.25万元人民币归个人使用，数额巨大，超过三个月未还且进行了营利活动，其行为已构成挪用资金罪。依照《中华人民共和国刑法》第二百七十二条第一款、第六十四条、《最高人民法院 最高人民检察院关于办理贪污贿赂刑事案件适用法律若干问题的解释》第六条、第十一条第二款之规定，作出如下判决：一、被告人魏某某犯挪用资金罪，判处有期徒刑六年；二、责令被告人魏某某退赔福建某置业公司经济损失人民币10 730.25万元。

一审重判后，魏某某提出上诉，提出其在任职期间没有实施挪用资金的行为，在非任职期间，作为实际控制人行使股东权利，对公司8 000万元按照股东占比分红，并将个人分红款项偿还个人债务，不构成挪用资金罪。原审认定的资金中，其中2014年11月24日利用润某公司的1 500万元在某置业公司、某建筑工程有限公司、中某公司间产生的6 418.68万元流水系虚拟走账，而非涉案资金，应予以扣除。原审认定上诉人魏某某的犯罪数额错误，认定金额中部分为分红款（7 200万元）、部分为流水走账（6 418.368万元）、部分为归还股东借款（4 053.3334万元），均不属于挪用资金，应当予以扣减。魏某某虽系福建某置业公司实际控制人，但不是挪用资金罪的适格主体，且其作为持有公司90%股份的最大股东，其有权决定公司的日常经营活动及分红，故魏某某的行为不符合挪用资金罪的客观要件。魏某某的行为未给某置业公司造成财产损失，原审判决未对涉案款项性质及用途进行区分，应依法改判魏某某无罪。

申请开庭，理由充分

二审审理期间，辩护人担心不开庭审理，因此向中级人民法院提交了二审开庭审理申请书。申请理由认为：

本案一审（2018）闽01××刑初2××号刑事判决书中事实认定及法律适用部分均存在重大错误。原审未对福建某置业公司转账给某建筑工程有限公司的款项性质进行逐一区分，未查明涉案全部款项是否为挪用的资金，福建某置业公司向某建筑工程有限公司所转出的款项是否存在合法依据。事实上，涉案款项包括了流水走账6 418.68万元、分红款8 000万元及其他归还股东借款，本案客观上不存在挪用资金的金额，上述事实一审均未能查清并予以认定。一审判决错误地认定转账款项扣除工程款及部分分红款之外均为挪用的资金，属于认定事实错误。同时，魏某某作为福建某置业公司的控股股东，并不是公司的实际经营者、管理者，不符合挪用资金罪的主体构成要件，其行为也不符合该罪的客观要件，不构成挪用资金罪，一审判决认定事实及适用法律严重错误。依据《中华人民共和国刑事诉讼法》第二百三十四条的规定，在第一审认定的事实、证据存在异议的情况下，依法应当对本案第二审程序开庭审理，望贵院依法准许。

坚持无罪，撤销原判

某县人民法院于2019年12月5日作出判处魏某某挪用资金罪六年有期徒刑，辩护人认为不构成犯罪，二审提出如下无罪辩护意见。

（一）一审认定魏某某挪用资金10 730.25万元，认定事实错误

1. 认定金额中部分为分红款（7 200万元），不属于挪用资金

一审法院认定涉案款项中有800万元系汇给福建某置业公司股东之一南平某区某某测绘有限公司的分红款，不属于挪用资金的范畴，并将该部分款项从指控数额中予以扣除。辩护人认为，一审法院认定该部分款项是分红款是正确的。同时与该笔800万元分红款相同性质的7 200万元魏某某及吴某明的分红款也同样应当予以扣除。吴某明的证人证言及相关银行流水均证实，吴某明合计收到分红款240万元，魏某某的辩解及相关银行流水也可以证实，某置业公司的三位股东均收到了合计8 000万元的分红款，该部分不属于挪用资金。一审法院认定某某测绘收到的800万元分红款不属于挪用资金，那么魏某某与吴某明收到的7 200万元分红款也应当从犯罪数额中扣除。

2. 认定金额中部分为流水走账（6 418.68万元），不属于挪用资金

根据涉案银行流水及审计报告，2014年11月26日当天，公司进行了多次银行流水走账（走账金额为6 418.68万元），福建某置业公司向某建筑工程有限责任公司通过八笔转账共计转款6 418.68万元，某建筑工程有限责任公司同日又将6 418.68万元通过七笔转账转款给中某公司，中某公司最后于当日向福建某置业公司转账7 918.68万元。款项从福建某置业公司转出并最后转回，三方之间不存在真实交易，只为做银行年终的考核

业绩，转款均是同一天进出，实现"刷流水值"的目的，其主观上没有犯罪故意，福建某置业公司也未有任何损失，因此该笔款项也不应计入被告人魏某某挪用资金的数额当中。

3. 认定金额中部分为归还股东借款（4 053.3 334万元），不属于挪用资金

根据审计报告及涉案银行流水，魏某某于2013年7月31日向某置业公司提供股东借款550万元，于2013年10月17日提供股东借款80万元，于2014年4月14日提供两笔股东借款2 000万元及1 590万元，于2014年4月17日提供股东借款60万元，魏某某合计向福建某置业公司提供股东借款4 280万元。而根据审计报告，某福建置业公司仅在2014年9月9日返还借款226.6 666万元，故根据审计报告某置业公司尚欠魏某某股东借款4 053.3 334万元，这一点与魏某某的辩解所称涉案款项部分为返还股东借款形成印证，该部分金额不属于挪用资金，应当予以扣减。

（二）魏某某的行为不构成挪用资金罪，一审判决魏某某构成挪用资金罪认定事实及适用法律均存在错误

1. 魏某某不是挪用资金罪的适格主体

《中华人民共和国刑法》第二百七十二条规定，挪用资金罪的主体是单位的工作人员。《最高人民法院关于办理违反公司法受贿、侵占、挪用等刑事案件适用法律若干问题的解释》规定的适格主体是董事、监事、职工。

根据2015年9月28日通过的股东大会决议，魏某某被免去执行董事职务，不再担任公司法定代表人，免去经理职务。福建某置业公司于2015年11月10日备案登记该新章程，并将法定代表人由魏某某变更为苏某寿，董事、经理也由魏某某变更为苏某寿，监事由何某担任。至此，魏某某未在福建某置业公司担任任何职务，不再具有刑法及司法解释所规定的董事、监事及工作人员的主体身份，其也不再是公司的经营者和管理者。原审认定魏某某为某置业公司实际控制人，魏某某也承认自己系某置业公司实际控制人，对此辩护人不持异议。但是辩护人认为实际控制人不属于刑法的规制对象。

刑法及司法解释所规定挪用资金罪的适格主体均不包含实际控制人，

一审认定魏某某构成挪用资金罪系基于对该罪名的适格主体进行了扩大解释，而扩大解释显然是违背《中华人民共和国刑法》罪刑法定原则，属于违法的扩大解释。因此，根据"法无明文规定不为罪"的基本原则，在《中华人民共和国刑法》及司法解释均未规制实际控制人的情况下，实际控制人不能成为挪用资金罪的主体。因此，在2015年9月28日后，魏某某不再是挪用资金罪的适格主体。

2. 魏某某的行为不符合挪用资金罪的客观要件

（1）魏某某未担任公司董事、法定代表人期间，其不是挪用资金罪适格主体，不存在利用职权挪用公司款项，不构成挪用资金罪。根据前述论述，在2015年9月28日后，魏某某不再是挪用资金罪的适格主体，其不再具有职权或权利，也就不存在利用职务便利挪用本单位资金供自己使用的情形。

（2）在魏某某担任公司董事期间，其作为公司董事，且为持有90%股份的最大股东，其有权决定公司的日常经营活动及分红。同时，其他股东对分红行为均表示认可也确实收到分红款，分红行为系公司意志的体现，不应认定为挪用资金。本案中福建某置业公司没有设立董事会，只设立一名执行董事，由执行董事实施股东会的决议内容，根据《公司章程》第二十三条规定，魏某某作为公司的执行董事，其对公司的经营计划和投资方案具有决定权。同时，魏某某作为持股90%的大股东，对于股东会事项的表决具有绝对优势，有权决定是否分红。股东某某测绘出具的《谅解书》及何某立与吴某明的笔录均可证实，其二人均有收到8 000万款项按持股比例分配的分红款，可以推知二人对分红知情且认可，分红行为系公司意志的体现，不构成私自挪用，魏某某取得的6 960万元分红款及吴某明所收取的240万元分红款均不属于犯罪数额，应当予以扣减。

（3）一审认定犯罪数额部分为流水走账，福建某置业公司未受到损失，相应金额应当予以扣减。如前所述，应贷款银行的要求，福建某置业公司进行了多次银行流水走账，双方不存在真实交易，只为做银行年终的考核业绩，所有转账均发生在2014年11月26日当日，1 500万元进行了多次循环走账，合计6 418.68万元。所有款项从福建某置业公司转出至某建筑工程有限责任公司，再转至中某公司，并最终转回福建某置业公司。

福建某置业公司并未存在任何款项损失，因此，6 418.68万元应当从一审认定的犯罪数额中予以扣减。

（4）福建某置业公司对魏某某尚有股东借款未清偿，归还股东借款不应认定为挪用资金。如前所述，福建某置业公司尚欠魏某某股东借款4 053.3 334万元，根据魏某某的辩解，其确有借款与福建某置业公司，股东借款在日常经营生活中也属于常见的交易现象，福建某置业公司转账与魏某某的款项中，部分系归还股东借款，属于正常的交易行为，魏某某的收入系合法收入，不属于挪用资金，福建某置业公司也未受损失。

3. 魏某某的行为并未造成福建某置业公司的财产损失

综合前述分析，一审判决所认定的犯罪数额10 730.25万元中，包含了走账流水6 418.68万元、魏某某及吴某明的股东分红7 200万元，某置业公司对魏某某的股东借款4 053.3 334元。魏某某的应收款项数额远远超过了一审认定的犯罪数额，即魏某某收取的所有款项均有合理、合法的依据，福建某置业公司的所有款项支出均是合理、合法的，其并未受有任何财产损失。因此，魏某某的行为并未造成福建某置业公司的财产损失，也不构成私自挪用公司款项归个人使用。魏某某的行为不符合挪用资金罪的客观、客体要件，依法不构成挪用资金罪，一审法院认定事实及适用法律错误，望贵院予以纠正。

（三）公诉机关应当对款项性质进行区分，并举证证明系挪用资金

《中华人民共和国刑事诉讼法》第五十一条规定："公诉案件中被告人有罪的举证责任由人民检察院承担。"根据该条规定，公诉机关应当举证证明魏某某挪用的资金款项存在不合法，并对每一笔款项进行性质认定。在案证据并没有对工程款及其他性质款项进行区分，公诉机关仅是笼统地认为某置业公司向某建筑工程有限责任公司的转账21 491.143万元中，除工程款9 960.893万元，剩余10 730.25万元均为挪用资金的犯罪数。采取简单的扣减法进行挪用资金数额的认定，明显错误，因为在福建某置业公司转入某建筑工程有限责任公司的资金中均体现为建安款，而工程付款均是以工程施工的进度付款。在上述的资金流水中均没有对每一笔款项的性质进行认定，无法区分哪一笔是工程款，哪一笔是挪用的资金，有可能存在一笔款项中既是分红款也可能是工程款的问题。原审应当严格采用列举法对每一笔所谓的被挪用的资金性质进行鉴别，以确定挪用的数额。然

而,一审公诉机关均未对款项的性质进行区分,也未对银行流水进行详细核查,未审查相应款项是否有合法、合理依据,也未考虑常见的民间交易习惯,其显然未尽到《中华人民共和国刑事诉讼法》所赋予的举证责任。原一审法院也未详细审查相关证据,仅扣除了某某测绘所收取 800 万元分红款,却未扣除魏某某及吴某明所收取的相应比例的分红款合计 7 200 万元及流水转账、归还魏某某股东借款的部分。根据在案证据可以证明,涉案款项均不是挪用的资金,在案证据证实涉案款项均为挪用的资金无法排除合理怀疑,原审认定的定罪证据无法达到确实、充分的证明标准,望贵院依法改判魏某某无罪。

综上所述,一审认定犯罪数额错误,认定魏某某构成挪用资金罪存在认定事实及适用法律错误。一审公诉机关及法院的论证推理过于简单笼统,且缺乏依据,其仅是简单地认为福建某置业公司转账给某建筑工程有限责任公司合计 21 491.143 万元,其中实际工程款为 9 960.893 万元,其余部分便认定均是挪用资金,而未对款项性质及用途进行区分,却需要魏某某自证无罪,自己证明涉案款项系正常的经营、分红、拆借行为,违反了刑事诉讼的基本原则。如前所述,辩护人对相关款项的性质与用途进行了详细的分析、阐述,涉案款项包含了正常的股东分红、归还股东借款、流水走账,一审法院及一审公诉机关均未对这些款项进行区分,笼统地认定为挪用资金,恳请贵院予以纠正,对涉案款项性质及用途进行区分及确认,参考最高人民检察院及最高人民法院下发的《关于充分发挥职能作用营造保护企业家合法权益的法治环境支持企业家创新创业的通知》《关于充分发挥审判职能作用为企业家创新创业营造良好法治环境的通知》(法〔2018〕1 号)的精神,依法改判魏某某无罪。

久拖不决,紧急控告

魏某的父亲通过各种方式向有关部门反映情况,控告公安机关违法插手经济纠纷,其认为魏某投资 1.5 亿元成立福建某置业有限公司,建设某县"御某豪庭"项目期间,被控挪用资金罪一案,系因股东内部矛盾所引发,而非公司资金被挪用而导致公司利益受损,是一个被他人恶意诬告、陷害的冤假错案。

中央及最高人民法院均出台文件多次强调要求保护企业家合法权益，依法保护企业家的人身自由和财产权利，保护企业的正常生产经营，严格执行刑事法律和司法解释，坚决防止利用刑事司法手段干预经济纠纷。2017年12月29日颁布的《最高人民法院关于充分发挥审判职能作用为企业家创新创业营造良好法治环境的通知》（法〔2018〕1号）明确指出，要依法保护企业家的人身自由和财产权利。严格执行刑事法律和司法解释，坚决防止利用刑事手段干预经济纠纷。坚持罪刑法定原则，对企业家在生产、经营、融资活动中的创新创业行为，只要不违反刑事法律的规定，不得以犯罪论处。

魏某某于2018年1月19日被某县公安局刑事拘留，某县人民法院于2019年12月5日作出（2018）闽0×××刑初×××号刑事判决，判处魏某某挪用资金罪六年有期徒刑。魏某某向某中级人民法院提出上诉，中级人民法院于2020年5月25日作出（2020）闽××刑终×××号刑事裁定书，裁定以"部分事实不清，证据不足"撤销原判，发回重审。魏某某自2018年1月19日被刑事拘留，经过一审、二审、发回重审，被无故羁押长达三年后仍然无任何结果。公安机关违法立案，魏某某作为房地产开发企业的企业家无故被羁押，致使公司生产经营陷入停产停业，导致某县"御某豪庭"项目无法全面竣工，造成公司与业主之间大量纠纷，引发社会不稳定，进一步激化了社会矛盾。因此，司法机关（某县人民检察院和某县人民法院）加快案件审理流程，根据在案证据依法作出公正判决，依法依规保护企业家的人身自由和财产权利，保护企业的正常生产经营，坚决防止利用刑事司法手段干预股东内部纠纷。

刑期"实报实销"，息诉服判

无罪观点认为，魏某某作为公司实际控制人，没有实施挪用资金的行为，原审认定的金额不属于挪用的金额。魏某某在任职期间没有实施挪用资金的行为，在非任职期间，作为实际控制人行使股东权利，对公司资金8 000万元按照股东占股比例进行分红，魏某某利用分红所得款项偿还个人债务，不构成挪用，指控的资金11 530.25万元流水转账中，其中于2014年11月24日利用润某公司1 500万元在福建某置业公司进行了

6 418.68万元的虚拟走账款项，不是涉案资金。因此，魏某某不是挪用资金罪的适格主体，也没有挪用公司资金，没有造成其他股东财产损失，不构成挪用资金罪。

魏某某自2018年1月19日被刑事拘留，经过一审、二审、发回重审，重审一审作出判决时，已被羁押三年。最终重审一审认定了部分金额，判决被告人三年六个月有期徒刑。辩护人写好上诉状，坚持无罪到底，但遗憾的是被告人认为这个结果已经很满意了，不想再折腾了，不愿意上诉，被告人在判决生效后被送监服刑四个月。

承办律师

王明文，北京市炜衡（福州）律师事务所高级合伙人、刑民交叉部主任，福建省律师协会刑事诉讼专业委员会委员，福州市律师协会刑事诉讼专业委员会委员，专注于刑事辩护。

27 消失了的"对方男子"
——一起撤回起诉的故意伤害案

一杯豆浆惹的祸

2017年11月20日早8时许,高某某开车送孩子上学,程某某的车在高某某车的左后方,因程某某要并道停车,但高某某没看到程某某的车致使程某某无法并道,程某某遂摇下车窗辱骂高某某,高某某没有理会。高某某把孩子送到学校回来时,程某某还在辱骂不休,高某某忍无可忍,双方发生争吵,上升至肢体冲突。这个过程中程某某的丈夫徐某某拉偏架抱住高某某使高某某不能活动,程某某趁机将手中热豆浆泼到高某某的脸上、衣服上,高某某跌倒在地上,程某某离开。程某某与丈夫徐某某的行为引起众怒,在围观群众要求下程某某被迫返回到案发现场道歉,但程某某回来第一句话却是"你还没完没了了",根本没有道歉的态度,双方矛盾升级,随后又发生了肢体冲突。这时有一名男子出来追打程某某夫妇,造成程某某左侧眼眶内壁、下壁骨折,后被鉴定为轻伤一级。

"对方男子"消失,被害人"翻供"

2017年11月20日8时30分前后徐某某报警称:在某小学门口,因为停车错车问题,自己的妻子程某某被对方陌生女子和男子殴打,造成程某某眼眶部位和肋骨部位受伤。

2018年3月31日,办案机关分别给程某某和其丈夫徐某某作了讯问笔录。在程某某的讯问笔录里有九处提到"对方男子",其中三处明确其左侧眼眶的伤是由"对方男子"造成的;在徐某某的讯问笔录里有十二处提到"对方男子",其中三处明确程某某左侧眼眶的伤是由"对方男子"造成的。2018年4月24日,办案机关组织程某某和其丈夫徐某某进行辨认,在辨认笔录里二人也明确有这一男子的存在。2018年5月9日,程某某的伤情鉴定显示,其左侧眼眶内壁、下壁骨折构成轻伤一级;2018年6月5日,大连市公安局甘井子分局立案。

因程某某和其丈夫徐某某在报案时和作第一次讯问笔录以及辨认笔录里均指认程某某的伤系由一男子造成,2018年11月4日办案机关对高某某的弟弟进行了调查,并作了讯问笔录,后确认不是高某某的弟弟实施了加害行为。因无法找到"对方男子",事发一年后的2018年12月7日和12日办案机关又分别对程某某和作为证人的程某某丈夫徐某某作了第二次讯问笔录。在第二次的讯问笔录中,程某某和徐某某均"翻供"。程某某直接指控其眼部损伤是由高某某造成,而证人徐某某虽然确认有一名身高170厘米左右,身穿黑色夹克的男子在现场,但也改变证词指认系高某某打伤了程某某。

一审判九个月实刑并判赔偿 53 130.90 元

2019年3月5日,检察院以故意伤害罪起诉高某某。2019年3月18日,程某某提起刑事附带民事诉讼,要求高某某赔偿各项费用合计69 895.82元。

一年后的2020年3月6日甘井子区人民法院下达《刑事附带民事判决书》,认定高某某故意伤害罪成立,判处有期徒刑九个月,并判处高某某承担80%的赔偿责任,赔偿程某某53 130.90元。

二审深耕证据,发现"对方男子"的存在

高某某不服提起上诉,二审由我为其辩护。我深耕证据,发现卷宗有八份文件共32处提到了"对方男子",其中有两份文件中有六处明确记载程某某左侧眼眶的伤系由"对方男子"造成。我在辩护意见里详细列举

了 32 处 "对方男子" 在卷宗里的文件名称和所在位置的页数，并将相关文件作为辩护意见的附件与辩护意见一同呈给主审法官。我在辩护意见中阐明：《受理案件登记表》是 2017 年 11 月 20 日事发当时证人徐某某也是被害人程某某的丈夫报案时形成，因此有一男子参与本案中是真实的；事发后三个半月的 2018 年 3 月 31 日被害人和证人所作的第一次笔录共有 21 处提到了 "对方男子"，且有 6 处明确程某某左侧眼眶骨折系 "对方男子" 造成；2018 年 4 月 24 日的两处辨认笔录两次提到了 "一名男子" 将程某某打倒；2018 年 5 月 9 日的鉴定书又一次提到 "男子"。以上六份证据形成时间距离案发时间最近，且该六份证据形成完整的证据链，充分证明了被害人的伤系由 "男子" 造成，而被告人是女子，因此，认定被害人的伤系由被告人高某某造成显然是错误的。

辩护意见被采纳。

2020 年 4 月 21 日，大连市中级人民法院下达《刑事裁定书》，以原一审判决 "事实不清，证据不足" 为由撤销一审判决并发回重审。

发回重审期间的新证据，证明程某某眼眶被打骨折时高某某在马路对面。

本案发回重审后，办案机关又分别对证人崔某某、李某某和曲某某进行了询问。该三名证人的讯问笔录充分证明了程某某受伤时和高某某分别在马路的两侧——高某某在自己的车里坐着。新证据的出现对高某某无罪辩护又多了一层保障。

根据证人笔录的证言和高某某的描述，笔者到案发现场并拍摄照片，标注准确位置，作为新证据提交给法庭，以加深法官对此情节的印象。

2021 年 4 月 9 日，本案发回重审开庭，此时的公诉人仍然坚持是高某某实施了致害行为，并强调即使是 "对方男子" 将程某某打伤，高某某和 "对方男子" 构成共同侵权，系共同犯罪。

是否构成共同犯罪的辩护

《中华人民共和国刑法》第二十五条规定：共同犯罪是指二人以上共同故意犯罪。我明确指出，控方没有出示证据证明高某某和 "对方男子" 有交流，高某某和 "对方男子" 没有达成侵权故意，也没有证据证明高某某指使"对方男子"对程某某进行伤害，控方此观点不能成立，因此本案不是共同犯罪。控辩双方关于此节事实辩论很激烈。

检察院撤回起诉

开庭二个月二十三天后，终于迎来了发回重审后一审法院的判决。2021年7月2日，一审法院下达《刑事附带民事裁定书》，准许检察院撤回起诉，并驳回程某某的附带民事诉讼。2021年7月6日检察院下达《不起诉判决书》，原因是：现因本案中被害人的伤是否是高某某殴打形成尚未查清。本案证据不足，不符合起诉条件，决定对高某某不予起诉。

案 件 启 示

细节决定成败。本案中"对方男子"这一客观事实在卷宗里显示得很清楚，原一审法官和公诉人以及辩护律师明显都知道。我接手处理案件后，对"对方男子"在卷宗里出现的次数做了详细的统计和摘抄，给了两级法院的法官直观的数量冲击，是影响本案结果的一个重要因素。娴熟掌握冰冷、僵化、教条的法律知识固然是律师（或司法人员）安身立命的基础，每个案件关键细节的发现和举证更决定着案件的走势，甚至起着纲举目张的引领作用。律师踏破铁鞋查找证据，翻箱倒柜援引法律，冥思苦想寻求对策，都是为了胜诉，实现当事人权益最大化。结合本案和其他有效辩护案件的办理，我认为，律师要想胜诉，不但要用心，更要抓住关键，找准"案眼"，而案眼、关键往往深藏在一些不起眼的细节中，没有明察秋毫的眼见，关键细节就是摆在眼前也未必能发现。细心、阅卷、归纳、总结，是办理刑事案件取得有效辩护的不可或缺的步骤。

案结事未了，另案再起民事诉讼

程某某的附带民事诉讼被驳回后，2023年1月30日程某某在法院另案提起民事诉讼，要求高某某赔偿各项费用合计182 203.82元。与附带民事诉讼时要求赔偿的69 895.82元相比，增加了两项内容，伤残赔偿金

103 808元和精神损害抚慰金8 000元,又将交通费由原来的500元增加至1 000元。

高某某认为其不应当承担民事赔偿责任。关于侵权事实部分,2021年7月6日人民检察院已做出不起诉决定书,人民法院也下达准许检察院撤回起诉并驳回程某某刑事附带民事的起诉,这些充分证明程某某的伤害并非高某某造成,高某某不应当承担赔偿责任。

一审法院经开庭审理后,于2023年6月13日下达《民事判决书》,确认程某某损失合计172 328.15元,由高某某承担与"对方男子"连带赔偿70%即120 630元。

高某某不服提起上诉,上诉理由主要以下两点:

第一,一审判决认定存在共同侵权进而判决上诉人承担连带责任是错误的。共同侵权的行为人应具有共同致人损害的故意或过失,本案高某某与造成程某某伤害的"对方男子"不认识,二人之间没有共同侵权的故意或过失,一审判决高某某承担连带责任没有事实依据。本案事发之后已经刑事案件审判过,检察院撤回起诉决定书和法院同意撤诉裁定书足以证明,本案所涉事实不是共同侵权。如果构成共同侵权,上诉人必然要承担刑事责任,检察院不会撤回起诉,法院亦不可能同意检察院撤诉。一审判决认定本案存在共同侵权与已生效的检察院不起诉决定书和法院同意撤诉的裁定书认定的事实矛盾,必然是错误的。

第二,被上诉人已经伤情鉴定为轻伤一级,在逃男子构成故意伤害罪,本案所涉事实已被刑事立案,根据法律规定赔偿项目只能是医疗费、护理费、交通费、误工费,一审判决支持的项目超过法律规定,显然是错误的。

一审判决支持的残疾赔偿金、住院伙食补助费、营养费、精神损害抚慰金是错误。《最高人民法院关于适用〈中华人民共和国刑事诉讼法〉的解释》第一百九十二条第二款规定:犯罪行为造成被害人人身损害的,应当赔偿医疗费、护理费、交通费等为治疗和康复支付的合理费用,以及因误工减少的收入。造成被害人残疾的,还应当赔偿残疾生活辅助器具费等费用;造成被害人死亡的,还应当赔偿丧葬费等费用。第一百七十五条第二款规定:因受到犯罪侵犯,提起附带民事诉讼的或者单独提起民事诉讼要求赔偿精神损失的,人民法院一般不予受理。本案造成被上诉人伤害的犯罪嫌疑人虽在刑事案件中未到案，但刑事案件并没有销案，被上诉人的控告已立案且正在处理中，一审判决支持的残疾赔偿金、住院伙食补助费、营养费、精神损害抚慰金是错误的，没有法律依据。

开庭审理后，二审法官调解结案，最终高某某赔偿程某某各项费用95 000元。

发人深省的一个问题

民事诉讼的证据标准是否比刑事诉讼的证据标准要求低？

相同的事实，刑事审判已明确程某某的伤不确定是由高某某形成，而另案起诉的民事审判过程中，一、二审法官均表达的一个观点是：民事诉讼的证据要求比刑事诉讼的证据要求低。一审法官认为，高某某和"对方男子"必然有联系，进而判决高某某承担民事赔偿责任；二审法官认为，一审法官的观点没有问题，但积极调解，最后以调解结案。如何比较民事诉讼的证据标准和刑事诉讼的证据标准？如果从客观真实的角度来看，刑事案件和民事案件的客观事实一致，却有不同的裁判结果，必然有一个是不符合客观真实的。但是从法律真实的角度来看，二者并不矛盾，因为刑事案件的证明标准更高，而民事案件的证明标准相对较低。1995年的"美国辛普森案"，相关证据虽然不能确信辛普森在90%概率以上是凶手，但是他是凶手的概率也在70%以上，所以刑事案件无法认定他有罪，但是民事案件却可以认定他需要对此负责。也就是说，在法律上，辛普森是凶手的概率在70%至100%之间，这个事实在客观真相层面是模糊的，但在法律层面足以让裁判者作出确定的判决。

《最高人民法院关于适用〈中华人民共和国民事诉讼法〉的解释》第一百零八条规定，对负有举证证明责任的当事人提供的证据，人民法院经审查并结合相关事实，确信待证事实的存在具有"高度可能性"的，应当认定该事实存在。《最高人民法院关于民事诉讼证据的若干规定》第八十六条规定，当事人对于欺诈、胁迫、恶意串通事实的证明，以及对于口头遗嘱或赠与事实的证明，人民法院确信该待证事实存在的可能性能够排除合理怀疑的，应当认定该事实存在。与诉讼保全、回避等程序事项有关的事实，人民法院结合当事人的说明及相关证据，认为有关事实存在的可能性较大的，可以认定该事实存在。

通过上述规定，能够看出，在我国的民事案件中，一般情况下的证明标准介乎 51% 至 90% 之间，即"高度可能性"。仅针对特定事实（欺诈、胁迫、恶意串通、口头遗嘱或赠与）的认定，需要"排除合理怀疑"，对于程序性事实的认定，则达到"更有可能性"即可。

另外，还有一个问题也令人深思。《最高人民法院关于适用〈中华人民共和国刑事诉讼法〉的解释》第一百七十五条第二款规定：因受到犯罪侵犯，提起附带民事诉讼的或者单独提起民事诉讼要求赔偿精神损失的，人民法院一般不予受理。如果未来某一天，"对方男子"被抓到了，那么涉案事实必然会进入刑事审判，届时法律规定的不应该支持的"精神损失"是否需要返还呢？

承办律师

杨静丽，二级律师，辽宁顾阳律师事务所主任。大连市特邀行政执法社会监督员、大连市中山区监察委特约监察员、大连市中山区城市社会治理现代化研究中心特聘专家、大连市公共法律服务中心专家组成员、大连市中山区法治讲师团团长、大连市甘井子区劳动人事争议仲裁委员会兼职仲裁员、大连市中山区平安志愿者协会副会长、大连市中山区工商业联合会法律事务专门委员会主任、大连市中山区招商引智顾问；受聘于大连市中山区人民政府、大连市甘井子区人民政府、大连市中山区经济发展服务中心、中山区红十字会、中山区工商业联合会、中山区人力资源和社会保障局、中山区人民路街道港兴社区、中山区人民政府重点项目担任法律顾问；获得 2018 年辽宁省优秀律师、2018 年辽宁省优秀党员律师、2019 年大连市司法局"法援为民好榜样"、2020 年司法部全国公共法律服务先进个人、2020 年辽宁省优秀律师、2020 年大连市优秀律师、2021 年大连市公共法律服务明星、2021 年大连市优秀党务工作者、2021 年大连市法学会公益普法先进个人、2023 年大连市法学会公益普法先进个人等荣誉。

28 历尽艰辛，非法制造枪支案二审成功改判缓刑

小爱好的罪与罚

楠楠（化名）是一名建筑工人，早先因为工作的需要购买了一把射钉枪[①]。2021—2022年，楠楠在网上刷到改装射钉枪的视频教程，出于好奇，就用小孩子玩具枪的一些零件以及网上购买的少许枪支配件跟着教程对原来的射钉枪进行改装。改装后，他用该枪打过一两次老鼠便藏于家中不再使用。

几个月后，由于卖枪支配件的卖家被抓，公安机关按照交易信息的线索找到了楠楠。公安民警还没有开口问话，楠楠想到有可能是网上买枪支配件的问题，主动承认交易事实并带公安人员到家里将改装过的射钉枪上缴。

经鉴定，该枪支是以火药为动力，功能正常，能够有效击发底火，符合枪支标准，是《中华人民共和国枪支管理法》中规定的枪支。

2023年3月2日楠楠因涉嫌制造枪支罪被刑事拘留，2023年3月17日楠楠获取保候审。

[①] 射钉枪：虽然具有枪支的外形，构造也与枪支有相似之处，但射钉枪是国家允许生产销售和个人持有的一种用于现代建筑、装修的劳动工具，并不属于枪支的范畴。

取保期间的焦虑

非法制造枪支罪要处三年以上十年以下有期徒刑；情节严重的，处十年以上有期徒刑、无期徒刑或者死刑。也就是说刑期三年起步，楠楠虽获取保候审但是并不代表不会被起诉、不会被判刑。楠楠有四个未成年孩子，两个高中、一个初中、一个小学，妻子身患疾病无法参加工作，也就是说全家只有楠楠一个劳动力。如果他入狱，那全家就没了经济来源，四个孩子很有可能面临辍学，甚至，全家人的生活都成问题，这对于他们家庭来说可能是个巨大的灾难……或许是思虑过度，楠楠在取保候审期间，甚至出现了幻觉。其家人带他去看心理科医生，诊断为"幻觉妄想状态"，建议"规律服药治疗"。此时，检察院也准备对楠楠提起公诉，楠楠的亲戚通过了朋友找到我为其辩护，希望能够得到帮助。

和检察官数次的无效沟通

（一）首次提交《不予起诉法律意见书》，得到的回复是："异想天开"

经阅卷以及和楠楠的充分沟通，涉案枪支一支，刚刚达到立案标准，没有给社会造成其他危害，且有自首的情节，根据2023年6月13日发布《最高人民法院 最高人民检察院 公安部关于依法收缴非法枪爆等物品严厉打击涉枪涉爆等违法犯罪的通告》，凡是在2023年10月31日前投案自首或主动交出非法制造的枪支的，构成犯罪的，可以依法从轻、减轻或免除刑罚。本案的犯罪情节是符合不起诉条件的，且检索到很多类似情况不起诉的案例，因此，我向检察院提交意见和类案不起诉的检索报告，希望检察官能够不起诉。检察官的态度很坚决："涉枪案件在该地是重灾区，只有从重（处理）还从来没有过不起诉的，你们不要异想天开！"

（二）不放弃，不气馁

我们并不气馁，对于楠楠家里的情况，村委和村里人都非常清楚也都深表同情。楠楠家虽然贫苦但是一家人都勤劳善良,孩子们懂事、孝顺、有礼貌,成绩优异,很有可能通过读书改变原本家庭贫困的命运。楠楠所在的村委和全体在家的成年村民均认为楠楠的行为没有社会危险性,愿意联名请求司法机关不追究楠楠的刑事责任。我们将楠楠家庭情况、孩子学习获奖情况、楠楠及家人的病例资料、村民村委出具的《不追究楠楠刑事责任的请求书》作为证据提交给检察官,同时也再次约见检察官,面对面沟通及提交书面法律意见,再次希望检察院对楠楠作出不起诉决定。

距离第二次提交意见后一个多星期,我们接到检察官电话说经过讨论还是决定起诉,让当事人到一趟检察院做笔录,并询问当事人是否考虑认罪认罚。当事人认罪但是我们还想继续坚持争取不起诉,因此对于检察官提出签署认罪认罚具结书的建议,我们表示要一些时间考虑。

(三)公安部的好措施也眷顾不到我们

从检察院出来后没过几天,2023 年 8 月 22 日公安部在北京召开新闻发布会,通报当年全国公安机关打击整治枪爆违法犯罪专项行动举措成效,解读《最高人民法院 最高人民检察院 公安部关于依法收缴非法枪爆等物品严厉打击涉枪涉爆等违法犯罪的通告》(以下简称《通告》)有关精神。强调对于在 2023 年 10 月 31 日前投案自首或者主动上交枪支、弹药、爆炸物等非法物品避免严重后果发生的,人民法院在处理时将依法大幅度从宽,予以从轻、减轻处罚,犯罪较轻的,予以免除处罚。

公安部这个发布会对我们来说无疑是好消息,和检察官再次约谈,提出楠楠的行为无论是从《中华人民共和国刑法》《中华人民共和国刑事诉讼法》的规定还是司法解释、司法政策,都符合免除处罚的情形,也完全符合最新的国家关于打击涉枪涉爆公告的精神。我们第三次建议检察院对楠楠作出不起诉决定,但是检察官让我们不要想着不起诉了,劝我们还是接受认罪认罚。

既然无法改变起诉的决定,我们便积极追求缓刑的结果。第四次我们和检察官就刑期多少的问题以及适用缓刑意见进行沟通,提出我们愿意接受认罪认罚但是要求建议适用缓刑。检察官对建议适用缓刑和建议不起诉的反应是一样的强烈,说涉枪案件他们还未有过建议缓刑,这个案件也不可能建议缓刑，如果当事人愿意签署认罪认罚具结书，量刑建议为二年三个月。

（四）决定搏一把，输了也无悔

经与楠楠充分沟通，分析签与不签认罪认罚具结书的后果是多二到三个月的问题，楠楠说如果不能够缓刑，多几个月少几个月是没有什么意义的，因此，楠楠还是决定搏一把，不签！

当和检察官陈述这个意见的时候，检察官着急了，说如果不签认罪认罚的话自首情节就不算，甚至坦白情节也不算。我也不客气地回应，自首或者坦白情节都是法律规定的，楠楠不签认罪认罚具结书不是不认罪，而是对不能缓刑这个处罚不接受，你不能剥夺他的自首情节。对方沉默了几秒，可能也觉察到自己失言赶紧说撤回刚刚说的话，希望我们慎重考虑。我说楠楠已经慎重考虑过了，不建议缓刑便不签认罪认罚具结书。

最后检察院起诉至法院，量刑建议为二年五个月。

一审法院判决，迎来了家属的哭泣

庭前发现，检察官并没有将我们在审查起诉阶段提交的证据材料移送至法院，因此我们再次提交并和法官沟通，提出该证据证明楠楠没有社会危害性，希望免予刑事处罚或适用缓刑。

2023年11月2日下午开庭，上午楠楠被法院逮捕，这是一个不好的信号。开庭关于是否适用缓刑和控方展开了几轮辩论。

庭上我强调："两高一部"发布《通告》不仅是要严厉打击涉枪涉爆案件，更是呼吁、动员和鼓励有关人员及时自首，争取从宽、从轻、免予刑事处罚。我们经常说执法要有法可依，因此一定要领会《通告》的精神，不能对《通告》视而不见，只要涉枪案件一律起诉一律判刑，那"两高一部"连续三年发布的《通告》的意义何在？楠楠的情况完全符合《通告》的精神，应当免予刑事处罚即使判决也应当适用缓刑，公诉人却坚持不同意适用缓刑。

庭审即将结束时，我走向审判席再次希望可以免于处罚或缓刑；合议庭表达了针对现实的情况，会认真考虑我们的意见。

然而，一审法院还是没有采纳我们提出缓刑的意见。

坚持迎来了曙光——缓刑

一审判决楠楠犯非法制造枪支罪，判决有期徒刑二年五个月。楠楠家属继续委托我代理二审，提起上诉。

（一）辩护人的工作不仅仅是法庭上

对于案件事实简单且被告人认罪的案件，二审很多时候不开庭而采用书面审理的方式。为了避免二审法院书面审理，庭前我提交了开庭审理申请书，开庭前还主动约见法官，将案件的情况以及辩护意见向法官进行第一轮的陈述，强调公安部在8月份召开涉枪涉爆案件《通告》的精神，以及我们在审查起诉阶段与检察官的沟通情况，并强调类似案件在很多地方甚至都不起诉，我们认为本案可以免予刑事处罚或适用缓刑的理由。

同时，也向法官说明了楠楠现在的家庭情况。

法官很认真听完我的陈述，表态会开庭慎重审理该案，让我们回去做好开庭准备并说也准备要通知检察官阅卷。

我发现，在审查起诉阶段我们几次向检察院提交的法律意见书在卷宗材料中均没有附卷，为此，在二审期间再次提交给中院和市检察院。（事实证明这个决定是非常正确的，二审承办检察官认真地看了我们提交的书面材料，为后续的良好沟通奠定了基础。）二审开庭前，我们向法院提交了楠楠所在村委出具的《证明》，该证明得到了该村所有在家居住的村民的共同签名，证明楠楠平时表现良好，其行为未给该村带来危害，对楠楠判处缓刑不会对所居住的村有不良影响。

我们还向法官和检察官提交了几十份类似案件适用缓刑的案例检索报告，目的都希望这个案子能够改判缓刑。

（二）悬着的心终于可以放下

2024年2月4日下午二审开庭，楠楠的妻儿都来旁听，出庭检察员的出庭意见和我们的辩护意见几乎一致，尤其听到最后一句"楠楠可以适用缓刑"时，我们内心是无比兴奋的。走出法庭，家属双手握住我的手颤抖着小心地问是不是有希望改判。法院的判决结果还没有出来，大家的心还是悬着的。

2024年2月7日，接到二审法院的电话，通知去看守所接人，二审改判缓刑。

办 案 心 得

本案二审可以改判与辩护人庭前和检察官、法官多次沟通息息相关。尽管审查起诉阶段、一审阶段沟通无效，但是家属的不放弃、辩护人的坚持，最后让大家都迎来了曙光。

最高人民法院、最高人民检察院、公安部2018、2021、2022、2023年均发布了《通告》。在审查起诉阶段，公安部召开发布会关于对《通告》的解读对我们的案件是非常有利的，但本案基层办案人员看到的是"严厉打击"几个字，不注意或者根本不领会《通告》里面关于在通告规定的期限内投案自首、情节轻微的可以不起诉、免予刑事处罚。法院在处理的时候要大幅从低从宽等对犯罪嫌疑人、被告人有利的内容，而不能一律按照以前的惯例从重处罚。辩护人为了说服二审检察官和法官，将公安部召开上述发布会的内容全部截屏，以及在每一次《通告》期限内发生的类似案件做成案例检索报告、村委会出具对当事人判处缓刑不会给社区带来影响的意见书，分别交给检察官和法官。最后，市检察院是同意了缓刑的意见，中院最终也采纳了检察员和辩护人的意见，改判缓刑。

承办律师

徐美美，北京市盈科（南宁）律师事务所律师、盈科西南刑专委委员，获盈科律师事务所2023年度"优秀刑事律师"。广西未成年人保护专业委员会委员、广西海事海商专业委员会委员。

29 冲动是魔鬼，口角之争酿成惨案
——赖某涉嫌故意杀人罪一案

口角之争引发命案

1988年3月的一个晚上，赖某的弟弟和杨某等人吃夜宵的时候，与林某所在工厂的员工发生了争执，后来被人劝开。过了几天，赖某的弟弟过生日，邀请赖某、杨某等人到家里吃饭，一直吃到晚上10时许，在这期间大家喝了很多酒。晚饭结束后，赖某的弟弟和杨某等人出门，赖某由于担心弟弟喝醉后出去惹事，于是决定跟着他们。当他们路过林某所在的工厂时，看到工厂里的灯还亮着，杨某提议进去看看，后赖某的弟弟、杨某等人就进了工厂。就在他们聊天的时候，醉酒的赖某误以为其弟弟和别人发生了冲突，一时恶向胆边生，拿刀冲上前捅向林某，正中林某胸口，林某经过抢救还是不幸离世。案发后，赖某便逃离了现场。第二天，酒醒后的赖某得知林某离世的消息，便逃之夭夭，先后辗转天津、四川、青海、西藏、贵州、广州、上海、云南。在东躲西藏的日子里，他惶惶不可终日。30多年间，赖某也曾听朋友说他的行为"可能过几年就算了""公安机关可能不再追究"，他也曾想去公安机关自首……但无数次的侥幸心理战胜了他的理智，始终没能选择回来自首。直到33年后，也就是2021年3月，赖某才被抓获归案。

以故意伤害罪起诉

接受委托后，我多次会见赖某，了解案件基本情况，同时安慰他，缓解他的焦虑。在审查起诉阶段，我面临一个棘手的问题：赖某的家人经济状况不佳，无法与受害人家属达成赔偿协议，也就得不到他们的谅解。根据我国的法律规定，这种情况无法从人道主义角度获得轻判，只能从其他方面寻找辩护思路。

在对案件进行深入的调查和研究之后，我多次会见了当事人赖某，据此梳理了有关本案的辩护策略：①赖某行为的定性；②赖某的量刑。于是，我向公诉机关提交了应以故意伤害罪定罪量刑的法律意见，希望能对他从轻减轻处罚。

1. 赖某没有杀人动机，对于受害人林某的死亡结果持过失的主观心态

首先，在案发之前，赖某与受害人并无积怨已久的深仇大恨。第一，在案发时，赖某到案发地工作、生活才一个多月，与该地的居民、同行之间没有任何矛盾。第二，根据种种证据显示，赖某并没有与他人发生任何正面冲突。据其供述："这个人我也不认识，长什么样子，多大年龄都没有看清楚，我跟他也无冤无仇的。"可见在案发之前，赖某与受害人之间并不认识，更无积怨已久的深仇大恨，双方之间没有任何矛盾。因此，赖某不具有放任被害人死亡结果发生的内在动因。

其次，在案发之前赖某与其余人并无事前通谋要对他人进行杀害的犯意。

多份证人证言能相互印证，可以证实：案发当晚，赖某等人在吃饭之时并没有提及与他人之间的矛盾，更没有事先约定要去厂里寻事。据赖某笔录可知，当晚其弟弟等人进入玩具厂纯属是偶然经过时，看到该厂的门还开着，便临时起意想进去看看，赖某也未参与他们的商议，当时赖某也并没有对弟弟透露出自己携带了刀具，更没有表露出进去要故意杀人的犯意。

最后，在案发当晚，赖某与受害人并无任何对话内容，也没有肢体上的冲突，证明二人之间并无矛盾存在。且据证人证言："我们一起干活的人拦着这伙青年人，我把其中一个小伙子的双手抓住，我看见林某躺在

地下，我就把这青年小伙子的手放了，他们六个人一起朝外面跑。"可知，赖某朝受害人捅刺一刀后，当其摆脱束缚，并未再次对受害人捅刺，而是选择逃跑。结合其犯罪动机，可以证实赖某对受害人的死亡结果持过失的主观心态，仅有伤害的故意，没有杀人的主观故意。

2. 赖某在案发时的客观行为不符合故意杀人的行为模式

其一，区分故意杀人罪和故意伤害（致人死亡）罪，最为关键的在于审查被告人在案发时所持的主观动机。在本案中，赖某在案发之前和受害人方并无积怨已久的深仇大恨，案发过程中也未表露出故意杀人的犯意。在案发之时，赖某与受害人方也无争吵，其没有放任死亡危害后果发生的心理动因，没有杀人动机，对于受害人的死亡结果持过失的主观心态。

其二，故意杀人的行为模式应是不计后果，不顾受害人死活，在做出危害行为时相比较故意伤害，往往会更加地直接和激烈。对于受害人的死亡结果往往带有积极的心态。表现外部特征为：当受害人倒下时，积极地上前补刀或者是瞄准受害人的要害部位捅刺。而在本案中，据赖某供述"我当时直接拿刀朝那个人上半身捅去，具体捅到他哪里我记不清楚了；那个人当时在厂里做工的，刚转过身就被我捅到了"可知，赖某的危害行为表现为向受害人上半身捅刺。当赖某向前捅刺时，受害人应是侧面或者背面对着被告人捅刺的方向。本案的死亡结果因受害人恰巧转身，而赖某向前捅刺的部位才会发生变化，由原先的手臂部位或者背部位移到胸部。且赖某在实施第一次危害行为之后，在其手持凶器面对毫无反抗能力的受害人林某时，赖某并没有上前补刀，进行二次的捅刺，而是选择逃离，可见赖某对于受害人的死亡结果并非持积极的心态。因此，他的外在危害行为并不符合故意杀人的行为特征，其既没有瞄准受害人的要害部位捅刺，也没有在受害人丧失行为能力时补刀。

综上所述，可以反映出赖某主观上想要的仅是伤害受害人林某，其认为仅伤害行为就已达到帮助其弟弟等人逃离现场的目的，而不是要剥夺他人的生命。

3. 客观外在因素系本案发生的重要原因

（1）案发时，赖某处于醉酒状态，其神经处于高度紧张。首先，赖某饮酒过量。据证人描述："当晚他们喝了二十几瓶啤酒。"据赖某自己陈述，其喝了白酒又喝了啤酒，其间弟弟家里的酒喝完了，其弟弟还几次出去买酒，可知，当晚的饮酒量是极大的。其次，赖某期间一直未离席，饮酒时间长。据证人证言："大概六点多开始喝；泽某早些离开，其余几个在九点左右离开。"可知，赖某饮酒时间系晚上六点开始直至晚上九点多才结束，持续饮酒长达三个多小时。可见，在案发之时的赖某已经摄入了大量酒精，且根据其自己所称：其醉酒状态较正常人而言自控力较差、行事鲁莽。加上案发当晚其一直跟在弟弟身后，与弟弟有一段的距离，其间也没有沟通，仅靠着模糊不清的自身判断来分析当时其弟弟等人那边的情况，导致对当时的状况发生了错误的判断。因此，赖某因处于醉酒状态，对于事实的判断模糊不清，是导致本案危害结果发生的重要原因。

（2）案发地点的灯光昏暗，场地拥挤，赖某视线受阻。在1998年的时候，案发地点系老式的房屋内，家用灯泡照明程度远不如现在，而且案发地点较为拥挤。所以当时的灯光较为昏暗，赖某的视线受阻，加剧了其紧张情绪，误以为自己的弟弟与对方厂里的人发生争执，且对方当时占据人数优势时，慌乱加上下意识地向前捅刺，这时受害人刚好转过身，捅到了其胸部位置，酿造了悲剧。可见，诸多外在因素系本案案发的重要原因。

基于以上两点原因，在多次与检察官沟通后，公诉机关最终采纳了我的申辩意见，以赖某犯故意伤害罪提起公诉。

陷入僵局

案件到了法院，我再次对全案证据材料进行系统地梳理，并检索了当地多个相似案例及相关资料，对该案进行更加深入的研究之后，形成了一份长达15页的辩护词：对该案的定性、赖某存在的量刑情节、赖某不符合死刑立即执行的适用条件等方面进行详细的论述，以求说服合议庭对赖某以故意伤害罪定罪量刑而获得轻判，以保赖某的性命。但事与愿违，一审法院认为"赖某因琐事事先准备具有杀伤力的凶器尖刀，当场捅刺他人要害部位胸部，力度之大造成被害人死亡"，对公诉机关指控及辩护人辩称构成故意伤害罪不予支持；一审法院认为该案"犯罪情节极其恶劣，犯罪后果极其严重，依法应予严惩"，认定赖某犯故意杀人罪，判处死刑（立即执行）。

在一审宣判之后，赖某及其家属瞬间陷入了无尽的绝望。面对死刑（立即执行）的判决，赖某的情绪从懊悔、恐惧到最终的绝望，他的精神状态已经濒临崩溃。上诉成为他保住性命的唯一希望。然而，原本就经济困难的家庭，在赖某一审被判死刑后，更是陷入了无法承受之重。为了筹集给受害人家属的赔偿款，家人四处奔波，却依然难以筹集到足够的资金。面对如此艰难的处境，赖某的家人也感到无比无助。

对于赖某的亲属来说，死刑的裁定对他们而言无异于晴天霹雳。他们难以接受这一残酷的现实。他们心中满是对赖某的忧虑，担忧他在死刑执行前的这段时间里，该如何承受巨大的心理压力。

破　　冰

得知这一情况，我主动提出以法律援助的形式，免费为赖某提供二审阶段的辩护。在接受二审委托后，我第一时间再次会见了赖某，了解案件情况，并为其撰写了上诉状，帮助他提起上诉。接下来，我反复研读一审判决书及所有的案件材料，分析合议庭的审判思维，反思原辩护思路，从而整理出更具针对性的辩护方案。一次又一次前往省高院和经办法官沟通，着重从本案的定性、犯罪情节、量刑情节等方面分析，论述赖某的行为并不符合"罪行极其严重"的死刑适用条件，应归入"可不杀"之列，并本着"少杀、慎杀"的政策精神，恳请二审法院不予适用死刑立即执行。

经过不懈的努力，二审法院最终采纳了我的部分辩护意见，进行了改判，判决赖某死刑缓期二年执行。当赖某的家属收到二审判决书时，他们热泪盈眶："命保住了，命终于保住了！"他们紧紧握着我的手泣不成声，还送来了"道德品质高、专业知识精"的锦旗，深表感谢。

再 回 首

"没有什么比活下去更重要，也没有什么比活下去更艰难！"本案历经370余天，为生命辩护，我深感责任重大。面对一审的死刑判决，我始终全力以赴，庭前认真准备材料，庭审时据理力争，庭后不停和经办法官沟通，最终取得二审改判的结果，也得到了当事人的充分肯定。

那么，为什么要花这么大的力气，从证据中抽丝剥茧，找到赖某主观上不具有故意杀人的目的，希望对他的行为以故意伤害罪来定性呢？这就需要来看一看这两个罪名的区别以及量刑标准的不同。

1. 法律规定

《中华人民共和国刑法》第二百三十二条规定，故意杀人的，处死刑、无期徒刑或者十年以上有期徒刑；情节较轻的，处三年以上十年以下有期徒刑；第二百三十四条规定，故意伤害他人身体的，处三年以下有期徒刑、拘役或者管制。犯前款罪，致人重伤的，处三年以上十年以下有期徒刑；致人死亡或者以特别残忍手段致人重伤造成严重残疾的，处十年以上有期徒刑、无期徒刑或者死刑。

2. 两个罪名的相同点与区别

故意伤害罪和故意杀人罪二者同属于故意犯罪，包括直接故意和间接故意两种形式，即明知自己的行为会造成危害社会的结果，而希望或者放任危害结果发生。而二者的不同点在于故意伤害罪表现为非法损害他人身体健康的行为，但行为人没有要剥夺被害人生命的想法与目的。而故意杀人罪不仅表现为非法剥夺他人生命的行为，而且行为人有希望或放任被害人死亡的意图。评价行为人是否具备杀人故意应从多方面分析，不能单凭口供，或仅根据事实就下结论，而应根据发案原因、行为发展过程、犯罪工具、行凶手段、打击部位、打击强度、行凶情节、作案时间、作案地点、作案环境、犯罪人与被害人平时关系、致人死亡或未死亡的原因、犯罪分子一贯表现和犯罪后的态度等，进行综合分析判断。

3. 关于两罪的量刑

若将赖某认定为故意伤害罪，刑法规定故意伤害致人死亡的量刑为，处十年以上有期徒刑、无期徒刑或者死刑。根据《浙江省高级人民法院 浙江省人民检察院〈关于常见犯罪的量刑指导意见（试行）〉实施细则》，故意伤害致一人死亡的，可以在十年至十五年有期徒刑幅度内确定量刑起点——可以十年至十五年作为本案的量刑起点。

而刑法规定故意杀人罪的量刑为死刑、无期徒刑或者十年以上有期徒刑，情节较轻的，处三年以上十年以下有期徒刑。在确定故意杀人罪的量刑起点时，有必要综合考虑行为方式、社会危害结果以及主观恶性等因素，以进行全面评估。

在确定了故意伤害致一人死亡和故意杀人致一人死亡的量刑起点后，需要再根据被告人是否具有增加基准刑的情节和量轻情节确定其量刑范围。

根据《最高人民法院　最高人民检察院关于常见犯罪的量刑指导意见（试行）》，对累犯、有前科以及犯罪对象为未成年人、老年人、残疾人、孕妇等弱势人员的，根据不同情形可以或应当增加基准刑。

4. 对于赖某的定罪量刑

虽然在本案中，法院最后没有将赖某的行为定性为故意伤害罪，而是仍以故意杀人罪论处，但采纳了本案中辩护人提出的部分意见：赖某的犯罪行为属激情杀人，因种种原因导致对当时的现场情况判断失误，在酒精作用下举刀捅向他人，最终犯下大错。其犯罪行为是由于多个外在因素影响所导致的，并不属于犯罪情节极其恶劣，犯罪后果极其严重这一程度。从量刑情节上，本案中赖某是初犯、偶犯，不是累犯，亦无犯罪前科记录。其次，赖某的犯罪对象是普通成年男性，不属于《最高人民法院　最高人民检察院关于常见犯罪的量刑指导意见（试行）》中所列举的弱势群体，所以在量刑上不存在增加基准刑的情节。综合这些因素，二审法院对赖某改判为死刑缓期二年。

逝者已逝，但活着的人仍需继续前进。在本案得以圆满办结的背后，除去律师的坚持以外，也离不开省高院经办法官公正公平的职业操守。他们在审理过程中，严格遵循法律程序，全面审查证据，确保案件的公正审理。他们的专业素养和公正态度，为案件的圆满办结奠定了基础。

承办律师

潘晓珍，二级律师，擅长办理经济犯罪、职务犯罪等刑事领域各类重大疑难复杂案件及法律顾问等非诉讼法律事务。浙江光正大律师事务所副主任、管委会委员，浙江省律师协会第十一届理事会理事，浙江省律师协会刑事专业委员会委员，温州市律师协会第八届理事会理事，温州律师协会刑事专业委员会委员。

30 历经七年七审，少年故意伤害无罪案

该案是 2017 年我还在内蒙古呼和浩特执业时，陈梦曦团队承接的一起故意伤害案件。这起看似普通的故意伤害案件，我们团队却与当事人小马及其家属一起度过了 2000 多个日夜……

每次会见结束时，小马都会用双手在胸前比画一个圆圈，这是我们的"暗号"——等小马出去了请我们吃当地最正宗的"大盘鸡"。因此，"大盘鸡"成为我们和小马、家属之间彼此宽慰的"黑色幽默"，也成为我们彼此一路坚持的约定。

本案历时七年，三次发回重审，先后历经七审，最终在 2024 年 7 月，原一审法院裁定准许检察院撤回起诉，2024 年 8 月检察机关以事实不清、证据不足作出不起诉决定。

酒后滋事、引发血案，不由分说、全部刑拘

2017 年 6 月 11 日晚，被害人王某与其朋友在人民西路肉饼店内吃饭，席间被害人王某与饭店老板发生争执，饭店老板出门到隔壁修理厂躲避。22 时许，出去买烟的修车厂老板张某与饭店门前的被害人王某因言语不和发生口角，后互相扭打。后修理厂小马、饭店厨师参与其中，饭店厨师手持磨刀棍击打王某，后将磨刀棍藏于腰间。小马用脚踹了被害人王某。经法医鉴定，被害人王某头部所受损伤（脑疝、右侧额颞顶硬膜下血肿、脑挫裂伤、蛛网膜下腔出血血清除+去骨瓣减压术后）符合《人体损伤程度鉴定标准》第 5.1.2.g 和 5.1.2.h 条之规定，评定为重伤

二级。

案发第二天（2017年6月12日），饭店厨师李某、修车店老板张某被传唤、拘留。小马于案发后第四天（2017年6月15日）被刑事拘留。饭店老板被多次询问，后因藏匿磨刀棍，以包庇罪被刑事拘留。

疑点重重、难以定性，放手一搏、无罪辩护

"我没打人，我是拉架"，这是小马见到我们后的第一句话。

通过会见、查阅案卷材料和现场监控，我们发现：

（1）小马在公安机关一直是零口供，只承认去拉架，没有殴打等伤害行为。

（2）起诉书指控小马"用脚踹了被害人王某"的依据，系厨师李某第三次讯问（6月15日即小马被刑拘当天）笔录中提到"小马飞起一脚把王某踹倒在地上"的情节。但厨师李某在6月14日被问到"小马是否参与打架"时回答"我没看到"，该供述与6月15日出现明显矛盾。

（3）除此以外，在案嫌疑人、证人被问及是否看到小马参与打架，回答为没有看到或陈述他在拉架。

（4）案发现场监控视野范围有限，仅记录案发部分经过，加之监控录像极其模糊，在案人员当天衣着多为深色裤子+黑色半袖，根本无法辨认画面中人物。

（5）在案嫌疑人、证人多人提到，被害人多次摔倒在马路牙子上的情节。加之案发当晚被害人属于重度醉酒，案发地点正在道路维修，路面不平、碎砖随处可见，被害人重伤二级的致伤原因不能排除自己摔伤的合理怀疑。

在现有证据的情况下，办案单位认定小马参与打架，并实施伤害行为，确实存在事实不清、证据不足的情况。但同时，本案系突发案件，案发时间短、现场人多混乱，在客观证据缺失的情况下，通过言词证据还原案件情节有限。最终，我们相信小马坚称自己没有打人的无罪辩解，并且坚持"证据为王"的原则，以事实不清、证据不足对小马作无罪辩护。

一波三折、判处四年，程序违法、发回重审

针对本案证据疑点，辩护人提出一系列申请，包括《取保候审申请》《重新鉴定申请》《申请鉴定人出庭》《调取讯问同步录音录像申请书》等，希望能够引起法官重视。

以上申请没有得到有效回应。厨师李某在第一次开庭就明确表达其第三次供述是受到饭店老板、老板娘顶罪请求以及办案警官的明示，才作出对小马指认的供述，合议庭对此罔闻不顾；辩护人以影响案件公正审判为由提出法官回避，合议庭没有合议也没有答复。

就这样，一审庭审断断续续、跌跌撞撞地持续了大半年，经历了四次开庭、持续七个月之久。

2018年年底，一审法院判决小马有期徒刑四年。拿到一审判决后，小马毫不犹豫地提起上诉。

2019年春，中级人民法院以程序违法为由撤销一审判决，发回重审，这对我们和当事人来说，是重新燃起了希望。

重燃希望、新瓶旧酒，维持四年，洒泪会见

案件发回一审18个月之后，即2020年8月，我们终于接到了法院重新开庭的通知。第一次发回重审的庭审持续了整整一天，经过发问、质证及辩论，能够清晰得出本案没有有效认定小马构成故意伤害的证据，应当判决无罪。然而，2020年11月一审法院没有做出任何改变，仍然作出与原一审相同的判决结果。

对于这一结果，虽然作为刑事律师习以为常，但还是心中难以平复。我们认为要坚持上诉，然而，小马拒绝签署上诉状。他说："我绝望了，你们也别白费力气了，我很感激你们。每一次我都看到了你们为我事情的用心，这次发回重审，我以为会给我一个公正的判决，但还是判决我四年。现在我都在看守所待了三年多了，我也习惯了，反而不知道开庭时的日子，还比较轻松。现在突然告诉我要开庭，我不知道怎么面对，法庭上我没什么想说的……"

时间一分一秒地过去，因为恰逢新冠疫情，会见都有严格的时间控制。我们的苦口婆心劝说，但小马没有"回心转意"。最后，我终于忍不住告诉小马，他的母亲为了给他洗脱罪名四处奔波，关闭了苦心经营的餐馆，平日里靠收购旧衣裁剪后卖给务工人员换取微薄的收入，除去给小马每月存固定的生活费以外已所剩无几。亲人和朋友们都在坚持，他为什么要放弃？

最终，小马改变了想法。

司法整顿，执法为民，守得云开，二次发回

2021年1月，当地针对政法系统存在的问题，有针对性地开展了"政法系统执法司法突出问题专项整治行动"。其中，市委书记提出："有的政法干部学习意识淡薄，办事凭经验，工作靠感觉，执法能力低下，工作漏洞百出。"要求全市政法系统以实际行动刀刃向内、刮骨疗毒，彻底整治政法系统执法司法不公等突出问题。

辩护人利用该市司法整顿的契机，要求二审公开审理此案。幸运的是，二审法院不仅同意辩护人的申请，同时出庭检察官也多次当面听取辩护人及家属意见。二审庭审效果极佳，检察官和合议庭都关注到案件证据存在重大疑点。

2021年3月，二审法院以事实不清、证据不足第二次发回重审，同时对小马变更强制措施为取保候审。迷雾逐渐驱散，前路依旧曲折。希望未灭，就有机会。

排非申请，专家出庭，实质审理，终获无罪

2021年4月案件第三次回到一审法院。检察机关建议对案件进行补充侦查，案件退回公安机关。

不承想，本次补充侦查再次将小马作为众矢之的。案发四年后，侦查人员让在案被告人及证人再次对模糊不清的监控视频进行辨认，出现"狼人杀"游戏中"跳角色"的现象。

饭店老板、饭店老板娘以及被害人朋友胖瘦君四人在不断被信息渗透

和干扰的情况下，从以前的所有人说没见到小马打人，变成"一边倒"地指认从监控看到小马骑在被害人王某身上殴打，将"骑在身上殴打王某"的角色选配给小马，形成言词证据的围攻局势，由此形成了2021年4月的补充侦查卷。

第二次发回重审的辩护策略是：

1. 提交《非法证据排除申请》

2021年4月补充证据收集方式违法，且证据之间存在诸多矛盾点不能说明合理理由，不能作为定案依据。

以上四人在2021年最后一次笔录之前，在书面言词证据及当庭陈述中，均证实小马没有参加打架，且对于监控录像表述看不清。相隔四年后，以上四位证人均能够在模糊监控录像截图中分别指认在场人员，明显与记忆规律和常理不符。

以上四人2021年最后一次笔录与之前笔录矛盾，笔录及《辨认视屏（频）人员信息》及照片并非证人、被告人自行辨认，存在事先打印、标注的可能性，视频出现"指鹿为马"的情形，辩护人提出非法证据排除申请，公诉人没有提出合理说明或者补正，不应当作为定案依据。

（1）以上四人表述过于一致，包括其中部分情节进行倒叙描述也一致。故上述证据中视频辨认内容真实性存疑，不能作为定案依据。

（2）以上四人进行关键人物情节辨认时，均非基于作为案发现场参与者的直接感知，而是根据身形、体态等来推断。证人猜测性、评论性、推断性的证言不得作为证据使用。

2. 申请全国知名法医专家胡志强作为"有专门知识的人"

胡志强老师系轰动全国的"念斌投毒案"专家辅助人。本案邀请胡老师论证事项有三：①被害人王某是否系磨刀棍击打形成的？②被害人王某是否有其他损伤？③被害人王某伤情形成的可能性。

胡老师对案件证据，尤其是被害人病历材料等进行分析研究后，他认为：①磨刀棍未提取到王某血迹；②王某重度醉酒；③损伤符合摔倒形成机制，综合以上因素，王某重伤二级系在无意识下摔倒的意外事件所致。

该结论法院并没有采纳，如采纳将意味着全案无罪的局面。法院采纳被害人王某的损伤不是击打伤，而是受到强烈冲击形成的对冲伤，且认定被害人王某有多次摔倒、头部着地的事实。这一认定，与公诉机关指控小马脚踢、骑在身上打等行为，与王某受伤部分及原因均不相符。

3. 申请对监控录像进行清晰化处理及人物比对鉴定

法院依法先后两次委托具有资质的鉴定机构对监控录像进行清晰化处理，但鉴定机构均反馈无法使用技术手段还原视频画面，更无法进行人物对比，因此，本案缺乏关键客观证据。

第三次回到一审法院，我们的心情完全不同，但幸运的是碰到一位认真负责、有担当的青年法官。时值新冠疫情最严峻的时候，他仍然能够保障各被告人的诉讼权利，将案件焦点问题拆解，在条件允许的情况坚持线下开庭审理，每次开庭集中解决一个或者几个问题。本案历经六年，庭审方才聚焦证据实现庭审实质化。

判决说理充分，证据之间横向纵向对比，最终以"现有证据不能证明马某在现场参与打斗，公诉机关指控马某构成故意伤害罪，本院不予支持"做出无罪判决。

检院抗诉，三次发回，撤回起诉，尘埃落定

当无罪判决刚送达我们，检察院就提起抗诉。的确，刑事辩护是一项折磨人的事业。它可以让人顷刻登上愉悦的顶峰，也可以把人顷刻抛入痛苦的深渊。

检察院认为，法院将2021年补充的部分证据没有作为定案依据是错误的，但同时接受了辩护人及专家证人对成伤原因的辩护，即认可为冲击伤并非打击伤，坚持小马系骑在王某身上殴打之人，王某伤害结果系小马造成。

如果二审一直以"事实不清证据不足"和"程序违法"两个理由交替发回的话，会导致这个案子永远没有终审结果。对此，在第三次发回重审后，我们转变思路，在坚持判决无罪的同时，也和法院、检察院协商请其撤回起诉。

2024年7月，法院作出准许检察院撤回起诉裁定；2024年8月，检察院对小马作出不起诉决定。到此，该案历经七年七审，三次发回重审，终于尘埃落定，小马无罪。

承办律师

　　陈曦尧，广东省律师协会职务犯罪辩护专业委员会副秘书长、深圳市律师协会刑事犯罪预防法律专业委员会秘书长、深圳市律师协会福田区律师工作委员会企业合规法律研究中心委员、深圳市企业合规协会会员、深圳大学合规研究院校外实践导师、深圳深证投资者服务中心投教讲师、深法援百人律师合规讲师团成员。专注于刑事辩护和企业合规业务，具有高级企业合规师、数据合规官DPO资格。其负责的合规案例被评为2023年福田区优秀企业合规案例、2023年深圳律师合规业务典型案例。

　　于梦阳，内蒙古百宁律师事务所执行主任、高级合伙人，内蒙古自治区优秀律师，现任内蒙古自治区律师协会合规专业委员会副主任、中国国际贸易促进调解委员会调解员、中国国际贸易促进委员会内蒙古自治区委员会调解员、内蒙古自治区民营企业法学研究会副会长、内蒙古自治区无线电管理委员会专家顾问、内蒙古自治区应急管理厅专家顾问、内蒙古自治区物流协会专家顾问、内蒙古自治区广播电视台、呼和浩特市广播电视台嘉宾律师。从业10余年，为多家国有、民营企业机构担任常年法律顾问，在金融领域、建设工程领域、企业风控等方面具有丰富经验。

31 猎狐归案，二审成功改判
——打掉"非吸罪"十年刑期降至六年

本案一审当事人被判非法吸收公众存款罪三年，集资诈骗罪七年，合并执行九年。二审阶段，陈晓薇律师团队发现并递交了新证据，打掉了非法吸收公众存款罪，集资诈骗罪也从七年减至六年。

本案当事人已经在看守所待了近四年，也就是说，再有两年时间，她就能获得自由。

非法集资类案件二审改判难度非常之大。但本案的改判，给予了所有刑辩律师信心。

陈晓薇律师团队先后有四名律师参与这个案件，经历了数次延期、一审变更审判人员、新冠疫情等情况，可以说是工作量大、辩护难度大。但，值得记录的是，经过团队的不懈努力，和不言放弃的坚持，本案二审由上海市第一中级人民法院改判。

案 情 简 介

本案当事人H，大学毕业后进入一家公司担任前台，与该公司的高管P相识，并成为男女朋友关系。此时的H只有19岁，而P则40来岁。

后来，P称要去宁波发展，于是带着H以及该公司另一名财务高管去了宁波，注册成立了宁波某矿业公司。后回到上海，成立了两家公司，开始非法集资业务。

一开始，公司有正规合法项目，非法集资的资金也都有具体明确的投资，但随着摊子越来越大，以及一些自然灾害的影响，项目方已经停止了项目合作，但P仍然以该项目对外募集资金，直至资金链完全断裂。

之后，P携H一起去非洲某国，在该国开宾馆。三年后，国家启动猎狐行动，P和H在某国被抓获归案。

一审认定P和H都构成非法吸收公众存款罪和集资诈骗罪。P非吸罪被判七年，集资诈骗罪被判十三年，合并执行十八年。H非吸罪被判三年，集资诈骗罪被判七年，合并执行九年。

二审法院对于P维持了原判，对H撤销原判，仅认定了集资诈骗罪，判处六年。

会见当事人，确定辩护方向

在H被抓获回国的第三天，H家属找到了陈律师，向陈律师大致讲解了H的情况。虽然家属不了解细节，但从家属的陈述中，可以大致了解到：①H仅仅是P的女朋友，并没有过多参与涉案的业务。②H跟P出国，并非潜逃。H告知家属，P多次告知她国内的事情已经处理好了，出国去创业，故H才跟着P一起出国。③国内的相关涉案人员都已经被判决，判决情况不一。

在初步了解之后，我们会见了H。通过会见，我们了解到：①H为P的女朋友，一直在家中做全职主妇，并没有参与任何涉案公司的设立等工作。②H在2015年上半年之前，并没有参与公司的业务，仅仅在涉案公司成立之初，去做过几个月的前台工作。直到公司招聘到了前台，H又回到家中做全职主妇。③H在2015年下半年之后，确实去公司帮助P进行了转账，但这些都是在P的要求下进行的。④H去非洲国家，并非潜逃，是因为P告知她，国内事情已经处理好了，出国创业，所以才跟着P一起去了国外。

了解到详细信息之后，律师团队对H的案情进行了分析，认为H所说的话具有可信度。可以做无罪辩护。

不久，案件就到了检察院审查起诉阶段。我们也第一时间阅卷。

详细阅卷，形成变更罪名的辩护意见

公安机关对 H 指控两个罪名：非法吸收公众存款罪和集资诈骗罪。通过阅卷，我们发现，公司人员做的相关笔录，所有人把矛头都直指 H。因为 H 不在国内，所以，他们将能往 H 身上推的都全部推给 H。其中，任某某在额多份口供中，均指认 H 为涉案公司的股东、H 为涉案公司的财务负责人、H 前后均参与了公司的经营管理等（后来才查清楚，任某某其实才是真正的财务负责人）。

多名人员、多份口供对 H 的指认均与 H 的陈述不符。

我们也犹豫过、怀疑过，但凭着多年与人打交道的经验，还是选择相信我的当事人，因为她的口供自始至终都保持一致，而且与向我们所讲述的也一致。于是，我们提出如下四份申请：

（1）请求向天津××资产评估事务所有限公司调取《易县某某矿业有限公司预评报告单》（津盛源预评企字〔2015〕13 号）。

（2）请求调取《关于 P 涉嫌集资诈骗的司法会计初步查证意见》、《专项审计报告》（国信震邦专审字〔2020〕001 号）、《关于上海某某资产管理有限公司溧阳分公司涉嫌非法吸收公众存款的司法会计鉴定意见书》（沪司会鉴字〔2020〕第 16 号）全部原始数据。

（3）请求调取《专项审计报告》（国信震邦专审字〔2020〕001 号）、《关于上海某某资产管理有限公司溧阳分公司涉嫌非法吸收公众存款的司法会计鉴定意见书》（沪司会鉴字〔2020〕第 16 号）中作为统计依据的全部投资人笔录。

（4）请求调取同案人员李某某、任某某案的全部案卷材料。

经过紧锣密鼓的阅卷，我们形成了 30 余页《关于请求变更 H 罪名为非法吸收公众存款罪的法律意见书》，连同上述 4 份申请一起递交至检察院。

由于本案是"猎狐行动"跨境抓获归案的，所以办案机关能从重处罚的，绝对不会就轻处罚。检察院的辩护失败，仍然以非吸罪和集资诈骗罪两罪起诉至一审法院。

审查起诉阶段，我们还递交了《羁押必要性审查申请》，也未获通过。

经过 3 上 2 退，案件起诉到了法院。

法庭上，据理力争，仍被重判

在《起诉书》中，认定 H 是涉案公司的财务负责人，并以非法吸收公众存款罪和集资诈骗罪指控。

法院经过 2 次正式开庭，开庭中，我们提出了如下辩护意见：

（1）不能将 H 与 P 认定为同一体，他们是独立的两个个体，需要区分来看。

（2）H 不构成集资诈骗罪。

（3）H 仅对其 2015 年 3 月之后的行为承担非法吸收公众存款从犯责任。

（4）H 并没有携款潜逃。

（5）涉案非法集资数据错误。

我们先后两次递交辩护词。下面把经过庭审之后，我们具有针对性的补充辩护词公示如下：

H 涉嫌非吸、集资诈骗案辩护词

我主要想补充三点：

第一点：起诉书将 P 的行为与 H 不加区分指控与本案事实不符，且有违常识，有违常理。

H 出生在一个偏远的农村家庭，从大专一毕业，也就是还不满 18 周岁，就跟 P 谈恋爱，成为恋人关系。一个农村出来的，没有任何家庭背景，没有任何见识，学文秘的，17 岁的女孩子，能有这么多的思路去开设这么多公司，能控制这么大的一个集团吗？很显然不能。今天 H 也站在法庭上，从她的言谈举止，从她的法庭问答我们都能看出，这是一个不谙世事的女孩子。公诉人可能也办理过任某某和李某某的案子，任某某和李某某是什么情况，我想公诉人是非常清楚的，他们与 H 并不是一个世界的人。他们才是设立公司，开展非法集资业务的主要人员。所以，起诉书将 P 的行为与 H 不加区分地认定，有违常识和常理。

第二点：如果对 P 的行为与 H 的行为不加区分，将有违刑法罪责刑相适应的基本原则。

我国刑法的宗旨是不枉纵一个坏人，也不冤枉一个好人。P和H很显然是两个完全不同的主体，他们在本案中从事的事情也完全不同，应当区分。P与H的区分主要有：

1. H并没有参与设立任何一家公司。不论从公司的股权结构，还是从日常的经营管理来看，公司都是P、任某某、李某某等人设立并管理的。H没有任何出资，没有任何股权登记，也没有进行过任何管理。

2. 2015年之前H并没有参与任何公司的业务。根据她本人的口供，仅在宁波津海鑫公司刚成立的时候，去做过一两个月的前台接待工作，之后就回家做了全职主妇。这一点欧阳某某的证言也能印证。而任某某的口供是不真实的，主要是因为在2015年之前，任某某是整个公司的财务负责人，她自己也承认，欧阳某某的口供也能证实。她之所以把责任推给H，是因为想要推脱自己的责任。从本案其他人员的证言也能证实，2015年之前，财务负责人是任某某，而不是H。所以，H不应当对起诉书指控的第一节事实，也就是"非吸"承担责任。

3. 在2015年之后，H才按照P的指令仅仅进行转账工作。这里要注意，她并不知道龙潭湖项目已经结束，也深信某某矿业很值钱，这些都是P告知，和她看到储量报告后的认识。所以，H并没有非法占有的目的，所以不构成集资诈骗罪。这一点要跟P有所区分。

4. P在整个业务过程中，处于主动积极的主犯角色，而H则处于被动，机械执行指令的从犯角色，这一点应当区分。同时，H并没有任何违法所得，仅有一辆车，也抵押贷款用于公司经营了。

5. H之所以跟随P出国，是因为P告知H，国内的事情已经处理完了，要出国去创业，H深信不疑。所以H并没有潜逃。本案在案证据也不能显示，P有任何携款的行为，相反，从投资人的口供可以证实，P并没有携款。

第三点：本案并未区分"非吸"和集资诈骗的金额，导致无法精准量刑。

综上，H仅应对2015年之后的"非吸"行为承担责任，并且应被认定为从犯。

最后，还是恳请对H判处三年以下有期徒刑，并处缓刑。

在经过 2 次庭审之后，我们静等法院的判决。但经过了数月仍然没有任何消息，后面联系法院，被告知原来的审判人员已经离职，本案重新指定审判人员，并且要重新开庭。

这对我们来说既是好消息，也是坏消息。好消息是又有一次开庭机会，我们在庭审上再次表明、强调我们的辩护观点。坏消息是可能新任的审判人员被动接受本案，不愿深入其中。

之后，又经过了一次庭审，本案也被宣判。

判决结果如下：P 非法吸收公众存款罪被判七年，集资诈骗罪被判十三年，合并执行十八年。H 非法吸收公众存款罪被判三年，集资诈骗罪被判七年，合并执行十年。

拿到这份判决书，当事人已经面临崩溃。她不知道自己的行为需要承担这么重的刑罚，想要放弃。在我们的劝说下，H 还是选择了上诉。最后结果证明，这次上诉改变了 H 的命运。

我们马上撰写完成了《上诉状》，由 H 签字后递交至一审法院。

二审发现新证据，成功改判

在本案二审过程中，我们也多次递交申请，申请相关证人出庭等，但最终都石沉大海。在我们一筹莫展之时，H 家属清理 H 物品时发现了涉案公司的财务账簿，整整两大箱，包含了整个涉案过程。

经过整理，我们发现，H 确实诚实供述。在 2015 年 3 月之前，财务账簿中并没有 H 的任何签字，签字的财务负责人都是任某某。于是，我们把全部财务账簿递交至法院。后也经过二审检察院的正规提取，成为本案的重要证据。

在二审过程中，我们还递交了一名证人证言，证明 H 在 2015 年 3 月之前并没有参与公司的经营管理，也不是财务负责人。

有了这两份有力的证据之后，检察员也找任某某录口供，任某某一改之前的口供，承认 H 并没有在 2015 年 3 月之前在公司担任财务负责人。此外还有其他人的口供，也都翻供，承认了上述事实。

最终，二审检察员当庭出示了这 5 份证据。当庭认可 H 不构成非法吸收公众存款罪，但对于集资诈骗罪，还是认为 H 构成，并且承担财务负责人的角色。

我们当庭辩护意见如下：

一、辩护人认可检察员当庭发表的"H 在 2015 年 3 月之前没有参与过任何涉案公司的业务，原审判决中认定 H 构成非法吸收公众存款罪不成立，二审当庭予以修正"的公诉意见

从二审检察员当庭举证的某某公司的财务凭证可以看出，自 2015 年 3 月之前，并没有任何 H 在财务凭证上的签字，所有签字人员均系任某某和 P。

H 历次口供，对该事实的供述均一致，即 2015 年之前并没有参与过任何××等两家公司的任何业务。

此外，二审检察院当庭出具的任某某的证言、阴某某的证言，以及辩护人提供的曹某某的证言，均能证明 H 并不是某某公司的财务负责人，并没有参与过公司实质性的业务。

二、H 在 2015 年 3 月份之后的行为不应当被定性为集资诈骗罪，而应当定性为非法吸收公众存款罪

1. 2015 年 3 月后，H 仅为涉案公司最底层的人员，并不是财务负责人。

H 中专学历，学的是文秘专业，中专毕业后，一直被 P "圈养"在家里，没有任何的社会经验和财务知识，看不懂财务报表。与财务负责人的要求差得太远。

P 以人手不足为由，让 H 在 2015 年 3 月后到公司帮忙。H 只是按照 P 等人给她的转账单，机械执行 P 的指令进行转账。H 的工作完全可以被一台电脑或者一部手机代替。

H 并没有任何的财务负责人的权限，不了解公司的经营状况，不了解公司的财务状况，不控制、管理、决定公司资金的去向。

实质上，2015 年 3 月前，公司的财务负责人是任某某，2015 年 3 月后，宁波某某、上海某某、上海某某公司的财务均是 P 一手控制的。

H 虽然经手转账，但只是把下面财务统计的数据传递给 P，再按照 P 的指令拨款至相应的账号。这样的工作内容，根本无法称得上是财务负责人。任何一个会电脑、手机转账操作的人，甚至一部可以转账的智能手

机，都能够代替上诉人的工作。

H 的工作机械、简单，比同时期在职的其他财务人员都要少。其他财务人员要统计投资人的投资情况、投资到期情况、本金和利息的计算情况、已经兑付和未兑付的情况等等。而 H 仅仅依照这些人员做好的单子，操作下手机转账即可。

此外，从 H 每个月 3 000 元的收入也可以看出，并非一个财务负责人的收入，而是公司最底层员工的收入。

2. 2015 年 3 月后，H 是被 P 所骗，才去涉案公司帮忙从事了转账工作。H 主观上并不明知公司的经营业务情况和财务状况。

从 H 一直以来的口供，以及一审、二审开庭庭审均可以看出，H 对此的供述非常稳定，即 P 带她去看过某某矿场，给她看过一份估值在 9.8 亿元的矿场估值报告。H 所见到的矿场正在运转。

P 带她去过龙潭湖农庄，农庄一派欣欣向荣的景象。并且，P 把 H 的哥哥安排到龙潭湖农庄去养猪。P 告知 H 这个项目是省政府的重点项目，前景非常好。

H 在 P 的欺骗之下，来到涉案公司，帮助 P 转账。

H 没有任何财务知识，没有任何的社会工作经验，甚至有些自闭。她没有及时发现 P 公司的各种问题。

P 当庭也讲到，他不会把公司的经营情况告知给公司的员工，包括 H 在内。也就是说，公司的员工并不知道公司的经营状况，只有 P 等高层人员掌握公司的实际经营信息。

H 跟其他所有底层员工一样，只知道埋头干活。他们主观上跟 P 有着本质的区别。

在本案中，据了解，目前跟 H 一起工作的其他财务、行政等人员均没有涉案，只有 H 一人涉案。涉案的原因很大一部分是因为她是 P 的女朋友，跟 P 出国创业，这对 H 来说是不公平的。

3. H 并没有畏罪潜逃，也没有携款。

H 口供自始至终都保持一致，即 P 告知她国内的事情已经处理完了，要去出国创业了。这一点也得到了 P 的当庭认可。

H 在境外的生活非常拮据，给家里人打电话都会想着省钱。因为没有钱，所以几年无法回国看望年迈的父母。

H 只是一个为了所谓的爱情，跟男朋友出国创业的主观故意，并没有潜逃的主观故意。这一点，H 要跟 P 做出区分。

三、H 仅对 2015 年 3 月后的非吸行为承担从犯责任

H 被骗入涉案公司，为 P 转账。甚至讲 H 被 P 胁迫入涉案公司工作都不为过。只不过 P 胁迫 H 利用的不是传统意义上的暴力，而是利用了 H 对他的感情和依赖。这也是 P 长期将 H 藏于家中，对 H "PUA" 的结果，使得 H 除了 100% 对 P 依赖之外，没有任何的其他能力，也没有任何选择。

H 进入涉案公司所做的工作都是 P 安排的。按照指令转账行为对 P 等人的"非吸"行为确有一定程度上的帮助作用，但该作用有限，也并非"非吸"犯罪的核心工作。

甚至可以说，H 的行为相较于李某某、任某某的行为，帮助作用更加轻微、主观故意更加小、社会危害更加小。

H 的工作对整个犯罪中的吸收资金只起到了辅助作用，应认定为共同犯罪中起次要或辅助作用的从犯。

综上所述，H 主观上对涉案公司及 P "虚构项目、借新还旧"的犯罪行为并不明知，甚至被 P 欺骗公司经营状况非常好，财产特别多。客观上仅在 2015 年 3 月后在其深信 P 的项目为真的情况下，对犯罪起到了轻微的辅助作用，主观上没有非法占有目的，将其认定为非法吸收公众存款罪的从犯显然更符合法律规定和事实情况。

恳请二审能够改判 H 构成非法吸收公众存款罪，在三年三个月至三年六个月期间量刑。

此时，为什么要提对 H 在三年三个月至三年六个月期间量刑？是因为 H 已经被羁押了近三年三个月时间。这也是辩护人辩护的无奈之举。

最终，二审法院改判 H 不构成非法吸收公众存款罪，但构成集资诈骗罪，判处有期徒刑六年。

至此，本案画上一个圆满的句号。

本 案 反 思

任何一个刑事案件，只要有一线希望，都应该要尽百分之百的努力去争取。在刑事案件辩护中，首先辩护律师不能放弃，当事人更不能放弃。

任何一个刑事案件，都有其独有的证据体系及证据情况，是否需要辩方递交证据，什么时候递交，以什么样的方式递交等，都需要针对具体案情，具体对待，不能一概而论。

有时候，递交的证据对当事人非常不利，尤其是手机等设备，这些设备上虽然删除了相关的记录，但在侦查机关的取证机下，都可以原封不动地复原。有时候，需要辩护律师向办案机关申请调取相关证据。有时候，需要辩方自行提交相关证据。

承办律师

陈晓薇，资深刑事律师，毕业于中国人民大学法学院。现任北京盈科（上海）律师事务所高级合伙人。主攻经济、金融证券类刑事辩护及企业刑事法律风险防控。执业13年，代理了大量经济、金融证券类刑事案件，并为数十家企业提供刑事法律风险防控。秉承"精细化＋精准化＝有效辩护"的理念，其代理的相当部分案件均取得了撤销、取保候审、不起诉、免予刑事处罚、缓刑等良好辩护效果。

32 从三年有期到缓刑
——崔某某涉枪案的有效辩护

2024年3月4日，G省S市中级人民法院，对涉嫌非法买卖枪支罪的上诉人崔某某与蒋某某作出适用缓刑的二审判决。至此，本案三名上诉人中的崔某某及蒋某某，在经历一审实刑判决后，经过苏明飞律师的用心辩护，终于迎来了缓刑结果。虽然无罪辩护没有成功，但对当事人而言，这样一个结果，也算是不错了。正如崔某某言："心里既高兴又难过，不用与世隔绝了，但从此就成为有罪之人。"

上游卖家案发：警方顺藤摸瓜找到崔某某与蒋某某

崔某某是G省S市市民。2021年，闲来无事的崔某某与蒋某某，于新冠疫情期间合伙在网上开了小店，专营各种户外运动类小商品，主要销售对象为国外用户。其经营模式为，先在阿里巴巴1688平台上选中商品并下单交易，然后挂在亚马逊平台上出售。2022年6月23日下午，警方突然来到她们办公室，将办公室内的所有小商品翻了个底朝天，同时对崔某某与蒋某某采取强制措施。根据后来的证据显示，警方找到她们，是由于她们的上游卖家涉嫌非法买卖枪支罪被抓，而她们所销往国外的涉案物品，均来自于该上游卖家。

一审法院：崔某某、蒋某某均构成非法买卖枪支罪

2022年12月19日，S市L区人民检察院向L区法院提起公诉，起诉崔某某、蒋某某涉嫌非法买卖枪支罪。2023年11月13日，L区法院作出一审判决，认定崔某某构成非法买卖枪支罪，判处有期徒刑三年，认定蒋某某构成非法买卖枪支罪，同样判处有期徒刑三年。

以证据为支撑，在一、二审程序中坚定做无罪辩护

一审宣判后，崔某某与蒋某某均不服判决，先后向S市中级人民法院上诉。二审法院立案后，辩护人在接受委托后及时向法院递交了在一审后出现的且对上诉人崔某某有利的新证据；同时，辩护人也向二审法院提交了开庭申请。二审法院经过审查，决定开庭审理。

在一、二审庭审中，辩护人以在案证据无法证实上诉人崔某某不具有非法买卖枪支配件的主观故意这一要件为出发点和突破口，向法庭表明上诉人不构成非法买卖枪支罪。尽管在案证据中有关于案涉拉机柄是枪支配件的鉴定意见以及关于拉机柄的翻译材料，但是不能据此认定崔某某具有非法买卖枪支的主观故意。辩护人对鉴定意见的证明力表示强烈质疑，提出即便拉机柄是真正的枪支配件，司法机关在认定上诉人是否构成犯罪的时候，也必须遵循主客观相统一的原则，否则，就是客观归罪。而这个案子，控方的指控就遵循了客观归罪的逻辑。因为，在案无一证据可以证实崔某某在向上游卖家购买拉机柄时知道拉机柄为枪支配件，上游卖家的供述中没有曾经告知崔某某关于拉机柄作用的内容，其甚至称是在后来才知道拉机柄的具体作用。辩护人之所以无比坚定地为崔某某做无罪辩护，是因为在阅卷过程中，发现事关崔某某罪与非罪的供述之处，办案人员极有可能存在虚假记录行为，因为崔某某在笔录中说自己在向上游卖家购买拉机柄时知道拉机柄是枪支配件。而另外一个当事人，即崔某某的合作伙伴、上诉人蒋某某，在讯问同步录音录像中说她不知道拉机柄是枪支配件，却在讯问笔录中却有跟崔某某近乎一致的知道拉机柄是枪支配件的供述。蹊跷的是，关于审讯崔某某的同步录音录像中，只有图像没有声音。

根据常理，崔某某与蒋某某一起合伙做生意，二人同在一间办公室办公，工作分工虽略有不同，但从在案证据看，两人对案涉商品的来源、去向、品类、价格等都是非常清楚的，不存在一人知晓而另一人并不知晓的情况。由此，辩护人向一二审法庭提出办案机关在做笔录时存在诱供和虚假记录的违法行为，请求法庭依法排除对当事人不利的供述，同时以同录作为定案根据，作出存疑有利于被告人的认定。遗憾的是，公诉人就是不对上述实质性冲突予以回应，虽经辩护人一再要求。一审判决，对此更是只字未提。

二审法院通知开庭后，辩护人在与崔某某取得一致意见后，及时调整了开庭策略，依然将辩护重心放在无罪辩护上。在做无罪辩护的基础上，辩护人还向法庭提出，如果法庭一定要判当事人有罪，那么，请依法对上诉人适用缓刑。记得庭审从上午九点半开始。未开庭之前，书记员就向几位辩护人表示，从九点半到十二点，共有三个庭要开，希望辩护律师加快速度，提高效率。同时，他也说明了庭审流程：辩护人陈述完后，出庭检察员陈述，然后由上诉人做最后陈述，最后休庭。

一股无形的压力扑面而来。尽管如此，辩护人的辩护工作也丝毫没打折扣，不仅向法庭出示了新的证据，而且发表了翔实有据的辩护意见。更为重要的是，辩护人在法庭上再次要求出庭检察员对讯问笔录与同录中存在实质性冲突的地方进行回应。虽然，出庭检察员极不情愿，但最终还是对此问题予以了回应。不出所料，她否认了辩护人的辩护观点，认为讯问笔录与同录之间不存在实质性的不同。在辩护人要求有针对性地播放同录时，她沉默不语。在这个时候，辩护人毫不客气地予以回击："关于同录，你要么没看，如果看了还这样，说明你在胡说八道。"

办 案 体 会

就绝大多数刑事案件来说，二审法院对一审法院的判决结果，都是维持，而直接改判或发回重审的少之又少。在这种大环境下，面对当事人拿到的一审判决结果，到底要不要上诉？上诉的利弊有哪些？作为刑辩律师，作为专业的法律人，我们能做的，就是为当事人梳理在案证据，解答法律问题,及时指出一审判决中的错误之处,帮助当事人树立上诉的信心。

承办律师

苏明飞,广东华商律师事务所合伙人、刑辩研究中心主任,第十一届深圳律协刑诉委委员。

33 一案变更三罪名，他到底犯了什么"罪"
——冯某寻衅滋事案两次发回重审纪实

简单的案件不简单

这是个很简单的案件。该案事实和法律关系比较单一，也就几本案卷材料，是个明显无罪的案件。接受委托时，以我执业十几年的经验，认为该案是个速战速决的案件。但该案，司法机关先后变更三次罪名，二审法院两次发回重审，历时两年之久。

公安机关先是以敲诈勒索罪将冯某刑事拘留，一审法院以诈骗罪判处冯某有期徒刑三年六个月。冯某不服提起上诉，二审法院认定冯某犯诈骗罪事实不清，发回重审。发回重审之后，一审法院却以寻衅滋事罪判处冯某有期徒刑两年两个月。冯某不服，再次提起上诉，二审法院开庭审理后，再次撤销一审判决，发回重审。

再次发回重审期间，一审法院主动给冯某变更强制措施，冯某在羁押两年之久后，终于走出看守所，获得了久违的自由。

看来，看似简单的，哪怕是明显无罪的案件，一旦进入刑事程序，很难再全身而退。要想迎来自由，往往要付出艰辛的努力，克服生理上的痛苦和心理上的恐惧，还要顶住各种压力。律师辩护的过程也是如此。

看来，无罪辩护的案件，没有简单的案件。

指控事实

公诉机关指控，2009年某高速某县段修路时，占用了被告人冯某承包的某街村土地，其中包含冯某承包土地上的地表附着物绿化树、果树等及1眼60米浅水井、1眼350米深水井、某街村集体所有的1眼350米深水井。2009年5月6日，某高速征迁指挥部转入某镇财政所地表附着物补偿款290 470元，当日冯某领取补偿款220 470元，其中包含1眼60米浅水井的补偿款，时任某街村支部书记李某领取属于某街村集体所有的1眼350米深水井补偿款7万元。2009年7月19日，某高速征迁指挥部转入某镇财政所地表附着物补偿款180 400元，当日冯某领取补偿款180 400元，其中包含1眼350米深水井的补偿款。2020年以来，冯某拿着一张1989年3月10日某县水利局打井公司收款收据复印件，多次上访，理由是李某领取的7万元深水井补偿款应属于他。2021年4月26日，镇干部张某因不了解实际情况，迫于信访压力，在召开村委会后以个人名义支付给冯某7万元。公诉机关认为，被告人冯某无视国家法律，虚构事实骗取他人财物，数额巨大，其行为触犯了《中华人民共和国刑法》第二百六十六条之规定，犯罪事实清楚、证据确实充分，应当以诈骗罪追究其刑事责任。

被告人冯某辩称："时任某街村支部书记李某领取属的1眼350米深水井补偿款7万元本就属于我本人的。我向领导反映问题都是合法合规的，没有采取非法手段。当时，某城镇人大主席、包片片长张某打电话通知我去领取某高速补偿款，张某和某街村支部书记刘某在吴某养鸡场把7万元补偿款给了我，我给张某打了一个收条，证明我收到某高速补偿款，我不构成任何犯罪。"

案件起因

村民冯某承包的村集体土地被征收，冯某领取国家补偿款时，发现部分补偿款（7万元）被村支部书记李某领取。为此，冯某多次信访，反映补偿款被村干部侵占问题。

之后，村支部书记李某被司法机关立案调查，村支部书记李某也将非法侵占的补偿款上交司法机关，司法机关把7万元补偿款转到某镇账户上。但，该补偿款并未支付给冯某，冯某再次信访。

为了解决冯某补偿款的信访问题，镇干部张某在召开村委会以后以个人名义支付给冯某7万元，冯某收到7万元补偿款后，也打了收条。

一年之后，镇干部张某报警称：冯某以信访给镇领导施压，敲诈其7万元。公安机关以冯某涉嫌敲诈勒索罪立案侦查。

"敲诈"不成，成"诈骗"

公安机关以敲诈勒索对冯某刑事拘留后，面临着一个问题：冯某作为一个普通老百姓，和镇干部张某无冤无仇，张某也没有非法侵占冯某的补偿款，冯某没有理由去敲诈勒索镇干部张某。

紧接着一个问题是：镇干部张某为什么以个人名义支付给冯某7万元？

从这些细节和常理去不断挖掘，我发现了本案的根本问题。

案卷材料——县公安局2022年10月31日出具的情况说明——记载："我局在办理冯某案中，报案人张某以个人名义给冯某现金7万元，事后某镇人民政府未支付给张某，因该7万元到某镇账户上后，为某村集体财产无法支付给张某，故张某向公安局报案控告冯某。"

原来冯某的部分补偿款（7万元）被村支部书记李某领取之后，冯某不断控告村支部书记李某。村支部书记李某自知理亏，把补偿款（7万元）上交办案单位，办案单位把补偿款（7万元）交给了镇政府。镇干部张某认为自己先把7万元支付给冯某，之后镇政府将收到的村支部书记李某上交的7万元返还给自己，自己也没啥损失，同时也解决了冯某信访的问题，一举两得。谁知，镇干部张某支付给冯某7万元之后，镇账户上的7万补偿款按照财务制度性质为村集体财产无法支付给张某，张某的如意算盘落空了。一年之后，张某报警。一审法院判定冯某的行为为诈骗。

"诈骗"不成，寻衅滋事来兜底

我在二审庭审中发问：难道我们的镇领导干部就这么好骗吗？

第一次二审发回重审之后，重审一审法官也认为本案定性为诈骗很"滑稽"，但法官也很无奈。而且，此时冯某已经在看守所羁押近两年。

重审一审法院再次将诈骗罪改成寻衅滋事罪。

寻衅滋事罪因其存在的违背刑法人权保障机能而备受学界诟病。近年来，学界关于取消寻衅滋事罪的声音不绝于耳。全国人大代表、全国律师协会副监事长朱征夫曾连续两年在全国两会上建议，适时取消寻衅滋事罪。

还好，最终冯某的刑期降了，由诈骗罪判处有期徒刑三年六个月改成寻衅滋事罪的有期徒刑二年二个月。

冯某还是不服，再次上诉，依然坚持无罪辩护。

二审法院再次发回重审，冯某恢复自由之身

冯某再次上诉后，我多次联系法官并提交二审开庭审理申请。

二审庭审之后，判决迟迟不下。2024春节过后，案子发回重审。紧接着，重审一审法官提出要给冯某变更强制措施为取保候审，但冯某家属不同意办理取保候审。冯某家属不同意办理取保候审的原因是：冯某已经被关押两年一个月了，再有一个月就能够刑满释放，现在办取保，怕法院又得拖一年。但重审一审法院最终还是给冯某办理了取保候审，冯某终于走出看守所。

> **承办律师**
>
> 刘彦成，北京京默律师事务所律师，专注刑辩，在全国办理了数十起无罪辩护成功案例，所办案件曾入选年度中国十大无罪辩护经典案例，中国法学会案例法研究会、中国政法大学刑事辩护研究中心为其授予"刑事辩护杰出成就奖"。

34 法理结合二审为民营企业减轻罚金

创业小伙飞来横祸

相信许多辩护人在辩护意见里，在与办案人员沟通的场合，在庭审中，都针对案件应当认定为单位犯罪进行过详尽的陈词和激烈的辩论，也为了被告人的罪轻、量刑过重等进行过详细的论证，但这个案件正好相反，我们在二审大量的精力用于论证被告人的行为不构成单位犯罪，应当承担全部刑事责任，作为被告单位的合法权益应当保障，并维护企业的合法财产权。

张某是 Z 房地产开发公司的股东兼法定代表人，100% 独资股东。2015 年某月 Z 房地产开发公司（以下简称 Z 公司）想与某村民小组合作开发该小组的一块集体用地，当时房地产项目还比较有优势，想一起合作开发的房地产公司很多，竞争比较激烈。为此，Z 公司张某找到李某，希望李某能够促成此事，并代表 Z 公司与李某签订《居间协议》，约定如果经李某居间活动最终能够与村民小组签订涉案地块的联合开发协议，Z 公司将向李某支付居间费 800 万元。数日后，经过李某的居间活动，张某如愿以偿代表 Z 公司与梁某代表的村民小组签订了涉案地块的《联营开发合同》（梁李二人系亲戚关系）。Z 公司随即对涉案地块开始进行开发，取名"××花园项目"。2017—2019 年，张某先后分三次将居间费 600 万元支付给居间人李某。2019 年底，王某经人介绍认识张某，在对张某的 Z 公司没有做充分调查的情况下，通过其控股的 X 公司以股权转让的方式收购了 Z 公司，继续开发"××花园项目"。王某发现这份《居间协议》时并没有太多在意，并在收购后，按照事先的约定继续履行《居间协议》，将居间费剩余的200万元支付给居间人李某。谁知村民小组的梁某因其他事情卷入刑事案件，将这份居间协议的情况也和盘托出，至此案发。公安机关以张某涉嫌对非国家工作人员行贿罪已经将其移送检察机关审查起诉，并且已经开始找王某了解情况，调查取证。对于张某的辩护人提出的本案是单位犯罪的辩护意见，检察机关也很可能采纳。在张某被判决后，王某也因同样理由被公安机关采取强制措施，送进看守所，Z公司群龙无首陷入瘫痪，"××花园项目"也停滞下来，这是后话。

对于这样的案件，我第一感觉王某应该不构成犯罪，但Z公司作为一人公司，实际情况可能很复杂，有可能公司人格与股东发生人格混同认定，否定单位犯罪的可能性。我和团队第一时间介入检察机关审查起诉的过程，提出了因人格混同，且股权转让中Z某已经收回全部非法利益，单位不构成犯罪的意见。但是，检察机关不仅没有采纳辩护人的辩护意见，而且没过多久公安机关竟对王某立案，以同样的事由将其送到看守所。Z公司立刻陷入混乱。团队只能另外派出一名律师担任王某的辩护人，先为王某争取变更强制措施，恢复公司秩序。第一个目标由于一审辩护律师介入较晚，没有充分展开论证，张某获得了判三缓四的刑罚，但是Z公司却需要承担单位犯罪的结果，判处罚金300万元。第二个目标，由于准备比较充分，我们详细列举了项目顺利推进的重要性和王某在公司内部正常运营的重大作用，结合王某的作用和地位，整个案件的危害后果和第一个案子的处理情况，最终王某获得取保候审。虽然结果不是很理想，但是经过努力也取得了阶段性的胜利，后续就需要我们继续努力争取更好的结果：一是前一个案件必须上诉，总结一审经验的基础上，加强说理性辩护，要求二审改判；第二是针对王某的辩护工作要锁定在争取作不起诉的结果上，保障公司顺利经营和项目不烂尾。

受人所托　步步为营

Z公司经营停滞，项目停工，资金链断裂，几百户村民的新房面临烂尾，可以说如果这个案件不能速战速决，或者如果Z公司的管理层不能迅速恢复正常，将会产生连锁反应，引起更加严重的后果，特别是关系数百户居民切身利益，甚至会引发舆情。办案单位也意识到案件必须尽快处理,否则难度会越来越大,因此当团队介入本案没多久,Z公司第一任法定代表人张某以及Z公司就被一审定罪判刑了,公司被判处罚金300万元,这个结果无疑增加了我后续的辩护难度。同时,因为Z公司已经与张某没有关系,张某也没有对一审提出上诉,"板子"实实在在地打到了公司现在的股东身上,因此王某情绪也非常低落。但是,刑事辩护这不仅是专业的较量,也是耐力、智慧和策略的综合较量,其中最关键的就是当事人的坚持、不放弃。出于对案件观点的执着,我带领团队只能一边为Z公司提出上诉,一边为王某进行一审辩护,双管齐下,但最重要的是首先为王某争取一个好的结果,重新扭转局势。通过到检察机关调阅案件全部证据材料,向公司经营管理人员详细了解事情的前因后果,并综合分析后,我认为,当事人王某不构成犯罪的法理和情理,主要理由简要归纳如下:

1. 王某不具有对非国家工作人员行贿罪的"谋取不正当利益"的主观目的

我国刑法第一百六十四条规定的对非国家工作人员行贿罪,是指自然人或者单位为谋取不正当利益,给予公司、企业或者其他单位的工作人员以财物,数额较大的行为。本罪主观方面除故意外,还要求为了谋取不正当利益,即行贿的目的是使公司、企业或者其他单位的工作人员利用职务上的便利为自己谋取不正当利益。

根据《最高人民法院 最高人民检察院关于办理行贿刑事案件具体应用法律若干问题的解释》(法释〔2012〕22号),行贿犯罪中的"谋取不正当利益",是指行贿人谋取的利益违反法律、法规、规章、政策规定,或者要求国家工作人员违反法律、法规、规章、政策、行业规范的规定,为自己提供帮助或者方便条件。而本案中王某继续履行《居间协议》的行为并没有谋取不正当利益。首先,王某与先前的法定代表人张某没有共谋,不是共同犯罪行为,即使先前的法定代表人张某谋取了不正当利益,在王某接手Z公司时,Z公司《联合开发合同》已经签署完成且"××花园项目"已经动工修建,谋取不正当利益的行为已经完成,王某不可能再谋取不正当利益。其次,前法定代表人张某谋取不正当利益已经变成股权收购的对价,类似于民法中的善意取得制度,王某接手公司时对于该部分利益也就是"××花园项目"已经在不知情的情况下作价付款,不是无偿取得,不应当承担法律责任。

2. 王某的行为在客观上并没有破坏国家对公司、企业或者其他单位的正常管理秩序和市场竞争秩序

对公司、企业人员或者其他单位工作人员行贿行为实质上违背诚实信用、公平自愿的原则，违反国家规定，直接破坏市场经济公平竞争机制以及市场经济的有序性、规范性。而本案中王某的行为，客观上并未造成此结果，其承接Z公司股权，维持Z公司正常经营，保证了"××花园项目"不烂尾，维护了广大居民利益，实现的是双方利益共赢，并未违反法律、法规、规章、政策规定，也不存在"违背公平、公正原则，在经济、组织人事管理等活动中，谋取竞争优势"，致使一方及其他第三方的利益受到不法侵害的情形，反而是多赢局面。其继续履行居间协议是在不知情的情况下代表公司继续诚实守信的履行协议的表现，不能成为犯罪的理由。

3. 从行为手段上看，王某缺乏非法性认识，完全是基于《居间协议》支付的居间劳务费用的行为，系合法正当的民事行为

王某获得股权时张某并未将实情告知王某，其不具备犯罪的主观故意，王某系Z公司的新任董事长，法定代表人，是基于Z公司2015年与李某签订的《居间协议》而支付财物。合同签订时Z公司的法定代表人是张某，王某当时并未参与，也不知情。作为新上任的董事长，当时只能对该份居间合同进行形式上的审查。该份合同签订时间久远，且项目确实真实存在，而该合同在形式上又是合法有效的，王某当然善意地相信该份居间合同是合法有效的合同，而不能苛求其对合同进行实质审查来证实该份合同存在假借居间之名实则向非国家工作人员输送利益的事实，这是不符合常理和客观实际情况的。加上张某并未向其告知居间合同的真实内容，其利用王某的不知情，让其误认为是在支付应付的合法居间费用而达到向非国家工作人员进行非法利益输送的目的。王某从始至终没有犯罪的主观故意。王某身为Z公司的董事长履行董事长职责，以Z公司名义支付尚欠的居间费，目的是保障Z公司能顺利进行项目开发，体现的是公司的利益，身为公司董事长基于维护公司利益以公司名义支付欠款的行为，是一个正当合法的民事行为。

在上述意见的基础上，我多次与检察机关的办案人员沟通，并结合

了调查了解的情况和企业提供的资料,明确了王某接手Z公司是因为公司在张某的经营下每况愈下,资金链断裂无法完成"××花园项目",整个项目有烂尾的危险,引起了当地群众的严重不满。王某接手时,公司的财务状况混乱,债务沉重,已经没有运营资金。王某购买Z公司股权的对价已经包含了项目价值,等于说Z公司现存价值利益王某已经通过股权对价的方式将利益返还给前法定代表人张某,其并没有获得额外不法利益。接手公司后,王某不但还清公司外债而且通过自己的能力为Z公司融入大量资金,保障了公司的继续运营和"××花园项目"的顺利推进。如果此时限制了王某的人身自由,会引起融资方的不安,加速债权到期,甚至会出现债权挤兑导致公司资金链重新断裂,"××花园项目"彻底烂尾,最终会对当地群众的重大利益造成损失,甚至引发舆情和社会稳定影响。多次沟通后,检察机关办案人员采纳了辩护人的辩护意见,经过听证程序,这个案子迎来了重大转机。检察机关经过充分研究讨论,最终做出了对王某的不起诉决定,那一刻当事人喜极而泣,我们也再一次感受到深深的责任感,因为这场拉锯战还没结束,最后一战还在二审。

案子取得阶段性胜利,但并没有结束。第一个案件一审Z公司辩护不力导致被认定为单位犯罪,对Z公司这家企业判处了300万元罚金,无疑给Z公司的经营造成了困难。王某作为Z公司现在的法定代表人,须负责从Z公司出资以承担财产刑,为前任法定代表人的行为埋单,感觉很冤。所以,在结合第一个案件一审结果以及现法定代表人王某的不起诉决定,辩护律师团队针对第一个案件的单位犯罪认定及财产刑部分提起上诉,认为本案不应当认定为单位犯罪,即使是单位犯罪也量刑过重,要求二审改判从轻判处。

接手上诉案件后,我们首先对案件的不利情况进行了分析:第一,前法定代表人张某已经与Z公司无关,所以庭审中不会维护Z公司利益,而会极力主张单位犯罪。第二,这个案件总体上对于张某的判决并不重——有期徒刑三年缓刑四年,其可以接受,缺乏上诉动力,且一审没有明显的程序错误和法律适用错误,二审如无特殊情况大概率不会改判。第三,案情清楚简单,很可能会书面审理。

有利的条件是:第一,新冠疫情期间对于民营企业的扶持和发展的司法保障加强，"两高"都先后出台了相关的政策措施，关注民营企业以及民营企业家的困境，在刑事司法政策上给予了一定的保障措施。第二，检察机关对现任法定代表人王某的不起诉决定可能会对二审的判决起到一定的影响。第三，Z公司在股权转让之前是张某的独资公司，财务管理混乱，有一定的人格混同迹象，可以通过辩护不构成单位犯罪的方式避免罚金。特别是基于第三点，张某也想事情早日解决，保住其缓刑的判决，避免节外生枝，其最担心的就是单位犯罪变成自然人犯罪而被取消缓刑的执行方式，一定会有所作为。认真考虑之后，基于上述三点形成上诉理由，在法定期限内以Z公司的名义提出上诉，并及时地递交了法律意见。其间就是不断地与主审法官沟通，此时沟通法律的余地已经有限，要想案件获得扭转，只能想办法从情理上打动二审法官。因为有为王某辩护成功的经验，辩护团队照方抓药，组织了企业的经营资料、资产负债、员工证言、现有项目的推进情况以及当地群众对于项目顺利完工的渴望等材料，分门别类装订成册，整齐地送到了二审主办人的办公桌前。

法理结合　不言放弃

上诉状中我们的理由主要有：①Z公司在签订《居间协议》时是前法定代表人张某的一人公司，财产混同，资金无法区分，行贿所用资金均系来源于张某。②公司意志体现不明。③张某在股权转让后，其将非法获得的项目已经作价出售给王某控制的公司，股权转让款利益全部归其个人所得，不应当认定为非法利益归属于单位，综上，应当认定为自然人犯罪，而非单位犯罪。另外，王某利用其100%控制的A公司收购了Z公司股权，本身已经承担了张某犯罪所支付的行贿款成本。张某全部获益退出后，Z公司后续还要为张某的违法行为承担法律责任支付罚金，而最后全部落到新任法定代表人王某身上，显然有违公平正义，而且也不符合罪责行刑相适应的原则。即使认定Z公司确实应当承担单位犯罪的法律责任，在当下的市场环境和社会环境下，处罚也明显过重。而这样的处罚，一方面放纵了真正违法获益的人，另一方面却让第三人受到无妄之灾，更重要的是当时新冠疫情之下企业经营已经非常困难。对于房地产企业，资金链的正常运转尤为重要，而在当时环境下如果坚持如此高额罚金，必然会导致企业运营困难进一步加剧，进而影响工期乃至于民生。

上诉后与二审法官沟通时，法官果然明确表示本案案情简单，不开庭审理，但是我们反馈的意见其也会充分考虑。同时，原一审被告人张某积极表示愿意交罚金，认罪认罚，因此案件审理过程也非常快地结束了。虽然最终没有考虑不构成单位犯罪的意见，但是我们的诉求也得到了二审法院部分认可，以下是二审判决部分内容：

上诉认为：一、张某的行贿行为未体现Z公司意志，资金来源其个人，其违法行为所获非法利益均归个人所有，公司不是受益对象，Z公司不构成单位犯罪。二、原判对上诉单位判处罚金数额过重，有悖于罪责刑相适应原则。综上，希望二审法院查清事实，改判上诉单位无罪。

辩护人提出辩护意见认为：一、张某的行为未体现公司整体意志，资金来源其个人，张某借公司名义所实施的违法行为应当认定为个人行为；二、张某的违法行为所获得的非法利益归属于其个人，Z公司未获益。综上，上诉单位Z公司不构成单位犯罪，即使被认定构成犯罪，从保护民营企业发展的角度，希望二审法院对罚金刑从轻处罚。

对于上诉单位Z房地产开发有限公司及辩护人提出本案不构成单位犯罪而是个人犯罪的意见，经查，涉案的集体三产用地联营开发合同书、工程居间合同均是以Z公司名义签订并加盖公司印章，张某行贿时系Z公司法定代表人，其对外实施的行为均代表Z公司，且其将持有Z公司的股份转让给王某后，王某仍继续按照先前签订的居间合同约定以居间费名义向梁某行贿，而本案行贿的款项来源于Z公司的事实亦有张某的供述及王某、赵某某等人的证言予以证实。综上可知，本案行贿行为并非张某个人行为，整个行贿的过程也并未因张某转让公司股权而中断，后续的犯罪行为仍是以Z公司名义继续实施，且行贿所得最终利益即土地联营开发权均归Z公司承接、获得，Z公司的行为已符合对非国家工作人员行贿犯罪构成，属于单位犯罪。故对上诉单位及辩护人所提该项法律意见，本院不予采纳。对于上诉单位Z房地产开发有限公司及辩护人提出一审判决判处罚金过重的意见。经查，本案最初是张某以Z公司名义实施相关行贿行为并获得利益，张某又于2019年将Z公司的全部股权转让他人，Z公司仍然负责开发涉案用地项目。虽然Z公司之后仍继续承接并获得因先前行贿行为所得利益，但张某期间转让公司股权的行为一定程度上阻却行为违法性，基于上述事实，结合Z的公司的犯罪性质、情节及社会危害程度，综合考虑Z公司缴纳罚金能力，对Z公司从轻处罚更能体现罪责刑相适应原则。故对上诉单位及辩护人要求二审法院从轻处罚的意见，本院予以采纳。

本院认为，上诉单位（原审被告单位）Z房地产开发有限公司、原审被告人张某为谋取不正当利益，给予公司、企业或者其他单位的工作人员以财物，数额巨大，其行为已构成对非国家工作人员行贿罪。上诉单位实施犯罪时张某系该公司股东及法定代表人，负责该公司全部事务，应当依照法律规定承担对非国家工作人员行贿罪的刑事责任。张某归案后如实供述，依法可以从轻处罚。

综上，根据上诉单位的犯罪事实、性质、情节和对社会的危害程度，依照《中华人民共和国刑法》第一百六十四条第一款和第三款、第三十条、第三十一条、第六十七条第三款、第七十二条第一款和第三款、第七十三条第二款和第三款、第五十二条、第五十三条以及《最高人民法院 最高人民检察院关于办理贪污贿赂刑事案件适用法律若干问题的解释》第十一条第三款，《中华人民共和国刑事诉讼法》第二百三十六条第一款第（三）项之规定，判决如下：

一、维持××××××××人民法院（2020）×0×××刑初××号刑事判决第二项，即："二、被告人张某犯对非国家工作人员行贿罪，判处有期徒刑三年，缓刑四年，并处罚金人民币二十万元。"

二、撤销××××××人民法院（2020）×0×××刑初××号刑事判决第一项，即："一、被告单位Z房地产开发有限公司犯对非国家工作人员行贿罪，判处罚金人民币三百万元。"

三、上诉单位（原审被告单位）Z公司犯对非国家工作人员行贿罪判处罚金人民币一百五十万元。

相互配合是成功关键

从一审到二审，整个案件跌宕起伏，我们也随着案情的起伏和当事人一样坐了一趟过山车。但是在这个过程中，我们从没有放弃对于既定目标的辩护工作。同时，当事人的配合非常重要。另外整个辩护过程当中辩护律师情绪把控、表达的到位也起到了重要作用。我们还充分利用了张某希望此时快速结束的心理，让当事人在二审时迅速缴纳罚金，对案件最终结果也起到了一定的帮助。

承办律师

孙海涛，北京德恒（南宁）律师事务所高级合伙人、刑事专业委员会主任，原南宁市人民检察院检察官，2009年获广西壮族自治区"十佳公诉人"，2013年获"全国侦查监督业务能手"等称号，现担任广西壮族自治区第十四届人民代表大会常务委员会立法专家顾问、南宁市人民检察院听证员、广西壮族自治区看守所律师特约监督员等多项社会职务。从事法律工作十八年，执业经验丰富、专业知识扎实，专注于经济犯罪案件的刑事辩护，执业领域包含涉税犯罪、职务犯罪、各类涉企业经济犯罪案件，刑事控告等。

35 深挖隐藏在照片中的辩点
——被控共同参与诈骗200余万元案二审改判

诈骗犯罪的金额问题，是影响定罪量刑的关键因素，也是辩护律师经常使用的武器。本案子在坚持无罪辩护的同时，侧重于数额的辩护，找准了辩点，有效运用了辨认的强制排除规则，并以此为辩护切入口，进而在法院最终定罪的情况下，对涉案的诈骗数额进行了有效分割。从最初指控的230万元，到第一次一审认定为80万元，再到发回重审最终诈骗涉案金额降低为20万元，刑期获得大幅改判，取得了有效辩护。

突如其来的追加起诉

案情还得从张某被检察院决定追加起诉说起。2021年的夏天，因崔某涉嫌诈骗罪一案，检察院审查认为张某也涉嫌参与共同诈骗，要求公安机关补充移送起诉。随后，张某因涉嫌诈骗罪被公安机关刑事拘留，7天后经检察院批准逮捕，同日被执行逮捕。案件移送法院审理后，张某家属决定委托邹广杰律师介入案件，为张某被控诈骗罪一案辩护。因案件到法院已有一个月，随时会开庭审理。由于时间紧，承办律师接受委托后立即赴法院阅卷。从追加起诉决定书来看，公诉机关指控，被告人张某同被告人崔某以能够帮助被害人亲属办事等为由，共同骗取被害人胡某人民币230万元。

被害人的钱哪去了

阅卷后承办律师会见了张某。张某称,多年前崔某确实找过他办事,但当时他只收过崔某给的60万元,以及之后胡某家属汇款的20万元,但事后已经将崔某给的60万元分次退还给了崔某。之后,他没有再因为这件事收取过崔某其他的钱款。公安机关前期找他调查时,他已经将证据交给了公安机关。他记得胡某家属汇款的20万元也退还了。当时公安机关认为既然退钱了,就没有再找他。不知为何现在又将他逮捕。他很困惑,希望律师能帮帮他。

通过查阅卷宗材料,承办律师看到被告人崔某辩称,其多年前接受其朋友钱某和被害人胡某请托,找到张某帮胡某办事。在此期间,崔某多次收取被害人家属钱款,但他将被害人交给他的全部钱款近200万元,在裴某的陪同下全部都交给了张某用于办事。因其与张某还有其他经济往来,之后张某退还给他的60万元钱款,是其他事由退还的钱款,不是为胡某家属办事的钱款,即崔某否认张某退回的60万元系办事的退款。

藏在细节里的辩点

本案指控张某涉案的证据中有被告人崔某供述,证人裴某的证言及辨认笔录证实,收取崔某钱款的人是张某。有胡某2的证言及辨认笔录证实,崔某曾向胡某2介绍过给胡某办事的人是张某。面对不利的指控证据,如何撕开控方的证据网?如何寻找突破点?就现有证据材料来看,打蛇要打七寸,只有打掉辨认,即辨认结果不能作为定案根据,案件待证事实的证据锁链才会出现断裂,才能撼动控方的证据体系,指控事实及数额上才会有较大辩护空间。个案纷繁复杂,没有陈制可循。经抽丝剥茧分析证据,承办律师发现了本案辩点上的突破口,就隐藏在辨认陪衬照片中。

辨认笔录中,侦查人员所选择的辨认陪衬照片与辨认对象张某发型上差异明显:张某脱发的照片明显区别于其他被辨认对象,其他九张陪衬照片中的人物头发均乌黑发亮。张某的脱发照片具有极强的暗示性,使辨认人极易从辨认对象中指认出张某的照片，实质上成了"一对一"的辨认。侦查人员没有结合辨认对象的特征选择陪衬照片，违反了《公安机关执法细则（第三版）》规定的"对犯罪嫌疑人照片进行辨认的，应当选择性别相同，年龄、发式等特征相类似的照片作为辨认陪衬照片"的辨认规则，有明显暗示或指认嫌疑。

辨认活动作为一种侦查行为，其实施必须遵循法定的程序性要求。《最高人民法院关于适用〈中华人民共和国刑事诉讼法〉的解释》（法释〔2021〕1号）（以下简称《2021年刑诉法解释》）第一百零五条，对辨认笔录的审查、认定与强制排除作出了详细规定。《公安机关执法细则（第三版）》"24-03.准备辨认"部分载明："对犯罪嫌疑人照片进行辨认的，应当选择性别相同，年龄、发式等特征相类似的照片作为辨认陪衬照片。"即在辨认选择陪衬照片时要求应当选择年龄、发式等特征相类似的照片作为辨认陪衬照片。九张陪衬照片与辨认对象张某发式差异明显，只有照片中的张某严重脱发，特征差异较为明显。这会包含暗示性、诱导性因素，给参与辨认的证人裴某以及胡某2以明显暗示，违反了上述公安机关执法细则的规定。属于《2021年刑诉法解释》第一百零五条规定的辨认对象没有混杂在具有类似特征的其他对象中，辨认中有暗示或指认嫌疑，辨认笔录不得作为定案的根据的情形。

细抠证据，深挖辨认

除了辨认照片存在的问题，辨认还有没有可挖掘的辩点呢？承办律师带着疑问进一步深挖证据。通过查看证人胡某2的证言，发现侦查机关在前期向证人胡某2取证时，在讯问中单独向胡某2直接出示了张某的照片，即胡某2实际是根据侦查人员拿来的单独照片就指认了张某。侦查人员的行为系指认，又违反混杂辨认要求。几个月后侦查人员再组织胡某2辨认形成的辨认笔录，相当于让辨认人在辨认前见到了辨认对象，违反了《公安机关办理刑事案件程序规定》第二百六十条的规定："辨认时，应当将辨认对象混杂在特征相类似的其他对象中，不得在辨认前向辨认人展示辨认对象及其影像资料，不得给辨认人任何暗示。"胡某2辨认结果的真实性无法保证，因此不应采信。

证人胡某 2 的证言中存在问题，关键核心证人裴某的证言中是不是也存在问题呢？承办律师继续深挖证据。通过查看证人裴某的第一次证言，以及侦查机关出具的关于裴某无法辨认出张某的《情况说明》可证实，裴某对张某没有辨认能力，也可以有力增强不采信裴某辨认笔录的判断。这必然直接影响之后侦查机关再次组织裴某对张某进行的辨认和辨认笔录的证明效力。裴某第二次证言中，所谓经过之后的回忆，现在能确定张某就是和崔某见面的人的内容，显然解释不符合普通人的一般记忆规律。因此，侦查机关之后再次辨认看似合理，实则藏有暗示之虞，也无法保证辨认的真实性，不应采信。

定方向，两步走

辩护方向和思路的确立是争取有效辩护的关键。在经过深入细致地研究卷宗材料和多次会见后，针对公诉机关对张某的指控，承办律师决定从两个角度入手制定辩护方案。定罪上，认为本案现有证据可证实，虚构事实，并使被害人陷入错误认识，进而处分相关财产的是崔某，并非张某。现有证据不足以证明张某与崔某共同骗取被害人钱款。同时，从维护被告人利益最大化的角度考虑，针对涉案指控的诈骗金额问题，结合在案证据情况对涉案诈骗数额采取分割方式进行突破，争取数额降档，若定罪以减轻刑罚为目标。

一审庭审拨迷雾

案件开庭审理的日期很快确定下来。但辩护不是辩护律师一个人在战斗，因此要做好庭前辅导。开庭前，承办律师到看守所会见了张某，进行了庭前法律辅导。国庆长假后法庭审理开始。发问环节中，承办律师围绕辩护方案设计的问题，对张某进行了详细的发问。质证阶段对公诉人出示的每份证据均进行了充分的质证。尤其是上述谈到的辨认问题，引起了法庭的重视。同时针对被告人崔某的供述，承办律师制作了详细的供述表格，逐项指出崔某供述在关键事实上存在诸多的矛盾点、存疑及不符常理之处，缺乏客观性。

辩论阶段承办律师总体观点认为，张某与崔某非共同犯罪。现有证据不能证明张某以非法占有为目的，采用虚构事实或隐瞒真相的方法，骗取他人财物。

对于崔某是否将从被害人处骗取的现金款项全部交付给张某，围绕合议庭可能高度关注的这一问题，承办律师提出公诉机关出示的证人裴某的证言及辨认，不能证实崔某将从被害人处骗取的现金钱款全部交给了张某，现有证据无法达到法定证明标准。关于这一待证事项的证明，证人裴某的证言，只能证实陪同崔某去了某处，不能证明崔某与他人见面时所做的事，不能证明双方所谈内容，不能证明钱款的具体交付对象、具体金额及崔某拿的现金钱款已经实际交付的作用。

书证 PK 言词证据

对案发前张某自认收取过崔某 60 万元现金，但事后已返还给崔某的辩解意见，承办律师提出有张某向侦查机关提供的书证，可证明张某退款 60 万元的事实。张某的辩解并非孤立辩解，而有着客观证据的佐证，张某的稳定辩解更有说服力。同时承办律师针对崔某供述，详细分析了其中崔某否认退还的 60 万元为被害人办事费用退款的可信度低于张某的辩解。综合考虑崔某的身份，其随时变化的供述及当庭供述，显然不能采信。张某自认收取过崔某的 60 万元已退还，应从诈骗数额中扣除。对于被害人家属汇款给张某的 20 万元，现有证据不能证明张某对该 20 万元具有非法占有目的，不能证实被害人系受张某的诈骗，产生错误认识进而处分财产，也不应认定为诈骗款项。

庭后继续强化观点

庭审结束并不是辩护战役的结束。为有效辩护的实现争取更多的机会，庭审结束后，承办律师再次围绕焦点问题，向合议庭又提交了补充辩护意见，以巩固辩护成果：继续就指控张某收取钱款总额情况，除去张某自认收取的 60 万元现金，其余款项在崔某收取被害人胡某钱款后，去向无法查证等观点进行补充强化。

一审采纳部分意见

一审判决认为公诉机关指控被告人崔某、张某犯诈骗的犯罪事实和罪名成立，予以支持。一审判决认定被害人被骗取的总金额为230万元，认为现有证据不能证明崔某、张某二被告人形成犯意联络，并非共同犯罪，对承办律师的该项辩护意见予以采纳。关于诈骗数额，对崔某提出的收取的被害人胡某全部款项（不包括张某自认收取的60万元）都转交给了张某的辩解意见，不予采纳，即对承办律师提出的辨认违反辨认规则规定，不能作为定案根据。除去张某自认收取的60万元现金，其余款项在崔某收取被害人胡某钱款后，现有证据不能证实为张某所占有的观点，予以采纳。总金额中的150万元没有认定为张某的诈骗数额。

对承办律师提出的案发前张某已返还给崔某的60万元和被害人家属胡某3汇款的20万元的意见没有采纳。一审判决仍认定为张某的诈骗款项。认定张某诈骗数额共计80万元，数额特别巨大，判处张某有期徒刑十年六个月。对除了被告人张某自认收取崔某的60万元，其余崔某收取的被害人胡某款项均认定为崔某的诈骗数额。即认定崔某诈骗数额共计150万元，数额特别巨大，被判处崔某有期徒刑十一年六个月。

二审上诉开庭，撤销原判

接到一审判决后，张某、崔某均提出了上诉。承办律师继续为张某二审辩护。二审法院决定开庭审理本案。二审庭审中，针对一审判决，承办律师继续重点围绕定罪及诈骗金额问题提出二审辩护意见。承办律师提出，一审判定的张某以非法占有为目的，隐瞒真相，骗取他人钱款80万元，事实不清，所依据的证据不足，认定张某犯诈骗罪不能成立。张某已将60万元以及另20万元，共计80万元，先后退还。而崔某关于张某退还的60万元款项性质，其多次改变供述或供述前后存在实质性差异，其辩解不具有合理性，且与在案的客观证据存在矛盾或者与常理不符，充满变动性和随意性，可信度极低，证明力极弱，不应采信。对于被害人家属胡某3汇款给张某的20万元，承办律师认为现有证据不能证明张某对该

20万元具有非法占有目的，不能证实被害人系受张某的诈骗进而处分财产，不应认定为诈骗款项。庭审中就在案有利于张某的证据，重点向二审合议庭进行了说明。

二审法院开庭审理后，作出裁定，以原判决事实不清，撤销一审判决，将本案发回重审。在无法一次性得到改判的情况下，争取二审法院发回重审，会给案件留下更广阔的辩护空间和充裕的辩护时间。张某家属继续委托承办律师担任发回重审阶段的辩护律师。

发回重审，降低刑期

发回重审后，侦查机关对本案进行了补充侦查。承办律师也进一步修订、调整了辩护意见。发回重审庭审中，继续提出指控张某与崔某共同诈骗的证据不足。证人裴某证言中并不能指向现金款项的真实去向，不具有排他性，不能指向崔某与他人见面时所做的事实，不能起到证明崔某拿的现金已经实际交付的作用。围绕发回重审阶段补充侦查的证据，承办律师继续就辨认等存在的问题，提出公诉机关出示的证人胡某2的证言及辨认，不能证实张某有虚构事实，参与实施诈骗行为；提出公诉机关出示的证人裴某的辨认及证言无法证明是张某接收、占有了崔某交付的钱款。

经过几个月的等待，本案发回重审宣判，判决认为公诉机关指控被告人崔某、张某犯诈骗的犯罪事实和罪名成立，予以支持。判决将被害人被骗取的总金额调整为210万元。采纳了承办律师始终坚持的核心辩护意见，即对承办律师提出的辨认违反辨认规则规定，不能作为定案根据。现有证据不能证明崔某所称的其收取被害人胡某的全部款项（除了张某自认收取的60万元），全部转交给了张某。该部分不应认定为张某的诈骗数额。案发前张某已返还给崔某的60万元，不应认定为诈骗数额。但对承办律师提出的被害人家属胡某3汇款给张某的20万元，也不应认定为诈骗数额的辩护意见，没有采纳。最终认定张某诈骗金额为20万元，以诈骗罪判处张某有期徒刑四年六个月。崔某认定的诈骗金额为190万元，仍被判处有期徒刑十一年六个月。

辩 护 感 悟

历时三年多，本案取得了从一审十年六个月的刑罚至发回重审改判为四年六个月的结果。每一起案件都需要辩护律师从细节中找寻辩点。本案有效辩护的呈现，是以深挖在案指控证据为抓手，找准案件的突破口，充分有效运用了刑事证据规则中的辨认排除规则，将辨认笔录排除，使证言不具有证明力，从而使涉案金额中的190万元，不能认定为张某所占有。因此运用好辨认排除规则，可能会对辩护起到奇效。同时对案发前形成的书证，运用民事法律思维去剖析其证明力，使自认收取的60万元指控数额终认定为被告人在案发前已退回，从诈骗数额中进行了扣除。最终，将指控被告人的诈骗金额降为20万元，从而使案件在发回重审后刑期获得大幅改判。

承办律师

邹广杰，上海靖予霖（沈阳）律师事务所执行主任，辽宁省首批刑事法律专业律师，沈阳市法律援助案件质量评估专家，曾获"辽宁省优秀律师"称号。专注于刑事辩护。办理的无罪案例还编入了由法律出版社出版的《辩护人认为（第四辑）：刑事辩护观点的挖掘、提炼与运用》。

36 一家三口涉嫌贩毒被判死刑　历经六年辩护改判留命

人物关系

被告人李某花是被告人李世某的二女儿,被告人韩某力是被告人李某花的丈夫。

案外人李某荣是被告人李某花的姐姐,是被告人李世某的大女儿,未到案,被告人李世某、韩某力、李某花共同指认李某荣才是真正的贩毒者,但是司法机关(公检法)未对李某荣立案。

被告人薛某是联系"李大姐"买毒品的人、被告人张天某是薛某同案犯。

案情简述

这是一起2013年12月发生在河南郑州的安徽阜阳人与内蒙古包头人在高速公路服务区进行交易的贩卖毒品案件。被告人李某花、李世某、韩某力是安徽人,被认定为贩毒人员。被告人薛某,张天某是购买毒品的包头人。该案为内蒙古包头警方现场破获,由包头市人民检察院提起公诉。2016年,包头市中级人民法院作出一审判决,该案的四个被告人中三个被判死刑(其中李某花被判死刑,李世某被判死缓)。对一审判决,同案四个被告人均不服而提出上诉。

二审期间，被告人李某花委托北京尚衡（呼和浩特）律师事务所王玉琳律师为其辩护。王玉琳律师提出案件存在"真假李大姐"的关键问题，属于事实不清、证据不足，经过律师辩护，二审法院发回重审。

案件虽然发回重审，有了改判的一丝生机，但是被告人李某花仍然面临判处死刑的危险。为了让妻子李某花不再被判处死刑，从案发现场脱逃未被抓获的李某花的丈夫韩某力到包头市公安局投案自首，并坦白陈述"李某花不是参与者，他和岳父李世某是受李某花的姐姐李某荣的安排，一起去服务区见包头人薛某某，李某荣才是真正的贩毒人"。

重审结果，被告人李某花、薛某某又被包头市中级人民法院判处死刑，剥夺政治权利终身，没收个人全部财产。被告人韩某力被判死缓，剥夺政治权利终身，没收个人全部财产。被告人李世某被判处无期徒刑，剥夺政治权利终身，没收个人全部财产。同案被告人张天某被判处有期徒刑十年，并处罚金二万元。被告人李某花、薛某某、韩某力、张天某不服此结果，提出上诉，被告人李世某未提出上诉。

经过内蒙古自治区高级人民法院再次二审，维持对被告人薛某某判处死刑，剥夺政治权利终身，没收个人全部财产；被告人韩某力死缓，剥夺政治权利终身，没收个人全部财产的一审判决；对被告人李某花改判为死缓，剥夺政治权利终身，没收个人全部财产；被告人李世某虽未提出上诉，但是改判为有期徒刑十五年，没收个人财产五万元；被告人张天某改判为有期徒刑九年，并处罚金二万元。至此全案终结审理。

这个案件，从 2014 年被告人被抓获，2016 年作出第一次一审判决，到 2019 年 12 月 2 日高级人民法院作出终审判决，历经了六年的时间，耗时较长。被告人李世某、韩某力、李某花一家三口人因为王玉琳律师提出的有利于全案的辩点，并帮助推荐律师塔拉、红梅为韩某力提供法律援助，最终得到改判。尤其是被告人李某花两次被判处"死立执"，最终被高级人民法院改判死刑缓期二年执行。此案的辩点，可以作为辩护律师参考案例。

祸起贩毒，父女被抓，女婿潜逃，亡命天涯

2013 年 12 月中旬，被告人薛某某与"大姐"电话联系欲购买毒品。同年 12 月 20 日，薛某某在郑州电话联系"大姐"购买 30 万元的毒品，

后按照"大姐"的要求将 20 万元毒资汇入户名为杨某某的中国银行账户。同日，杨某某取出该 20 万元毒资交予"大姐"。"大姐"电话告知薛某某 20 万元已收到，并约定次日在河南省焦作高速公路服务区安排人送货，毒品余款用现金支付。次日 13 时 30 分许，薛某某与韩某力在焦作高速公路服务区内见面并商量后，韩某力用电话安排被告人李世某与薛某某在服务区卫生间内交易，实际是被告人李世某以捡拾垃圾人员装扮进入公共厕所与薛某某交换毒资。当日 15 时许，薛某某与李世某进行毒品交易后，指使被告人张天某将装毒品的包放入车内。后公安民警将李世某、薛某某、张天某当场抓获，并从车内缴获棕黑色粉末状颗粒两包，净重分别为 498 克、546 克，无色透明晶体颗粒（白色晶体）一包，净重 1 268 克，而被告人李世某从薛某某处取得的是装在编织袋中被薛某某伪装成毒资的砖头和报纸。

旁边望风的韩某力见到警察抓人就从现场逃匿，并打电话告知妻子李某花，让她带着银行卡出来和他接头。经检验鉴定，上述缴获的两包棕黑色粉末状颗粒均检出海洛因成分，含量分别为 63.83%、61.35%，一包白色晶体检出甲基苯丙胺成分，含量为 81.91%。

内蒙古自治区包头市中级人民法院审理包头市人民检察院指控原审被告人李某花、薛某某、李世某、张天某犯贩卖毒品罪一案，于 2016 年 5 月 13 日作出（2015）包刑一初字第 8 号刑事判决，判决被告人李某花、薛某某，死刑，被告人李世某死缓，被告人张天某有期徒刑十年，并处罚金二万元。李某花等四名原审被告人均不服一审判决，分别提出上诉。

同行点将，王律出战，辩指存疑，发回重审

被告人李某花一审判决被判处死刑，剥夺政治权利终身，没收个人全部财产。这种情况下，提出上诉虽然是有改判的机会，但是谁都不敢保证会被改判，如果二审维持原判，被告人李某花在死刑复核阶段改判留命的希望更加渺茫，为此，李某花的辩护人安徽郭律师建议更换辩护人，寻找新的辩点，争取留命的机会。他不甘心失败，向家属推荐了办理毒品案件比较专业的王玉琳律师。由此，李某花的家属委托王玉琳律师担任了李某

花的二审辩护人。

接手该案，王律师也觉得压力非常大，因为，"纠错不纠偏"思想在本地审判当中根深蒂固，普遍存在"二审改判率低，维持原判率高"的现象。尤其是对贩毒案件，基于毒品害人害己的现状，司法人员对毒品犯罪有天然的憎恶心结。本案又是案情复杂，涉案毒品数量已经达到本地判处死刑量刑标准的案件，各种不利因素无法逐一破解。尤其是，一个重要情节是被告人李某花与被告人薛某某曾经见过面，而薛某某到案以后已经"通过照片"指认了被告人李某花就是和他通过电话的"大姐"，这也是一审公检法一致认为"大姐"就是李某花的重要原因。但也有一个有利于律师辩护重要情节是，本案的被告人李某花不承认参与贩毒，李世某说他自己是受大女儿李某荣的指挥去高速公路服务区送东西，存在买方、卖方各持说辞的情形。被告人薛某某对李某花辨认是通过照片，但通过李某花的家人提供全家福合影发现，李某花和李某荣在合影当中相貌相近，姊妹两人像双胞胎，真假难辨。这样的问题也表明，本案确实存在需要进一步查明的问题，即"真假李大姐""真假李某花"可能是破解本案的重要节点。

王玉琳律师经过会见在押被告人李某花和阅卷，向二审法院提出了辩护意见，认为"本案被告人李某花是否受李某荣指使，是否存在李某荣冒充李某花对外联络，被告人薛某某通过照片辨认是否看错了人"等问题没有查清楚。一审判决存在事实不清，证据不足，未排除合理怀疑的情况。本案是死刑案件，要足够重视，千万不能杀错人，要严格按照死刑案件审查判断证据的司法解释要求规范操作，要排除一切合理怀疑才能定案。内蒙古自治区高级人民法院采纳王玉琳律师的意见，于2017年10月23日作出（2016）内刑终字203号刑事裁定，撤销包刑一初字第8号刑事判决，发回重审。

丈夫投案救妻，却被认定自首无效，夫妻双双被判死刑

2013年12月21日，薛某某与韩某力在焦作高速公路服务区内见面并商量后，韩某力用电话安排被告人李世某与薛某某在服务区卫生间内交易。当日15时许，薛某某与李世某进行毒品交易后，指使被告人张天某

将装毒品的包放入车内。后公安民警将李世某、薛某某、张天某当场抓获，韩某力见状从现场逃匿。这是一审查明的事实，被告人李某花辩解对韩某力在外头干贩毒的事情不了解，2013年12月21日发生了什么事情更不了解，但是当天她确实接到了韩某力打过来的电话，让她拿了银行卡去一个地方，她拿了银行卡刚下楼，被公安民警抓获了，并一直羁押在看守所，她对韩某力的后续情况不了解。

韩某力在交易现场看见警察抓人后逃匿，他在逃匿当中给李某花打电话告诉她拿了银行卡去某个地方，但是李某花没有按他说的去那个地方与他会见（实际是李某花一下楼就被抓了）。他潜逃期间和家里人联系，知道其妻子李某花被抓走了，后来李某花被判了死刑，而且是"死立执"（死刑立即执行）。家人告诉他，李某花被判死刑是因为她说不清案情，有口难辩，她也不知道发生了什么事情，这个事情只有真正参与者韩某力能说得清楚。家人劝他抓紧归案把事情说清楚。2016年10月30日，为了把实际情况说清楚，韩某力主动到包头市公安局投案自首。

包头市中级人民法院重新审理期间，检察机关追加起诉原审被告人韩某力犯贩卖毒品罪，依法合并审理，并于2019年12月2日作出（2017）内02刑初61号刑事判决：被告人李某花、薛某某又被判处死刑，剥夺政治权利终身，没收个人全部财产。被告人韩某力被判死缓，剥夺政治权利终身，没收个人全部财产。被告人李世某被判处无期徒刑，剥夺政治权利终身，没收个人全部财产。同案被告人张天某被判处有期徒刑十年，并处罚金二万元。被告人李某花、薛某某、韩某力、张天某不服此结果，提出上诉，被告人李世某未提出上诉。

被告人韩某力主动投案自首，他说他是受大姐李某荣的指使去河南焦作高速公路服务区交易，指使她的人不是李某花而是大姐李某荣，他本来想把事情说清楚，但是未承想，法院认为他在"隐瞒事实，不说实话"。

包头市中级人民法院一审判决书指出："关于被告人韩某红的辩解，经审理认为，相关证据均相互印证，足以证实与韩某力共同向薛某某贩卖毒品的'大姐'确系被告人李某花，故被告人韩某力的辩解不能成立，本院不予采纳；对其辩护人提出被告人韩某力系投案自首的辩护意见，经审理认为，被告人韩某力主动投案后，只供述自己的犯罪事实，而未如实供述共同犯罪中同案罪犯的犯罪事实，不符合认定自首要件，故该项辩护意见不能成立，本院不予采纳。"这真是被告人韩某力"投案自首来救妻，实话实说甘冒判死险，无奈法检官不信，夫妻双双领死刑"，最后成了"赔了丈夫又折兵"。

律师力争辩留命，"真假大姐"疑未解，最终改判留人间

包头市中级人民法院于 2019 年 12 月 2 日作出（2017）4 内 02 刑初 61 号刑事判决后，原审被告人李某花、薛某某、韩某力、张天某均不服，分别提出上诉，被告人李世某没有提出上诉。

二审内蒙古自治区高级人民法院依法组成合议庭，于 2020 年 12 月 21 日公开开庭审理了本案。经过内蒙古自治区高级人民法院再次二审，于 2021 年 11 月 26 日作出（2020）内刑终 90 号刑事判决：维持对被告人薛某某判处死刑，剥夺政治权利终身，没收个人全部财产、被告人韩某力死缓，剥夺政治权利终身，没收个人全部财产的结论。对被告人李某花改判为死缓，剥夺政治权利终身，没收个人全部财产。被告人李世某虽未提出上诉但是改判为有期徒刑十五年，没收个人财产五万元。被告人张天某改判为有期徒刑九年，并处罚金二万元。至此全案终结审理。

虽然被告人李某花、韩某力最终仍然被判处死刑缓期二年执行，但是相对于一审判决来说，已经避免了"死立执"的巨大生命风险，这个结果也已经是难能可贵。

"真假大姐"为核心，辩点集中说"无罪"，策略只为争留命

该起案件 2016 年作出第一次一审判决后，王玉琳律师即接收被告人李某花的委托，历经二审审理，发回重审，对重审结果不服再次提出上诉，再次二审到 2021 年 11 月 26 日终审判决，跨越了六年的时间，王律师坚持"以无罪理由争取留命"，最终取得了满意的效果，实现了"为生命辩护，为自由呐喊"。

下面是终审审理阶段王玉琳律师提出的辩护意见：

首先，本辩护人认为一审公诉机关认定被告人李某花为"贩卖毒品的被告人且是本案毒品的提供者（"大姐"）"的证据严重不足，根据"疑罪从无"的刑事司法原则应该判决被告人李某花无罪，并应立即释放。

理由如下：

一、与薛某某联系贩卖毒品的另有他人，不是李某花

1. 第二被告人薛某某曾经与贩卖给其毒品的上家（"大姐"）之间多次通过电话联系，本案案发之前曾经交易过两次，而且在第三次（即本案案发这一次）薛某某亲自去安徽购买毒品时和上家（叫"大姐"的一位女士）在约定的桥头见面，并被"大姐"领到李某花家里吃饭。薛某某交代本案案发这一次他本人与那位女士（"大姐"）之间独立完成了交易量、交易地点、交易金额的约定。

2. 从薛某某、李某花、韩某力的陈述可以认定，与薛某某进行毒品交易的人确实是另一个女人，是一个薛某某叫"大姐"的人，庭审中薛某某已经肯定那个人不是李某花，薛某某通过照片辨认辨识已经发生了错误，应该以薛某某见到真人后的辨认辨识为准。

3. 李某花、韩某力的到案交代可以印证"去桥头接薛某某并到李某花家里吃饭、谈事的人"是李某花的大姐李某荣。

办案机关不顾本案当中已经出现两名女性，一名是直接贩毒的人员、一名是负责做饭的李某花的事实于不顾，坚持认定就一名女性，坚持认定那名女性的就是李某花，坚持认定李某花就是提供毒品的上家，坚持认定李某花就是那个提供毒品的"大姐"，导致真正提供毒品的犯罪分子李某荣不被法律追究，且无辜的李某花曾经被判处死刑，现在又面临再次极刑的极度危险当中，这是极其严重且不负责任的错误行为。

二、李某荣的"特殊"身份必须查清楚，李某荣的责任不能让李某花"替代承担"

1. 李某花被抓以后就一直坦白交代其姐姐李某荣的涉案情节："李某荣将一个男的带回家吃的饭，和他谈的事情。"如果李某荣不是真正的犯罪实施者而是一个无辜者，李某花做为同胞姐妹正常的生活逻辑首先应该是包庇、袒护，而不应该是直接揭发无辜的姐姐让其面临死刑的危险，所以从李某花的交代可以印证本案犯罪行为的实施者就应该是李某荣，对这个问题办案机关应该有责任、有义务找李某荣核对清楚，在没有核对落实

的前提下，就应该认定指控李某花的事实不成立。

2. 薛某某在第一次开庭当中即认出身边同案受审的被告人李某花不是和他谈毒品交易的那个"大姐"。他交代的非常清楚，即当时在一个私人住宅里面除了李某花还有另一个女人，与他谈交易的是李某花以外的那个女人（"大姐"），本次开庭他又继续反复强调了这个重要情节。

值得注意的是，薛某某和李某花作为同案犯在案件发生以后均被立即抓获，他们之间根本没有互相接触交流的机会，他们在没有串通、串供的条件下却同时指出另有一个女子，这不是巧合，也不是偶然，而应该反映是真实的案情。

3. 法庭发问当中韩某力交代：案件发生后他逃离现场没有被抓获，但是在将近三年的畏罪潜逃过程中能够去"大姐"李某荣家中和李某荣见面，李某荣因为是她安排韩某力参与贩毒而造成韩涉案的原因对韩某力给予了一些资助。

所以，本案当中存在同案犯未到案，同案中另有其他女性参与作案的关键和重大问题，但是针对这个问题，办案机关从来没有去找过李某荣进行调查核实，此种办案的作法本身就是存在很大的疑问。

李某荣到底是什么样的身份？她为什么在李某花家里约人？为什么在韩某力未投案之前能够和韩某力见面而且给予资助？公安机关为什么对李某荣不主动调查核实问题？这些问题需要查清，否则不排除李某荣作为公安机关的线人来对被告人薛某某进行双套引诱导致案发的合理怀疑。

上述问题没有调查核实清楚之前，李某荣所实施的犯罪责任不能强加于李某花替代承担。

三、被告人韩某力主动投案自首的陈述可信度高于其他人的陈述

被告人韩某力投案自首的目的就是主动到案，如实供述本案的事实："毒品是李某荣的，不是李某花的。"从其投案自首行动的合理性来分析，如果犯罪行为果真是李某花干的，韩某力没有必要冒着夫妻双双都可能身陷囹圄，都可能被判处死刑的高度危险来自投罗网。

被告人韩某力是潜逃三年后自投罗网。他是为了不让李某花被错判冤死而主动到案说明情况，所以他说的话相对来说更具有可信性。

他交代"本案的毒品是李某荣提供的"，这个陈述同时也与薛某某的交代高度一致。

韩某力畏罪潜逃，薛某某被抓获关押，此二人之间根本没有任何机会串通，却能说出内容高度一致的案情，足可见本案毒品的提供者确实不是李某花而应该是李某荣。韩某力主动到案坦白交代的案情才是本案的真实情况。

四、本案辨认程序违法，应该以见到真人的识别为准

1. 在辨认阶段，被告人薛某某通过图片进行辨认时发生错误，误将李某花辨认成提供毒品的"大姐"。但是，他在第一次开庭当中见到李某花本人就认识到其通过图片进行识别时发生错误，并当庭供述与他联系交易的人、一起吃饭的人、和他面谈毒品交易的人不是面前的这个李某花而是另有一个"大姐"。

2. 本次再审开庭当中，被告人薛某某继续重申这个问题，而且更明确地指出李某花只是为他们开门的人，请求法庭重视他庭审中说出的实话，防止冤案。

3. 在被告人薛某某看图片（卷宗反映实际上辨认用的是图片而非照片）辨认和见到真人明确指认的两种行为中，真人识别是最有效的。对薛某某的辨认行为，司法机关不能逼其承认图片，而否定对真人的识别。

4. 侦查机关的辨认程序违法

之所以发生薛某某错误辨认的情况，源于侦查机关让薛某某进行辨认时存在严重的程序违法：

（1）侦查机关提供的辨认的照片是不符合国家标准的图片。用于辨认的照片应符合《照片档案管理规范》（GB/T 11821—2002）。并不是所有的图片简称都叫照片，照片应该是用照片纸胶印或打印的特殊图文载体，而不是随意用普通书写纸打印出的图纸。普通书写纸打印出的图纸只能称之为图纸或图片而不能称之为照片。

本案侦查机关是用了普通打印纸制作的图片而非照片纸显影成像的照片，所以，侦查机关辨认时采取的方法不符合《公安机关办理刑事案件程序规定》第二百四十九条要用照片进行辨认的规定。

（2）辨认地点是在九原区看守所，辨认笔录上记载的见证人为谢某某。对照辨认当时的《提讯证》，谢某某这个人没有出入过九原区看守所，不排除辨认时在场无见证人的情况。

（3）如果真有谢某某这个人参与辨认，从其无手续就能出入看守所来

判断，不排除见证人谢某某是公安机关的内部人员，如此辨认亦不符合法律规定造成无效辨认。

本案应该适用死刑证据标准，任何不够重视，含糊其词的做法均可能会导致严重的错误。所以，鉴于上述证据瑕疵的存在，辩护人建议请合议庭务必相信真人识别而不要相信图片辨认。

五、声纹鉴定并非是万无一失的证据，且声纹鉴定只能作为破案的线索，而不能作为诉讼中的定案证据

关于司法鉴定，因为技术条件、设备条件、司法鉴定人水平条件的局限，司法鉴定结论有不同程度的差错已经成为司法界的共识。因为司法鉴定人水平的问题，送检环节的问题等导致结论不真实的情况也非常多。

庭前，鉴于学识有限，辩护人还以为声纹鉴定具有唯一性，但是经过多方收集资料进行认真学习研究才发现，声纹鉴定和指纹鉴定不一样，声纹鉴定具有不可靠性，不具有唯一性。郑玉玲、张志勇、孟庆华撰写的《光盘声纹鉴定中的一些问题》一文指出："声纹鉴定不同于指纹鉴定，指纹有其唯一性，而声纹鉴定复杂得多，声纹因其形成既有解剖学特征又受生理（不同年龄段）、心理（如兴奋、沮丧、模仿、伪装等）的影响。"

声纹研究者伍浩鹏在其文章《声纹鉴定及其证据效力》中指出，"声纹证据广泛接受性的考察也许会产生不确定的结论，因为实验室条件下可能无法准确反映出法院所要求声音的细微变化。许多因素，例如录音质量、试图模仿或掩盖声音、环境噪声、经过的时间等，都可能会使人们难以相信声纹鉴定的可靠性，此外鉴定者的经验也会影响声纹鉴定的可靠性"，"声纹证据由于其主观性和易变性而可能会产生较高的错误率"，"我国的法律尚未对声纹鉴定的证据效力问题作出明确规定，因此目前声纹证据尚不能作为定案的证据在诉讼中使用"。所以，本案从声纹鉴定来判断技侦录音当中的人唯一指向就是李某花本人的定论是不可取的。

关于声纹鉴定会有差错，声纹鉴定不是诉讼定案证据的论证论文非常之多（注：辩护词后附部分论文印证材料）。

而且，本案据以认定技侦录音中的说话人就是李某花的公安部《物证鉴定书》（公物证鉴字〔2015〕4194号）具有如下几点明显瑕疵而更不具有可信性，不应该作为定案依据。

1. 检材提取不规范

《司法鉴定程序通则》第二十四条规定："司法鉴定人有权了解进行鉴定所需要的案件材料，可以查阅、复制相关资料，必要时可以询问诉讼当事人、证人。""经委托人同意，司法鉴定机构可以派员到现场提取鉴定材料。现场提取鉴定材料应当由不少于 2 名司法鉴定机构的工作人员进行，其中至少 1 名应为该鉴定事项的司法鉴定人。现场提取鉴定材料时，应当有委托人指派或者委托的人员在场见证并在提取记录上签名。"

根据法律规定，司法鉴定机构可以派员到现场提取。本案案情重大，涉及死刑，对所涉及的鉴定材料及提取样品时应该高度重视，最稳妥的作法应该由具备技术水平的人员现场提取，而且根据提取声纹检样要求应该配备高清录音设备检样。但是，本案的检材是毫无声纹鉴定基础知识的侦查人员直接截取的，取样时没有鉴定人参与，虽然不能说此种作法违反规定，但是确实在提取检样的过程中存在不稳妥的情形，存在对死刑证据搜集不够重视的问题。

2. 技侦录音来源存疑

鉴定书证明被检的是技侦录音（"电话录音为技侦录音"见鉴定书第一页"简要案情"），但是提交的不是电话录音原始载体，而是被办案人员制作成的简易 DVD 光盘。原始记录上的素材从电话录音设备转移或复制到 DVD 光盘的过程中所使用的设备不详。复制品的数据与原始素材的一致性已经无法保证，更无法保证是否发生畸变。（后附有论文论证：声音是通过录音设备进行采集的，语音会因不同型号的录音设备产生一定程度的畸变，同时由于背景环境和传输信道等的差异，对语音信箱也会造成不同程度的损伤，一般在研究中将这些外界影响语音的效应称为信道易变性。）

3. 本案哈希值只存在于复制的检材和样本之间，与原始载体无关

复制的 DVD 光盘检材和样本（载体）的哈希值进行唯一性标识不能理解为复制的 DVD 光盘和原始电话录音载体的哈希值也是保持唯一。本案没有提供原始电话录音载体，所以复制的 DVD 光盘检材和记录样本的复制的 DVD 光盘之间的哈希值即便保持一致（类似于将复印件再次复印），但对原始记录载体毫无意义。

4. 李某荣和李某花都是方言相近的人，不能用方言相近来分析确定

是否是同一人

公安部的鉴定检验认为："样本1和样本2的对比检验，二者方言口音特征相近，……符合同一人语音特征。"辩护人认为李某花和李某荣属于同胞姐妹，生活在安徽的同一地区，方言口音一致，所以从方言口音特征相近来考虑也不能认为李某花就是唯一人选。

5. 声纹鉴定过程中对共振峰模式等特征的识别需要前置技术处理，但是本次鉴定无法判断鉴定时前置技术处理的水平

公安部《物证鉴定书》（公物证鉴字〔2015〕4194号）没有后附鉴定中产生的峰值图形，导致审判机关无法直观了解其对比情况。而声纹鉴定过程中对共振峰模式、声调模式、韵律特征、音节内和音节间的过渡特征的比对需要对相关数据需要进行前置的数据计算，需要进行统计建模，这些均与实际操作的鉴定人的学问和水平息息相关（后附理论文章《声纹识别技术的现状、局限与趋势》）。

6. 本案鉴定应该考虑首先适用国家规定的行业标准

公安部《物证鉴定书》（公物证鉴字〔2015〕4194号）采用了公安部物证鉴定中心的"语音同一认定（IFSC11-01-01-2015）"内部标准进行鉴定。而在本案审理过程中我国已经出台了公共安全行业标准《法庭科学语音同一认定技术规范》（GA/T 1433—2017）。

《中华人民共和国标准化法》第二条规定：本法所称标准（含标准样品），是指农业、工业、服务业以及社会事业等领域需要统一的技术要求。标准包括国家标准、行业标准、地方标准和团体标准、企业标准。国家标准分为强制性标准、推荐性标准，行业标准、地方标准是推荐性标准。强制性标准必须执行。国家鼓励采用推荐性标准。

第二十一条规定：推荐性国家标准、行业标准、地方标准、团体标准、企业标准的技术要求不得低于强制性国家标准的相关技术要求。

《司法鉴定人登记管理办法》第二十三条规定：司法鉴定人进行鉴定，应当依下列顺序遵守和采用该专业领域的技术标准、技术规范和技术方法：

（一）国家标准；

（二）行业标准和技术规范；

（三）该专业领域多数专家认可的技术方法。

关于语音同一性认定我国目前只有行业标准即《法庭科学语音同一认定技术规范》（GA/T 1433—2017），尚无国家强制标准。

由此可见，公安部内部标准可能存在不标准的情形。本案审判时国家已经有行业标准，而且因本案案情重大，可能涉及多人死刑，因此有必要按照《中华人民共和国标准化法》关于标准适用顺序的规定用行业标准来重新鉴定，而不能一味地相信公安机关的内部标准。

7. 本案鉴定人资格不合格

《司法鉴定人登记管理办法》第十二条规定：个人申请从事司法鉴定业务，应当具备下列条件：

（一）拥护《中华人民共和国宪法》，遵守法律、法规和社会公德，品行良好的公民；

（二）具有相关的高级专业技术职称；或者具有相关的行业执业资格或者高等院校相关专业本科以上学历，从事相关工作五年以上；

（三）申请从事经验鉴定型或者技能鉴定型司法鉴定业务的，应当具备相关专业工作十年以上经历和较强的专业技能；

（四）所申请从事的司法鉴定业务，行业有特殊规定的，应当符合行业规定；

（五）拟执业机构已经取得或者正在申请《司法鉴定许可证》；

（六）身体健康，能够适应司法鉴定工作需要。

8. 本案司法鉴定人王某、王某某均是副研究员不具有高级职称，也没有其他资料证明他们的学历情况、从业情况、执业年限等符合上述法律规定和具备鉴定资质的情况。

9. 根据全国人大司法鉴定通则的规定，公安部物证鉴定中心没有在司法部备案登记，发证机关是公安部自己，没有对外进行司法鉴定的资质，是对侦查提供线索的机构不是对外独立进行司法鉴定的机构。

10. 从公诉人补充提供的《鉴定机构资质证书》《鉴定人资格证书》来看，发证时间都是2016年。《鉴定机构资质证书》（公安部物证鉴定中心发证时间：2016年7月29日，有效期至2021年7月28日），司法鉴定人李某某《鉴定人资格证书》（发证日期：2016年11月1日，有效期至2021年10月31日）、王某（发证日期：2016年3月30日，有效期至2021年3月29日）、王某某（发证日期：2016年3月30日，有效期至

2021年3月29日）、李某某（发证日期：2016年11月21日，有效期至2021年11月20日）、刘某某（发证日期：2016年11月21日，有效期至2021年11月20日）、苗某某（发证日期：2016年11月21日，有效期至2021年11月20日）。

据上，司法鉴定机构和司法鉴定人是出具2015年10月30日公物证鉴字〔2015〕4194《物证鉴定书》之后取得资质证书。从此可以来看，出具鉴定书时都不具有鉴定资质，2015年10月30日公物证鉴字〔2015〕4194《物证鉴定书》不能作为定案的证据。

六、扣押、称量疑似毒品的过程中存在程序违法

本案毒品在抓获犯罪嫌疑人当时就被扣押但是没有当场称重。

本案涉案毒品于2013年12月21日在河南和安徽同时被查获，但是在时隔一个月的2014年1月22日才拿到包头九原区看守所在无在场见证人的情形下由侦查员董某某、王某某进行了称重。

被称量的疑似毒品在这一个月当中从河南和安徽怎么到的包头九原区看守所？这一个月期间由谁负责保管？怎么办理的交接手续？保管过程中的安全条件和环境条件如何？是否按照毒品出入库的法律规定办理存出入库？等等事项均不明。

七、本案存在违法使用技侦措施，违法跨省办案的情况

本案存在提前介入、滥用技侦手段跨省办案的情况。

《中华人民共和国刑事诉讼法》第一百五十条规定：公安机关在立案后，对于危害国家安全犯罪、恐怖活动犯罪、黑社会性质的组织犯罪、重大毒品犯罪或者其他严重危害社会的犯罪案件，根据侦查犯罪的需要，经过严格的批准手续，可以采取技术侦查措施。

本案的侦办单位未经立案，没有经过严格履行批准手续就使用技侦手段了解了薛某某贩毒的线索。

本案跨越内蒙古、河南、安徽三个区域但是办案单位在提前已经掌握线索的前提下没有向上级请示，没有经过共同上级单位——公安部批准就跨省办案。

据上，本案存在对被告人李某花事实认定不准，办案程序存在诸多瑕疵，对有证据证明的犯罪嫌疑人李某华不予调查，导致事实不清证据不足的情形，应该依照疑罪从无的规定，对被告人李某花宣告无罪。

掩卷思考

（1）死刑案件的辩护应该从程序辩护和实体辩护两个方面着手，实体辩护应该放在证据是否成立，程序辩护力求拷问证据来源的合法性和审理程序的合法性，最终结果是促进审判机关的证据裁判。让审判人员回归到"以证据裁判认定法律事实"而不是自由心证和个人的好恶上。

（2）如果公诉机关的证据存在印证能力明显不足的问题，辩护人可以选择无罪辩护，强调"疑罪从无"，其追求的结果不一定是达到务必无罪，应该要设置策略"以无罪辩护换取留有余地的判决"，为当事人争取利益最大化。但是，对可能存在的风险性问题应该事先与当事人及其家属充分沟通。

（3）突出核心辩点，辅助更多的关键性辩点。即突出重点，同时不遗漏任何有利情节，促使法官对存在的各种问题无论轻重均能引起重视，让法官自然而然提高审慎程度，争取"留有余地"的判决空间。

（4）落实辩点和质证意见时"先锋式开路，整体推进，使前观点比后观点进一步加强"，即不要忽视团队作战模式。办理本案当中，因为被告人李某花排名第一，辩护人王玉琳律师肩负起先锋作用，首选发表质证意见和辩护意见。担任其他被告人辩护人的各位律师，对王律师发表的观点进一步强调，合理重复利用，对重要问题、重要事项不含糊带过，起到了加强辩护作用。

（5）一个律师代理不了所有的被告人，但是对案件整体性的处理意见是全案被告人都是可以受用、受益的。本案在高级法院二审期间，合议庭对王律师的质证和辩护观点非常重视，审判长提醒王律师就对所有被告人都应该怎样处理也发表一下意见，其以积极的态度听取辩护人对全案的处理意见的情况在审理当中是比较少见的。就因为法官有整体案件观，最终使两次均被判死刑的被告人李某花得到改判，使没有提出上诉的李世某也得到减轻量刑。

（6）李某花的原审辩护人郭律师在未达到预期辩护效果后，积极推荐合适的律师为当事人辩护，注重当事人利益为上，力争维权、同业互助，共求效果的意识值得业内同行学习。

承办律师

　　王玉琳,北京尚衡(呼和浩特)律师事务所管委会主任、内蒙古自治区律师协会刑事专业委员会常务副主任,一级律师、心理咨询师、蒙汉双语律师。内蒙古大学法学本科毕业,蒙古国大扎撒国际大学法学硕士毕业,蒙古国国立教育大学教育学博士研究生。1989年开始从事法律工作,1995年考取律师资格证,1996年开始专职律师执业,2019年1月获得蒙古国司法部颁发外籍律师执业资格证。2019年被中华全国妇联评为"维护妇女儿童权益全国先进个人",2021年被评为"内蒙古自治区十佳法治人物"。

37 语言上的威胁能否构成暴力型抢劫
——王某某抢劫案经二审改判诈骗案

2024年2月7日,常冉律师收到了"王某某涉嫌抢劫罪"一案的二审改判的判决书。经过常冉律师的有效辩护,本案由原来的一审判决十年有期徒刑经二审改判为五年。

因为一句话,由诈骗升级为转化型抢劫,人身危险性何在

2021年4月下旬,被告人王某某与被告人郑某密谋以虚假交易"泰达币"的方式非法占有他人财物。随后被告人郑某联系张某、钱某、赵某等人。被告人共谋后分工如下:赵某负责出资,提供28万元现金假装交易;郑某负责与中间商谈判,钱某假装购买人,进行现金付款;王某某负责与中间商谈判及将"泰达币"实时套现。另案孙某负责在交易现场帮助钱某脱身。

2021年4月20日15时许,被告人王某在大连市某上岛咖啡查验被告人钱某和王某某所提供的现金后,提出在附近银行交易。后被害人汪某与被告人钱某来到大连市某银行进行交易。被告人赵某随后驾驶黑色吉普车带领孙某来到该银行进行接应。16时许,被害人汪某将4万枚泰达币转账到被告人王某某提供的账户,提出将28万元人民币存入账户时,被告人钱某联系被告人王某某确认4万枚泰达币到账后,立即携带28万元人民币现金逃离现场。被害人汪某立即阻拦,要求支付钱款。被告人钱某在同行人的帮助下,挣脱汪某的阻拦并威胁其,如果再跟着他,就捅死

他，随即乘赵某驾驶的黑色吉普车逃离现场。随后，被告人王某某将 4 万枚泰达币进行实时套现，获得赃款 12.5 万元人民币。其中被告人钱某分得 8 万元人民币，被告人王某某、郑某、赵某各分得 1.5 万元人民币。

随后受害人汪某报警，4 名被告人于 4 月底被抓获归案。

厘清思路，协助公检法回归案件事实

本案的犯罪数额如何认定？本案的泰达币是否具有财产属性？本案是否应该构成转化型抢劫？

公诉机关认为应以 28 万元的购买价格来认定本案的犯罪数额。但一审辩护人经过查阅卷宗、多次会见、询问被告人了解到：被告人为了尽快获利，当日即以 12.5 万元的价格变卖了这些"泰达币"。随后一审辩护人向一审法院提出以下辩护要点：

首先，本案的抢劫对象泰达币是虚拟货币，不由货币当局发行，不具有法偿性与强制性等货币属性，不是真正的货币，不应且不能作为货币在市场上流通使用，故其不具有财产属性，无刑法意义上的价值，该案不应构成侵犯财产性犯罪。

其次，本案应按实际销赃数额即 12.5 万元来认定犯罪数额。因为根据我国相关规定及在案的证据，无法认定案涉 4 万枚泰达币的市场价值，故本案应参照文物类等类似财物的相关规定以销赃价格认定犯罪数额较为妥当。

最后，本案不能因为一句话即"你别拽我，再拽我就捅死你"就认定为转化型抢劫。根据《最高人民法院关于审理抢劫刑事案件适用法律若干问题的指导意见》第三条关于转化型抢劫犯罪的认定中第二款规定"对于以摆脱的方式逃脱抓捕，暴力强度较小，未造成轻伤以上后果的，可不认定为'使用暴力'，不以抢劫罪论处"，以及第四款规定"两人以上共同实施盗窃、诈骗、抢夺犯罪，其中部分行为人为窝藏赃物、抗拒抓捕或者毁灭罪证而当场使用暴力或者以暴力相威胁的，对于其余行为人是否以抢劫罪共犯论处，主要看其对实施暴力或者以暴力相威胁的行为人是否形成共同犯意、提供帮助"。基于一定意思联络，对实施暴力或者以暴力相威胁的行为人提供帮助或实际成为帮凶的，可以抢劫共犯论处。而本案的被告人王某某仅仅出现在第一交易地点即上岛咖啡,并未出现在第二交易地点大连某银行。即被告人王某某对转化后的抢劫未提供帮助,未实际参与,未实际成为帮凶,那么根据前述《指导意见》规定,对被告人王某某不应以抢劫罪的共犯论处。

最终一审法院部分采纳了辩护人的观点,认定本案的犯罪数额以实际销赃的12.5万元为准,但是依然认为本案构成转化型抢劫,最终判处各被告人十年至十年六个月的刑期。

判决生效后,各被告人均不认可一审判决认定的事实及量刑,均向大连市中级人民法院提起了上诉。

被告人的坚持以及辩护人的坚持,终获二审肯定

辩护人认为,如何改变二审法官对本案的定罪是二审的重点问题,如果罪名改变了,那么相应地量刑也会改变。

辩护律师发现,本案中,仅用了受害人的一句话来证明存在抢劫的事实,"你别拽我,再拽我就捅死你",但是受害人前期在第一现场是检查过被告人的背包的,当场检验了包内的现金,受害人能够知道,背包内是没有任何管制刀具的。而且,侦查机关没有证明本案中存在任何的作案工具。何况事发当时,是在安保人员充足的银行大堂内,受害人如果受到了人身威胁,其完全可以大声呼救,但通过案发现场的监控视频可以得知,受害人并没有呼救,双方在转门内短暂停留几秒钟后即分开。故辩护人多次与承办法官沟通该节事实,承办法官也表示会认真考虑辩护人的意见,最后决定二审进行公开审理。

在二审中,法院采纳了辩护人的辩护意见,最终认定本案不构成转化型抢劫罪。判决内容简要摘抄如下:

本案中,四上诉人的目的是转移他人对泰达币的合法占用,并通过销赃取得财产性利益,主观犯意是骗取,背包中28万元现金只是作为犯罪工具使用,因此本案先行为符合诈骗罪的构成要件。而后行为中,目前无证据证实钱某等人对被害人使用凶器或以凶器相威胁,仅有被害人的陈述说"你别拽我,再拽我就捅死你",无其他证据相互印证,而钱某

对挣脱、拉扯及对接应人员对被害人紧贴、阻拦行为，只是为了抗拒抓捕而实施的挣脱、推搡等轻微的暴力行为，没有直接故意威胁被害人的人身安全，暴力强度较小，且案发地为监控较多的公共场所，案发时又处于人流量较大的下午3时许，语言上的威胁并未达到使被害人不能反抗、不敢反抗的程度，故未达到抢劫罪所要求的暴力程度，因此不能构成转化型抢劫罪。

关于本案的犯罪数额，正因为在我国境内虚拟货币没有合法的市场交易平台，不存在被认可的价值公示机制，所以无法通过鉴定评估等途径认定案涉虚拟货币的价值。虽然对被害人来说，因诈骗等犯罪行为遭受了实际损失，但如果按损失数额退赔则恐产生变相承认、支持虚拟货币和法定货币之间兑换及提供定价等问题。所以，司法实践中，在虚拟货币已被兑换成法定货币的情况下，犯罪金额应以兑换虚拟货币的资金数额计算。本案四名上诉人在骗取泰达币后即与下家完成交易，套现12.5万元人民币，将该数额认定为犯罪数额，符合我国目前金融政策贯彻的"不保护价格预期"理念，系切实可行的认定方式。

尽心尽责，不负重托

二审法院认为，四名被告人的行为不属于"使用暴力或以暴力相威胁"，并未达到使被害人不能反抗、不敢反抗的程度，即并未达到抢劫罪所要求的暴力程度，因此不能构成转化型抢劫罪。虽然有两个案发现场，但四被告人有事先共谋属于共同犯罪，被告人骗取泰达币后即与下家完成交易，套取人民币12.5万元的行为构成诈骗罪。故撤销原一审判决书，改判四被告人犯诈骗罪。分别判处五年至五年六个月的刑期并处罚金。

办 案 感 言

人们常说，我们办的不是案子，是别人的人生。对一句话的不同的理解，就能带来被告人长达五年的牢狱禁锢的后果。为了维护被告人的合法权益，辩护人对全案案卷多次进行梳理，为本案改判做了充分的准备。并与二审承办法官多次沟通，争取到二审开庭的机会，二审法院也同时表示

"辩护人的意见我们合议庭定会认真考虑"。最终,二审法院采纳了辩护人的辩护意见,否认了一审法院认定的抢劫罪,重新认定本案为诈骗罪,使得本案的犯罪事实与真相一致,使得被告人的权益得到了法律的保护。

本案的改判凝结了审判法官和辩护律师为查明案件事实、准确适用法律所付出的大量心血和时间。诚望每起案件都能够细致办案,于细微处见真相,唯真相方显公平。

承办律师

常冉,毕业于河北大学,2011年起从事律师工作,现系辽宁理凡律师事务所创始合伙人,辽宁省大连市律师协会刑事委员会委员。

38 改变一审法院对涉案财物数额的虚高认定

——吴某涉嫌故意毁坏财物罪二审改判无罪案

一审获刑

吴某在X市经营一家实业公司。2014年公司年会，身为老板的吴某在下属的劝酒中多喝了两杯，陷入了醉酒状态。吴某喊来代驾将自己送回家，司机把车停在小区前的小马路上后，吴某自行步行回家。在酒精的作用下，吴某随手掰断了路边几辆车的倒车镜。

第二天，停靠路边车辆的几名车主发现爱车受损，情急之下选择报警，并通过监控录像找到了吴某。事发后，公安机关以涉嫌故意毁坏财物罪对吴某进行立案侦查，吴某在被刑事拘留13天后，因为认罪认罚被取保候审，后案件移送检察院审查起诉。由于案件进展比较快，经某检察院起诉，某区人民法院适用简易程序审理，一审认定吴某造成车辆直接损失共计5 356元，构成故意毁坏财物罪，对其判处拘役三个月，缓刑三个月。

临危受命

一审判决后，按道理吴某因为认罪认罚，不应该再继续上诉。但是有三个因素使得吴某选择上诉。第一，吴某公司其他股东因为吴某犯罪，要求其退出相关的股份；第二，吴某原申请到了国外学校念博士的机会，有了犯罪记录等于留学也就泡汤了；第三，最为关键的是，吴某了解到这个案件某辆车维修的费用可能远远没有达到一审认定的价格，因此认为案件事实不清，证据不足。

经过对案情的细心研究，我发现一审判决事实不清、证据不足，定罪量刑的关键证据存在极大瑕疵，合法性、真实性不足。在此基础上，我对一审依据的鉴定报告的鉴定机构某中心的资质和报告本身的结论与计算方法进行了细致的核实，并找到参与修理本案受损车辆的维修工了解了真实损失情况。

二 审 阻 击

介入二审后，我首先与承办法官联系，并且提交了初步的辩护意见。法官在了解其想法后，也同意开庭审理。在二审的辩护意见中，我们主要提出以下问题。

（一）一审判决事实不清、证据不足

1. 吴某是否掰坏汽车倒车镜、损坏哪几辆车的倒车镜并未查清

一审中认定吴某故意毁坏车辆倒车镜的证据只有民警的笔录。除此之外，没有其他证据证明吴某掰断车辆的倒车镜。上诉人当时处于醉酒状态，不能清楚地记得自己的行为，对于自己是否掰断车辆倒车镜、掰断哪几辆车的倒车镜，其本人完全无法回忆。对于视频材料，辩护人至庭审时一直未查阅到。同时，一审庭审笔录中亦未将该视频作为证据材料进行举证质证。因此，对于吴某是否故意损坏车辆倒车镜、损坏几辆车倒车镜、损坏哪几辆车倒车镜，一审法院并未查清。

2. 吴某损坏了车辆哪些部件并未查清

一审判决书采纳了公安机关拍摄的车辆照片作为证据，但该证据不符合侦查部门现场勘查的程序。根据《中华人民共和国刑事诉讼法》第一百三十一条，"勘验、检查的情况应当写成笔录，由参加勘验、检查的人和见证人签名或者盖章"，以及《公安机关办理刑事案件程序规定》第二百一十条，"公安机关对案件现场进行勘查不得少于二人。勘查现场时，

应当邀请与案件无关的公民作为见证人",本案公安机关对车辆进行勘查时,只有制作人陈某签字,没有见证人签名,也没有制作相应勘验笔录。因此该证据不合法,不能作为定案依据。

同时,被害人也未向法院提供修车的发票以及详细的修车项目。对于车辆受损情况,一审并未查清。

3. 某中心不具有鉴定资质

一审判决所依据的证据是某中心出具的《物损评估意见书》《事故车辆堪估表》。根据2008年国家发展改革委、最高检、公安部、财政部出具的《关于扣押、追缴、没收及收缴财物价格鉴定管理的补充通知》第一条,各级政府价格部门设立的价格鉴定机构为国家机关制定的涉案财物价格鉴定机构,名称统一为"价格认证中心"。某中心并非价格认证中心,因此该份价格鉴定主体不符合法律规定。

庭审中,辩护人对出庭作证的评估员朱某提问其所在某中心是否属于鉴定机构,朱某回答是属于鉴定中心的下设组织;辩护人问朱某是否具有相应鉴定资质,朱某回答有的。对此,辩护人发现《物损评估意见书》上朱某的落款是评估员,其所盖的章也是评估执业证。辩护人认为,既然朱某陈述某中心属于鉴定中心下设机构,其本人具有鉴定资质,则其应当向法庭提供相应证据。

同时,《物损评估意见书》记载:"评估意见以修复该车为前提,用于调解民事纠纷目的。本评估意见以给价格认证部门出具价格鉴定结论时提供参考为目的。"辩护人未发现后续价格鉴定书,朱某也未能提供价格鉴定书。

因此,辩护人认为一审中的某中心并不属于价格认证中心,朱某也并非鉴定人员,因此一审的物损评估意见不具有价格鉴定的效力。

(二)根据现有证据,吴某故意毁坏财物的金额未超过5 000元,没有达到入罪标准,请求法院对吴某予以改判无罪

本案中,根据受损车辆之一的修车师傅的笔录,其实际收取了修车费4 300元。因此,即使对另一辆车的物损采用某中心作出的评估,也仅为384元,那么,吴某在本案中故意毁坏的财物价值共计4 684元,尚未达到故意毁坏财物罪的入罪标准。

根据《中华人民共和国刑事诉讼法》第二百三十六条:"第二审人民法院对不服第一审判决的上诉、抗诉案件,经过审理后,应当按照下列情形分别处理:(一)原判决认定事实和适用法律正确、量刑适当的,应当裁定驳回上诉或者抗诉,维持原判;(二)原判决认定事实没有错误,但适用法律有错误,或者量刑不当的,应当改判;(三)原判决事实不清楚或者证据不足的,可以在查清事实后改判,也可以裁定撤销原判,发回原审人民法院重新审判。"

鉴于本案事实相对清楚,证据相对简单,为节省司法资源,尽量做到"案结事了",在查清事实的情况下,恳请法院直接对吴某予以改判。

(三)本案吴某犯罪性质轻微,危害不大,可以不以犯罪进行处罚

本案中,吴某仅因醉酒后损坏他人倒车镜,一审法院以故意毁坏财物罪予以定罪处罚。辩护人认为该判罚过于严苛。吴某当晚处于醉酒状态,意识不清楚,主观并非故意,甚至对于自己所做之事也不记得。同时,吴某到案后,立即通过他的哥哥赔偿了被害人,并且取得谅解书。这种行为是否有必要上升到刑法的高度,对其加以刑罚?另外,这种行为与典型的故意毁坏财物罪,在主观方面显然存在巨大差异。辩护人一直提到,刑罚的目的是预防犯罪,而非惩罚犯罪。本案吴某实际上已经意识到自己行为的危害性,并且通过自己的行为弥补了过错,辩护人相信此事肯定给其带来深刻教训,不需要再进行刑事处罚。同时,本案适合当事人和解制度。针对吴某这种情形,原本可能在检察院阶段予以不起诉处理。一审对其判处刑罚,给吴某带来的影响是巨大的。其公司可能将其开除,出国深造的机会也可能被取消,污点将伴随一生。因此,辩护人认为根据本案性质及吴某的悔罪表现,根据刑法的目的,请求法院判处其无罪。综上,辩护人认为一审判决事实不清、证据不足,同时根据现有证据,吴某不构成故意毁坏财物罪,请求法庭判处其无罪。

发 回 重 审

二审开完庭后,过了好长一段时间,法院裁定出来了。二审法院裁定,撤销一审判决,发回一审法院重新审理。二审法院认为,原判认定上

诉人吴某犯故意毁坏财物罪的证据不足。

这个结果是比较遗憾的，虽然案件的事实在二审已经查得非常清楚，所损坏的财物不足 5 000 元，但根本够不上犯罪标准，完全可以直接宣判无罪。

终 获 无 罪

一审法院没有再次开庭，而是直接让检察院撤回起诉，检察院在撤回起诉后，公安机关直接对吴某出具了治安拘留 13 天的处罚，因为原来其已经刑事拘留了 13 天，因此就此结束。本案最终以实质性的无罪告终。

办 案 心 得

故意毁坏财物罪作为数额犯，对涉案财物价值所作出的结论是定案的关键证据。本案涉案金额不高，位于罪与非罪的标准线附近，是否达到 5 000 元的起刑点成为认定案件性质的关键。辩护人通过翔实的调查和准确的说理，从形式与实质两个方面否定了一审判决所依据的鉴定结果，最终推翻一审判决，获得了实质无罪的结果。

就鉴定机构及鉴定人资质而言，某中心并非司法鉴定机构，评估人朱某也不具有司法鉴定资质，导致一审法庭所采信《物损评估意见书》《事故车辆堪估表》不具有合法性。

就鉴定内容而言，首先，《物损评估意见书》载明其意见只用于调解民事纠纷及价格鉴定机构参考，而非正式的、具有司法效力的鉴定意见。其次，其认定的损失金额，经辩护人调查，与实际发生的修车支出并不相符，属于虚高。二者结合，使得一审法庭所采信的鉴定内容并不真实，缺乏作为证据的客观性。

刑法作为法律体系的最后一道防线，其目的在于预防犯罪，其适用应当慎之又慎。对于情节显著轻微、社会危害不大的行为，不宜一概以犯罪加以论处。

根据刑法谦抑性的原则，凡是适用其他法律足以抑制某种违法行为、足以保护合法权益时，就不能将其认定为犯罪；凡是适用较轻的制裁方法足以抑制某种犯罪行为、足以保护合法权益时，就不要使用较重的制裁方法。在本案中，吴某仅仅是酒后失态，无意识下损毁了几部车的倒车镜，主观上并无犯罪的故意，最多只能责备其过量饮酒的失误，相较其他犯罪行为显然恶性小得多；客观上，其只造成不足 5 000 元的损失，在我国飞速发展的经济环境下，其危害程度也显然低于故意毁坏财物罪条文制定的年代。同时，吴某积极通过家属赔偿损失，早已获得被害人谅解。因此，该案完全可以在检察院阶段就化解掉，根本无须动用刑罚来进行严厉制裁。辩护人以此作为说理根据，起到了良好的辩护效果。

承办律师

谢向英，上海博和汉商律师事务所高级合伙人、管委会成员。刑法学博士，华东政法大学刑事实务研究院副院长，硕士生导师。其在刑事诉讼领域具有丰富经验，特别在经济金融犯罪、网络犯罪、职务犯罪领域有丰富的办案经验。

39 从三年实刑到缓刑
——王某销售伪劣产品罪二审辩护实录

2000年初新冠疫情突发,人们对于口罩的需求猛然上升,各路"英豪"开始四处寻找商机,用于生产医用口罩的熔喷布成为市场紧俏产品,由此引发大量案件。

基 本 案 情

2020年3月18日,被告人王某在"湖南医药控销群"中看到微信名"熔喷布于××"的人发布熔喷布出售的消息后,立即联系了该人,该人把陈某(另案处理)的手机号码发给了王某。王某随即联系了陈某,两人约定购买单价为26万元/吨。被害人郭某某在广州市开办了一家口罩厂,急需生产口罩用的熔喷布。2020年4月1日,郭某某通过朋友聂某某联系做医疗产品的王某1,王某1联系通过几经曲折,联系到王某后得知陈某有熔喷布出售,价格为32万元/吨,要预付定金5 000元。4月2日,王某带聂某某、王某1到陈某公司看货,陈某告知该批熔喷布没有合格证和产品质量检测报告,如果需要的话就自己看。王某等人现场做了熔喷布过火、过水试验,确认该熔喷布用火烧不燃,用水透不过去,称重为2.38吨。之后,郭某某给聂某某转账80.92万元,聂某某给王某1转账78万元,王某1给王某转账73.78万元,王某付给陈某货款64.299万元。

陈某、王某向郭某某出售的熔喷布系张家界某医疗器械有限公司退还给陈某的熔喷布。经检测,陈某销售给郭某某公司的门幅宽14 cm和

26.8 cm 的两批熔喷布不符合《日常防护型口罩技术规范》（GB/T 32610—2016）的标准要求，均系不合格产品。

公诉机关认为，王某的行为已构成销售伪劣产品罪，故向法院提起公诉，并建议在有期徒刑七年至八年幅度内量刑。

一审辩护及裁判

一审辩护律师做了大量的工作，并提出排非，认为被告人王某主观"不明知"案涉熔喷布系伪劣产品，不构成销售伪劣产品罪。①王某身份仅为中介人。②陈某曾给王某发送了三张天津市检验中心出具的电子版"检测报告"，检验结论为合格。王某到陈某公司上门看货，看见熔喷布包装盒上为"天津××有限公司"，王某在网上查询发现该公司具有生产熔喷布的能力。交易时，郭某某派验货人员在现场进行了过火、过水试验，王某尽到中介人对产品质量的谨慎注意义务。③王某与陈某没有合谋，不属于共同犯罪故意。④公诉人出具的检测报告与本案没有关联性。⑤侦查机关重复立案，程序违法，存在诱供、套供行为，没有同步录音录像，王某有罪供述不能作为定案依据。

家属也做了大量的努力，甚至走访了检验检测机构，对相关侦查行为进行了投诉。

但经过审理，一审法院认为，被告人王某为了牟取非法利益，伙同陈某将不符合产品质量要求的产品冒充合格产品对外销售，共同销售伪劣产品金额达 73.78 万元，其行为已构成销售伪劣产品罪。王某系从犯，王某全部退赃，取得被害人谅解，可从轻处罚，同时考虑到被害人未尽到谨慎注意义务，涉案熔喷布没有流入社会，最终判实刑三年，并处罚金十万元。

二审介入，梳理辩护意见

一审判决下发后，我们接受家属委托开始介入二审辩护。我们首先会见了被告人，到张家界市中级人民法院复制了全部卷宗材料，再与家属充分沟通，并调取了关联上游案件的卷宗材料。经过仔细阅卷，我们梳理出二审辩护方案。二审首先需要重点打鉴定，打掉检验检测报告，指控罪名将难以立足；其次要打程序，没有程序正义，何来实体公正；最后打实体，打掉"主观明知"，罪名也就不复存在。

于是我们整理出初步辩护意见。

（一）本案一审程序违法

办案单位未将广州检验检测认证集团有限公司（以下简称广检公司）所作出的《检验检测报告》结论告知王某，剥夺了王某的法定诉讼权利。

《最高人民法院关于适用〈中华人民共和国刑事诉讼法〉的解释》第一百条第二款规定，对检验报告的审查和认定，参照适用鉴定意见的有关规定。《中华人民共和国刑事诉讼法》第一百四十八条规定："侦查机关应当将用作证据的鉴定意见告知犯罪嫌疑人、被害人。如果犯罪嫌疑人、被害人提出申请，可以补充鉴定或者重新鉴定。"《公安机关办理刑事案件程序规定》第二百五十二条规定，"对鉴定意见，侦查人员应当进行审查。对经审查作为证据使用的鉴定意见，公安机关应当及时告知犯罪嫌疑人、被害人或者其法定代理人"；第二百五十三条规定："犯罪嫌疑人、被害人对鉴定意见有异议提出申请，以及办案部门或者侦查人员对鉴定意见有异议的，可以将鉴定意见送交其他有专门知识的人员提出意见。必要时，询问鉴定人并制作笔录附卷。"《最高人民法院关于适用〈中华人民共和国刑事诉讼法〉的解释》第九十七条规定，对鉴定意见应当着重审查以下内容："（十）鉴定意见是否依法及时告知相关人员，当事人对鉴定意见有无异议。"第九十八条第九项"鉴定意见具有下列情形之一的，不得作为定案的根据：（九）违反有关规定的其他情形。"

本案一审诉讼过程中，侦查机关未将用作证据的《检验检测报告》告知上诉人王某，剥夺了王某申请补充或重新鉴定的法定诉讼权利，在该《检验检测报告》本身存在诸多问题的情况下，必然影响案件的公正审判。

（二）本案的《检验检测报告》存在多方面问题

1.《检验检测报告》出具的主体不具法定资质，并且《检验检测报告》系一人出具，依法不得作为定案根据

首先，本案是一起涉及产品质量的刑事案件，《最高人民法院　最高

人民检察院关于办理生产、销售伪劣商品刑事案件具体应用法律若干问题的解释》第一条第五款规定："对本条规定的上述行为难以确定的，应当委托法律、行政法规规定的产品质量检验机构进行鉴定"。《中华人民共和国产品质量法》第十九条规定："产品质量检验机构必须具备相应的检测条件和能力，经省级以上人民政府产品质量监督部门或者其授权的部门考核合格后，方可承担产品质量检验工作。"据此，广州检验检测认证集团有限公司不具备鉴定本案产品质量的资质。

其次，根据《最高人民法院关于适用〈中华人民共和国刑事诉讼法〉的解释》第一百条第二款的规定，对检验报告的审查和认定，参照适用鉴定意见的有关规定。根据《司法鉴定程序通则（2016）》第二十一条规定，同一司法鉴定事项应由两名以上司法鉴定人进行。本案《检验检测报告》也应由两名以上的检验人出具，本案《检验检测报告》由一人出具，检验结果的公平性和科学性无法保证。

2. 本案《检验检测报告》检材来源不明，检材来源与在案其他证据相互矛盾，不能保证同一性

一审判决认定，2020年3月7日，陈某从马某某购买的熔喷布通过物流运送到中科××公司，卸货时中科××公司发现该批货物无合格证、产品质量检测报告遂拒绝签收。之后陈某安排将该批熔喷布运回长沙放在自己的公司。随后又将该批货物卖给郭某某。但一审判决同时认定2020年4月15日，××县公安局从中科××公司扣押门幅宽约26.8厘米的白色熔喷布一袋，并作为样本送检（卷内未见扣押清单，不知一审法院根据什么证据作出的认定）。既然案涉熔喷布中科××公司在收货当日已拒绝签收全部退回，××县公安局又怎能从中科××公司扣押到26.8厘米白色熔喷布？该检材的来源存在重大问题，与本案是否具有同一性存疑。

3. 本案销售的"产品"系熔喷布，而非"口罩"，这是两种产品，两个概念

本案要审查的重点是案涉"熔喷布"本身是否符合质量标准，而不是"熔喷布"是否符合"口罩"的质量标准。目前我国没有熔喷布检测国家标准，卷中《检验检测报告》所依据的分别为行业标准《熔喷法非织造布》（FZ/T 64078—2019）和《日常防护型口罩技术规范》（GB/T 32610—

2016），检测标准不符合法律规定，鉴定过程和方法不符合相关专业的规范要求，检测机构违反起码的鉴定规则与职业道德，对委托事项严重不认真、不负责任，所做《检验检测报告》不具有客观性和科学性，不能作为定案的依据。一审法院采信广州检验检测集团有限公司出具的《检验检测报告》作为定案依据是错误的。

首先，本案中陈某销售给郭某某的是"熔喷布"，而非"口罩"，质量检测不能适用"口罩"的检测标准。《日常防护型口罩技术规范》（GB/T 32610—2016）第一条范围明确规定"本标准适用于防护型口罩"而不是"熔喷布"，该标准只能用于成品口罩的检测。而口罩成品不仅包含一层熔喷布，所以用成品口罩的标准来检测单层熔喷布，结论必然错误，其检验结论不能作为定案根据。

其次，《检验检测报告》所依据的另外一个标准《熔喷法非织造布》（FZ/T 64078—2019）于2020年7月1日正式实施，而《检验检测报告》出具时间是2020年5月15日。也就是说，本案的《检验检测报告》在检验过程中所依据的该标准尚未生效，可见检测机构不认真不负责任，《检验检测报告》不具有客观性和科学性，不能作为定案的依据，一审法院予以采信是错误的。再者，本案的销售行为发生于2020年4月，当时关于熔喷布本身并没有具体的国家标准、行业标准。该鉴定机构根据法不溯及既往原则，不能用2020年7月1日实施的标准来评价该标准实施之前的行为。

最后，《检验检测报告》鉴定方法、论证过程混乱。报告显示断裂强力、断裂伸长率的标准依据及判定为《熔喷法非织造布》（FZ/T 64078—2019），然后《检验检测报告》附页却显示断裂强力、断裂伸长率测试方法和标准均是按《日常防护型口罩技术规范》（GB/T 32610—2016），说明《检验检测报告》在检测标准和方法上前后自相矛盾，极不科学、不严谨。

4. 本案中侦查机关在检材的扣押、保管和送检过程中程序违法，不能排除检材在扣押、保管、送检过程中受到污染，无法保证检材的同一性

一审判决认定本案《检验检测报告》中的检材无纺布B样品（门幅约为26.8厘米）扣押时间为2020年4月15日，但是送检时间为5月5

日，中间间隔20日，未及时送检。《公安机关办理刑事案件程序规定》第二百五十条规定，侦查人员应当做好检材的保管和送检工作，并注明检材送检环节的责任人，确保检材在流转环节中的同一性和不被污染。本案中侦查机关在未及时送检的情况下，未做任何保管和送检记录，无法保证检材在流转环节中的同一性和不被污染。

（三）一审法院没有排除应当排除的证据，证据采信错误

一审法院认定王某具有"明知"的主观故意，证据不确实、不充分。本案中能够证明王某明知案涉熔喷布不合格的证据只有王某在侦查阶段的供述以及同案犯陈某的供述。王某在一审庭审中提交的其与长沙市公安局高新分局麓谷派出所朱警官的通话录音足以证明，本案侦查过程中侦查人员对王某存在威胁、骗供、诱供等情况。

2020年8月4日和9月3日民警朱某所制作的笔录没有同步录音录像，违反办案区"四个一律"规定，取证程序违法，取证前没有告知《犯罪嫌疑人权利义务》，事后补签告知书，笔录内容存在诱供。2021年4月6日讯问笔录内容与2020年8月4日讯问笔录内容高度雷同，尤其是在陈某有无告知其没有合格证和检测报告这一段一模一样，属于重复性供述。根据《最高人民法院 最高人民检察院 公安部 国家安全部 司法部关于办理刑事案件严格排除非法证据若干问题的规定》第五条之规定，重复性供述，应当一并排除。

此外该份笔录的讯问视频画面显示：侦查员多次拍打桌子、多次用手指指着王某（威胁动作），时间长达三分钟左右，王某坐在对面多次摇头。本案王某亦向法庭提交了侦查人员朱某录音，能够合理解释庭审翻供的理由，翻供后与其他证据并不矛盾，反而与卷中客观证据（陈某二次向其发送电子检测报告和检验结果）相互印证，辩护人认为，应当采纳王某庭审供述。

（四）王某在本案中已尽到其认知范围内最大审慎义务，其不可能预见到案涉熔喷布不合格

首先，根据王某和于某某的聊天记录，其多次向于某某求证货物是否合格，而于某某也做了货绝对没问题的承诺。其次，陈某两次向王某发送了熔喷布检测报告，检测报告也显示结论为合格。为进一步确保货物没有问题，王某曾去到陈某的公司实地看货，并且在看到货物包装盒上的"天津××有限公司"公司名称后，专门上网查询该公司的实力并拨打该公司电话予以验证。最后，在交易现场，郭某某派出的人员当场对案涉熔喷布进行了过水、过火的实验，在场所有人一致认为产品是合格的。王某在本案中已尽到其认知范围内最大审慎义务，其不可能预见到案涉熔喷布不合格。

二审辩护策略

整理出以上辩护观点后，我们还检索了大案的案例，打印出四份最有力的类案不起诉决定书。在行业标准信息服务平台查询了检验检测标准《熔喷法非织造布》（FZ/T 64078—2019），并打印截图后，我们拿着这些案例的文件，约见了二审法官和书记员，当面表达了观点；还提交了贵州省安顺市（地区）中级人民法院（2019）黔04刑终104号刑事裁定书、广西壮族自治区北海市中级人民法院（2020）桂05刑终282号刑事裁定书，用类案来辅助说明，如果剥夺或者限制了上诉人重新鉴定的法定诉讼权利，可能影响案件的公正审判，依法应撤销原判、发回重审。

为了二审能够顺利开庭，我们决定暂不提交辩护词，先向二审法庭邮寄了以下文书：

（1）《调取证据申请书》：申请调取《检验检测报告》中检材的扣押笔录、扣押物品清单、扣押物品原物以及辨认笔录。

（2）《调取同步录音录像申请书》：申请调取王某2020年8月4日、2020年9月3日、2021年4月6日讯问笔录同步录音录像。

（3）《开庭申请书》：申请公开审理。

这些申请文书，充分揭示了卷中证据材料的缺陷，使定罪量刑的缺陷充分暴露在二审法官眼中。

成功实现辩护目的，被告人走出看守所

我们一开始担心二审法院不开庭，因为如果不开庭，维持原判的可能性就较大，所以一直没有提交正式的书面辩护意见。但很快，我们收到了

开庭通知。

在开庭前几天,书记员突然给我们打电话,委婉地表达了如果当事人认罪认罚,二审法院会考虑轻缓量刑。我与承办法官电话沟通确认意思表示后,选择相信承办人。在经过与被告人和家属充分沟通、告知风险后,当事人选择同意认罪认罚,因为他很担心,如果继续选择抗争,恐怕一时半会儿出不来。人先出来,一切才有希望。

二审庭审过程很简单,庭审、社区评估、判决下发都很快完成,最终王某被判缓刑。在一个周五的下午,王某走出了看守所。

总　　结

刑事二审程序要想扭转局面,辩护力度要稳准狠,抓住重点,深挖辩点,要努力把刑事程序中的缺陷和实体中的问题暴晒在阳光下,在真枪实弹的博弈中把控好平衡艺术,才能实现当事人的利益最大化。

> **承办律师**
>
> 贾海红,北京炜衡(郑州)律师事务所高级合伙人、刑事部主任,河南省律师协会经济犯罪业务委员会副主任,从业17年,专注于刑事辩护。
>
> 程凯东,北京炜衡(郑州)律师事务所刑事部律师。

40 刑法修正案（十一）出台后，职务侵占的数额标准如何认定

——职务侵占案二审改判纪实

侵占公司 800 多万元，被判十年有期徒刑

A 公司主要从事乐园业务，主要在各个商场开办儿童游乐场。小王是公司的资讯主管，主要从事公司计算机、营运系统等事务。2025—2021 年，A 公司的某中层领导小张主动找到小王和部分门店的店长、员工，合谋将门店收入的现金收为已用。其中，小张购买相关的木马软件，由小王进行后台现金收入修改，门店的店长或者员工将修改减少的现金私自占有并分成。

2021 年某次 A 公司审计发现游乐场的现金收入情况有问题，而后发现小王可能涉嫌职务侵占而报案，小王于 2021 年 5 月被抓获到案。公司被侵占的资金达 800 多万元。本案一审开过两次庭。第一次开庭，公诉机关公诉小王伙同其他员工利用各自的职务便利，通过截取 A 公司门店现金收银、篡改 A 公司营运系统数据的方法，侵占公司财物，事后再按照约定的比例分赃得利，并且认定小张属于主犯，侵占数额 800 多万元。因为正值刑法修正案（十一）出台的新旧法交替期间，公诉机关根据"从旧兼从轻"的刑法适用原则，小王应适用刑法修正案（十一）修订前的《中华人民共和国刑法》第七十一条第一款，属于犯罪数额巨大，法定刑为五年以上尤其凸显，并建议量刑为十年。其中，其他部分被告人适用的刑法修正案（十一）修订后的《中华人民共和国刑法》第二百七十一条。第一次开庭后过了半年，本案进行了第二次开庭审理。在第二次开庭审理时，一审公诉

机关对小王的法律适用进行了变更，认为本案所有被告人均应当适用刑法修正案（十一）修订后的《中华人民共和国刑法》第二百七十一条，小王属于数额特别巨大，应当在十年以上进行量刑，并建议量刑十年。

最后，一审法院认定，小王的数额属于特别巨大，在小王已经将分得的侵占的大部分钱退还且拿到谅解的情况下，建议判处其有期徒刑十年，罚金五万元。一审辩护律师所辩的从犯、部分金额不属于、数额800多万元应认定为数额巨大而不是特别巨大等这些辩护观点均没有被认可。

在找到我们之前，小王的母亲接触了大量的律师，一审就换过三波律师，并且在这个过程中还被骗了大量钱财。小王的母亲在一审时为了退赃，把自己唯一的房子卖了，还把微薄的养老金来补贴给自己的儿媳妇来养孙女，自己则打零工度日。小王虽然错了，他应该承担法律责任，但是本案法律适用确实存在问题，小王的刑罚也确实重了一些，我们也只是希望能够让小王的刑罚与其行为及后果相适应，也希望帮帮这名可怜的母亲。

本案关键——新旧法交替下法律适用存在问题

经过分析发现，该案件最重要的问题就是法律适用存在问题，即数额特别巨大的标准是多少？因刑法修正案（十一）对职务侵占罪的法定刑由两档调整为三档，调整刑罚配置后的升档量刑标准只规定了"数额较大""数额巨大""数额特别巨大"，但相应的追诉数额标准并未予以调整。若小王适用刑法修正案（十一）修订后的《中华人民共和国刑法》，但该金额被认定为数额巨大的情况下，只能在三年以上十年以下的区间范围内进行处罚，那么其在坦白、退回违法所得、谅解这些减轻情节下，应当在十年以下进行量刑，这也是本案的辩护重点。

经过检索大量的案例，我们发现各地法院一般是参照《最高人民法院 最高人民检察院关于办理贪污贿赂刑事案件适用法律若干问题的解释》第十一条的规定来处理的，对于数额特别巨大的标准大多是参照1 500万元的标准来执行的，但是也存在一些职务侵占数额上亿的也认定为数额巨大，很少有将800多万元就认定为数额特别巨大的情况，而且属于同一中级人民法院辖区下的其他法院在当时也有将超过800多万元的职务侵占案仅认定为数额较大。

因此，我们将检索的全国各省市数额在 800 万元以上，并且在刑法修正案（十一）之后判决的案例汇总，并做成两个表格：上海的单独一份、除上海以外的全国各省区市一份。

除了法律适用这个极有可能采纳的点之外，对于从犯、可能应该扣减的金额等其他一审没有认定的情况进行论证，适当地抓大放小，以免说得过多，权重不轻，焦点模糊。

主要辩护观点摘要

1. 一审法院法律适用错误，量刑过重

目前各地法院一般是参照《最高人民法院　最高人民检察院关于办理贪污贿赂刑事案件适用法律若干问题的解释》第十一条的规定来处理的。

（2020）沪 0101 刑初 856 号判决书的法律说理部分是这样描述的：2021 年 3 月 1 日施行的《中华人民共和国刑法修正案（十一）》对职务侵占罪的法定刑由两档调整为三档，调整刑罚配置后的升档量刑标准只规定了"数额较大""数额巨大""数额特别巨大"。同时，根据"贪污贿赂解释"第十一条第一款之规定，职务侵占罪中的"数额巨大"的数额起点是受贿罪、贪污罪相对应的数额标准规定的五倍即 100 万元，在新的司法解释或规范性文件出台前，本院参照该升档量刑标准。本案被告人行为发生在《中华人民共和国刑法修正案（十一）》施行之前，依据"旧法"规定，法定刑在五年以上十五年以下；根据"新法"规定，法定刑在三年以上十年以下，比较"新旧法"关于数额巨大的量刑标准，"新法"轻，"旧法"重，根据"从旧兼从轻"的原则，对被告人适用"新法"，在法定刑三年以上十年以下量刑，并处罚金。这是上海市黄浦区人民法院在刑法修正案（十一）实施后判决的，黄浦区人民法院同为上海市第二中级人民法院的下辖法院。

不仅上海如此，其他地方亦然。

比如辽宁，（2021）辽 0381 刑初 681 号判决书，法院说理部分是这样描述的："刑法修正案（十一）对刑法第二百七十一条进行了修正，根据"从旧兼从轻"原则，本案应适用修正后的刑法第二百七十一条。被告人郝某森职务侵占数额共 1 499 万元，属于数额巨大，其法定刑幅度为三年以上十年以下有期徒刑，并处罚金。"

再比如说广东，（2021）粤0404刑初180号判决书，法院说理部分是这样描述的："被告人蔡某林犯罪行为发生在《中华人民共和国刑法修正案（十一）》实施之前，根据其犯罪数额，适用新法对被告人蔡某林更有利，故依据"从旧兼从轻"的原则，应当适用《中华人民共和国刑法修正案（十一）》的规定，因此被告人蔡某林的行为不构成数额特别巨大（侵占数额为2 024.2万元）"。

根据《最高人民法院统一法律适用工作实施办法》第六条规定，小王案件因《中华人民共和国刑法修正案（十一）》出台后暂无职务侵占罪的相关司法解释，属于缺乏明确裁判规则的，而根据目前的司法实践来看，小王职务侵占数额800余万元应当认定为"数额巨大"而非"数额特别巨大"，应当在三年以上十年以下的量刑幅度内量刑。

正是因为一审法院认定其数额特别巨大，将小王在十年以上的量刑幅度内进行量刑，导致对小王量刑过重。辩护人特将职务侵占金额在800万元以上的判决书进行检索，并且所有的金额，甚至是序号3.职务侵占数额为1个多亿的都认定为数额巨大。此外，辩护人还将相关情节都列入其中，以供法院参考。（仅附上部分）

序号	案号	法院	数额	金额	其他情节	判刑
1	（2022）沪0115刑初121号	上海市浦东新区人民法院	数额巨大	案发后，民警在其住处扣押到标记品名和纯度的袋装、瓶装物品63袋。经鉴定，上述物品中的54袋系纯度合格的泽泻醇A、川续断皂苷乙等提纯物，其中35袋提纯物价值人民币8 488 981元	坦白 认罪认罚 涉案财物全部追缴	有期徒刑三年六个月
2	（2020）沪0106刑初1694号	上海市静安区人民法院	数额巨大	865万余元	坦白 退出部分违法所得	有期徒刑九年

续表

序号	案号	法院	数额	金额	其他情节	判刑
3	（2021）沪0115刑初729号	上海市浦东新区人民法院	数额巨大	117 222 948.43元	自首 部分退赔	有期徒刑十一年
4	（2020）沪0101刑初856号	上海市黄浦区人民法院	数额巨大	942万余元	坦白退赔	有期徒刑五年
5	（2019）沪0115刑初751号	上海市浦东新区人民法院	数额巨大	43 971 076.79元	无	有期徒刑十一年
6	（2021）京0107刑初424号	北京市石景山区人民法院	数额巨大	1 300余万元	无	有期徒刑十二年
7	（2020）京0108刑初1189号	北京市海淀区人民法院	数额巨大	1 273万元	认罪态度好	有期徒刑十年
8	（2021）京0112刑初580号	北京市通州区人民法院	数额巨大	2 585.5万元	自首 认罪认罚 部分退赔 单位谅解	有期徒刑十三年
9	（2021）京0101刑初258号	北京市东城区人民法院	数额巨大	1 000万元	无	有期徒刑九年六个月
10	（2021）浙1102刑初428号	浙江省丽水市莲都区人民法院	数额巨大	2 922.5109万元	部分未遂 与单位达成和解协议，赔偿了单位损失，取得了谅解 当庭认罪	有期徒刑五年
11	（2021）辽0381刑初681号	海城市人民法院	数额巨大	1 499万元	无	有期徒刑七年
12	（2021）粤0404刑初180号	广东省珠海市金湾区人民法院	数额巨大	2 024.2万元	无	有期徒刑十年

2. 小王的坦白对本案帮助极大，应当符合《中华人民共和国刑法》第六十七条第三款的规定

小王到案后就非常配合办案单位的工作，如实供述案情。在单位报案时，单位只了解资讯部的主管，并不了解其他参与人员，是小王在到案后供述了他知晓的其他人员，这对于案件的侦破而言具有非常大的作用。

本案中，小王的坦白是非常清楚、彻底的，于案件的帮助极大，应与其他人的坦白区分。辩护人认为，小王应当符合《中华人民共和国刑法》第六十七条第三款规定的情形，虽不具有自首情节，但是他如实供述自己罪行，并且对案件侦破产生了非常重要有利的影响；也正是因为小王的配合，警方才非常及时抓获了其他各当事人，进而各当事人均退回自己的违法所得，受害单位的损失也得到了弥补，可以评价为"因其如实供述自己罪行，避免特别严重后果发生的"，可以对其减轻处罚。

二审成功改判

二审法院撤销了一审法院判决书中对小王的判决（一审法院判决小王犯职务侵占罪，判处有期徒刑十年，并处罚金人民币五万元），改判小王犯职务侵占罪，判处有期徒刑七年，并处罚金人民币四万元。

本案的典型意义

本案发生于新旧法交替阶段。司法实践中，对于职务侵占罪中"数额特别巨大"虽然大多按照1 500万元的标准来判断，但是不能排除像小王这样的案子出现，实践中依然不统一。

本案二审法院能够在没有明确法律依据的情况下，从最有利于被告人的原则出发，进行改判，说明充分发挥了我国不同审级之间独立审判的优势，最大限度地发现、消除司法错案，实现了案件的公正审理，使得每一名被告人罚当其罪。

承办律师

方园，北京市盈科（苏州）律师事务所高级合伙人、监事会委员、刑事法律事务部主任，江苏省律师协会职务犯罪预防与辩护业务委员会委员，扬子鳄刑辩创始人之一，同济大学刑事辩护研究中心副主任，苏州大学王健法学院实践导师，苏州城市学院城市治理与公共事务学院法学专业产学研项目"兼职导师"，苏州市金阊实验中学校校外辅导员。专注于刑事辩护，执业十年来取得了法院判决无罪、再审改判无罪、检察院证据不足不起诉、证据不足不批捕、公安机关撤销案件等众多有效辩护案例。

41 历经七载,外籍被告人成功保命

一封看守所的来信

2018年3月25日,我收到一封挂号信。看着信封,没有寄信人信息。我觉得很是诧异,因为人们现在已经习惯了使用快递,都不记得有多久没有收到过书信。拆开一看,原来是从看守所寄出来的,还是中英文对照的。

会见和阅卷

我去看守所申请会见路易斯。窗口民警开始还不同意让我会见,我拿出这封信,民警请示领导后,才同意会见。

会见中,路易斯一直在为自己辩解,坚称无罪,他是冤枉的。我认真地听了他的陈述,对案件轮廓有了一个大概的了解。常识告诉我,不能只听当事人的,关键还是要看证据,那就必须阅卷。

案件已经到最高人民法院死刑复核阶段,要联系最高人民法院。根据最高人民法院的分工,刑二庭对应涉外案件。联系内勤,我获得了其助理电话,再联系助理,提出阅卷申请,并确定了阅卷日期。

案　情

起诉书指控:2010年10月份起,被告人路易斯伙同PRINCE(化名Moses,在逃)租下广东省广州市某室,以销售服装、从国外拿服装样板回国为幌,通过李某组织、指挥胡某和刘某、陈某、赖某等人从国外走私毒品海洛因入境。其中,路易斯和PRINCE负责选定受聘人员、办理受聘人员出国签证、订购往返机票、提供国外联系方式和给付受聘人员报酬等;李某负责通过网络招聘出国人员,根据路易斯和PRINCE的指示指挥受聘人员国外的活动安排及报酬发放等;刘某、陈某、赖某、胡某等人均为受聘人员,负责从国外带行李箱回国。

直到案发,受路易斯和PRINCE指使,刘某共赴马来西亚三次、赴菲律宾一次,陈某共赴马来西亚一次,胡某共赴马来西亚一次。三人每次回国均带回一个由国外人员准备的行李箱,上述均放至路易斯在粤租处。

2010年12月11日,赖某受路易斯指派,前往马来西亚吉隆坡。19日,赖某根据安排,在吉隆坡接到一个黑色行李箱后回国。当日20时30分许,赖某随身携带该行李箱乘坐航班由吉隆坡飞抵深圳入境。经检查,深圳机场海关关员在该行李箱底部夹层查获两纸袋淡黄色粉末状物品,疑似毒品,移交南头海关缉私分局处理。经检验,该两纸袋物品均检出海洛因,净重分别为1 073克、1 084克,含量分别为56.43%、67.03%。

2010年12月26日,路易斯被抓获归案。30日,侦查人员对路易斯租处进行搜查,在该房缴获六个行李箱。经对该六个行李箱取样检验,其中五个行李箱采样检验吗啡类毒品阳性反应。

一审判决:经审查查明,2010年10月间,路易斯租下广东省广州市某室,并和PRINCE开设了一间以销售服装为名的公司,而PRINCE的女朋友李某受路易斯和PRINCE的指示在网络上发布招聘雇员出差到东南亚国家为公司带回货板的广告。包括赖某在内的多名人员到该公司面试应聘,受聘后接受路易斯和PRINCE的指派到马来西亚和菲律宾等国,带回装有衣服样板的行李箱交给路易斯或PRINCE。2010年12月11日,赖某受路易斯指派,前往马来西亚吉隆坡。19日,赖某根据安排,在吉隆坡接到一个黑色行李箱后回国。当日20时30分许,赖某随身携带该行李箱乘坐航班由吉隆坡飞抵深圳入境。经检查,深圳机场海关关员在该行李箱底部夹层查获两纸袋淡黄色粉末状物品,疑似毒品,移交南头海关缉私分局处理。经检验,该两纸袋物品均检出海洛因,净重分别为1 073克、1 084克,含量分别为56.43%、67.03%。

二审判决:经审理查明,2010年10月间,上诉人路易斯承租广东省广州市某室，和PRINCE开设以销售服装为名的公司。受路易斯和PRINCE的指使，李某（已判刑）在网络上发布招聘广告，雇请员工出差到东南亚国家为公司带回衣服样板。同年11月中旬的一天，赖某来到某室应聘，经李某和路易斯面试后，路易斯决定雇请赖某。同年12月11日，路易斯指派赖某前往马来西亚吉隆坡带回衣服样板。12月19日，赖宇在马来西亚吉隆坡从他人处接收一个装有衣服样板的黑色行李箱，乘坐航班从深圳机场入境。当日20时30分许，赖某随身携带黑色行李箱入境，深圳机场海关关员在该行李箱底部夹层查获两纸袋淡黄色粉末状物品，经检验，该两纸袋物品均检出海洛因，净重分别为1 073克、1 084克，含量分别为56.43%、67.03%。

路易斯自述：路易斯在侦查阶段、一审、二审均否认控罪。在我多次会见中，也一直称自己是冤枉，坚称无罪。路易斯2008年从尼日利亚来到广州，从事电子产品和服装生意，出口到非洲国家。在2010年10月，路易斯在广州租下一家商铺，专门从事服装生意。路易斯有一个中国女朋友阿琳（即判决中的陈某），两人同居。在路易斯租住房间里，还有一个合租黑人室友Kingsley，Kingsley介绍Moses认识，Moses是几内亚人。在Moses的要求下，路易斯把自己的店铺，分租了一部分给他。Moses有一个中国女朋友李某，英文名叫Sophia，两人也同居在一起。路易斯对招聘人员的事情毫不知情，也没有指使受聘人员从国外携带服装样板，这些人员都是李某招聘的。

对其租处另外一个房间查获的六个行李箱，路易斯称是Kingsley的，并且，他也没有帮赖某办理过机票和签证。

案例检索：这期间，我也上网检索了类似的案例，才发现在我国，有许多女性，被非洲被告人指使，去国外贩毒的案件。甚至，还有中国女性被非洲男友诱骗贩毒在东南亚等国抓获后，被判处死刑。

路易斯案件也是这样的案件。从这些网上的舆论来看，对路易斯是非常不利的。一审判决认为："被告人路易斯指使他人携带毒品海洛因走私入境的数量达2 157克，并是利用中国公民帮助他从国外走私毒品，将走私毒品的风险及责任转嫁给中国公民，并企图以此逃避中国法律的处罚，动机卑劣，主观恶性大，社会危害性大，是罪行极其严重的犯罪分子，应适用死刑。"

提交法律意见

一般的刑事案件，拿到案卷后，我会准备阅卷笔录、质证意见、发问提纲、举证提纲、辩论提纲五份材料，再起草辩护词草稿，结合庭审情况，最终确定辩护词并提交。但这起案件，已经是死刑复核阶段，不会开庭，只能提交书面辩护意见了。

写好辩护意见后，打电话预约法官。定好时间后，我再一次来到最高人民法院（第二办公区）。这次接待我的是一名助理，我递交了辩护意见，他收下意见，也作了一份简单的笔录。这也是唯一的一次面见约谈的机会。

他告诉我，案件中的另外一名外国被告人 Kingsley，已经核准死刑了。我把这起案件的几处硬伤，逐一向他陈述，他说会把我的意见告诉承办法官和合议庭。

法律意见书主要内容如下：

（1）同案被告人前后的供述存在矛盾

本案被告人李某是 PRINCE 的女朋友，参与了全部犯罪，虽然分案审理，但其多次供述，不但反复，且自相矛盾，比如对于招聘赖某等人的供述，存在反复和矛盾；对于和 PRINCE 交往过程的供述，存在反复和矛盾。

（2）证人证言与被告人供述之间存在矛盾

本案证人对于购买飞机票、招聘等过程的描述与其他被告人供述矛盾，也与路易斯的供述不一致，说明他们对于路易斯参与案件，认知不同，路易斯存在未实际参与的可能性。

（3）辨认笔录不能作为定案依据

辨认应当混杂辨认，但实际上辨认笔录的照片，并不是特征一致的照片。路易斯是黑人，应当将其照片混杂在一群黑人照片中进行辨认，但在辨认笔录中，路易斯的照片混杂在一群印度、巴基斯坦人照片中，这种辨认结果不能成为定案依据。这组辨认照片，应用于跨越不同时间的不同的案件、多个被告人的辨认过程。

因此，辨认不是混杂辨认，存在诱导。

（4）笔迹鉴定结果不可靠

笔迹鉴定的检材不是原件，而是复印件，鉴定结果当然不可靠。

（5）遗漏了重要事实没有调查清楚

被告人路易斯在广州做服装生意，并提供了一些经营线索，但办案机关并未对此进行查证。其还称，去过当地公安机关办理护照，办案机关也未进行核实。路易斯对自己行为提出的这些合理解释和辩解，均未得到办案机关的理睬。

（6）本案重要被告人没有到案

本案还有一位重要的被告人 PRINCE，即使在路易斯被抓后，这个贩毒网络还在运行中，此人多次逃脱公安机关的抓捕。其未到案，证实路易斯参与贩毒的证据链就存在缺陷，形成不了闭环，而且路易斯的作用无法确定。

漫长的等待

接下来的几年，都是漫长的等待。其间也打通过法官助理的电话沟通，后续还提交了两份辩护意见，对第一次的意见进行补充和加强。

在这期间，路易斯从深圳市第三看守所转到了第一看守所，后来路易斯再从深圳市第一看守所转到宝安看守所。算起来，他在三看羁押9年，一看羁押2年，宝看羁押2年。

路易斯说自己表现很好，能够帮助管教与羁押在看守所的外国人沟通，这点也得到了管教的认同。我也曾经尝试让看守所出具一份路易斯表现好的情况说明，但未获成功。

向最高人民检察院申请监督

时间到了 2023 年 8 月，此时路易斯已经羁押满 12 年半，死刑复核期间，虽然他被转移了三次，但没有法官提审。这样等待下去不是办法。

根据《中华人民共和国刑事诉讼法》第二百五十一条的规定："在复核死刑案件过程中，最高人民检察院可以向最高人民法院提出意见。最高人民法院应当将死刑复核结果通报最高人民检察院。"最高人民检察院对死刑复核有监督权。最高人民检察院为此颁布了《人民检察院办理死刑第二审案件和复核监督工作指引（试行）》。

既然最高人民法院迟迟不作出裁定，那就可以申请最高人民检察院监督。我起草了申请书，会见路易斯让他签字按手印，2023年9月，以路易斯的名义，向最高人民检察院邮寄了监督申请。

最高人民检察院在三个月的期限内回复了意见，在这份意见里，提到最高人民法院早在2021年12月17日，就已经不核准死刑了。

我在2022年到2023年多次会见路易斯的时候，他都告诉我，他既没有法官提审，也没有收到任何不核准的法律文书。2023年10月8日我收到路易斯从看守所寄来的信，他也没有提到不核准的判决。

这非常奇怪。

信　访

收到这份《刑事申诉结果通知书》后，我立即在网上申请会见，却没有成功，打电话到看守所，得到的答复正准备送监服刑，目前不接受会见。我就问，执行通知书是什么时候下来的，回答是2023年11月。最终，经过争取，看守所还是同意了我的会见申请。

会见时，路易斯告诉我，他是2023年11月8日收到不核准判决，11月18日，收到执行通知书。12月15日曾经被送到东莞监狱，因为黑人太多了，又退回了看守所。他仍然坚持自己是无罪的，还会继续申诉。

我比较好奇的是，既然2021年12月17日就出了不核准裁定，为什么直到2023年11月8日才送达，又为什么不送达给辩护律师？

联系最高人民法院，让找广东省高级人民法院；联系广东省高级人民法院，没人接电话；打12368，也查不到相关案号，让我去广东省高院当面查询。再联系深圳市中级人民法院，也是不知道找谁。

打了一天的电话，就是不知道该找谁领取这份最高人民法院的判决书？

第二天，我就直接到了深圳市中级人民法院，拿了号，填表信访。

信访室里的一名女法官接待了我，收了我的材料，说会转刑庭处理。第二天，我就收到短信通知。

再后来就有一名助理联系我，要了我的地址，又过了几天，我终于收到了这份努力了几年的判决书。

一封来自监狱的信

案件算是告一段落了，虽然没有达到路易斯要求无罪的结果，但最高人民法院没有核准死刑，也算是取得了初步胜利。我知道刑事案件申诉的路非常艰难，特别是一个死刑案件，申诉无罪，难度更不是一般。

路易斯后来被送番禺监狱服刑，他到了后，也是立即给我写了封信来，他在国内没有亲人，这是把我当成他的家属了。

这起案件的办理，以一封信开始，再以一封信结束。不对，这封信其实也是另外一个开始。刑事辩护的路上，也只能一段一段地走，永不停息。

承办律师

翟振轶，湖北人，曾任职某地公安局15年，多次立功受奖。从事专职律师19年，现为北京市盈科（深圳）律师事务所高级合伙人，金融犯罪法律事务部主任。广东省律师协会经济犯罪辩护专业委员会委员，深圳市律师协会金融犯罪辩护法律专业委员会委员。执业期间，承办大量刑事案件，有多份无罪判决及不起诉决定书。《企业跨境法律纠纷应对之道》《刑事有效辩护案例精选》联合编写人，《常见证券犯罪辩护要点实务精解》主编。

42 倒贴成了"诈骗",史上最倒霉的"诈骗犯"

—— 诈骗案从实刑改判合同诈骗并刑期"实报实销"

离奇的"诈骗"、可恨的骗子

这是一场非常离奇的诈骗案。我们是在案件二审阶段介入的。在第一次和当事人母亲见面时,在其断断续续的哭诉中,了解到案件的情况:她的女儿小安为了和朋友小叶搞好关系,自己倒贴钱卖电子产品给朋友,朋友又介绍别的朋友在她这边买,其中包括本案的报案人小亮。最后,在小安经济情况再没法支撑她继续发货时,她给小亮打了张借条,不料小亮报警,小安被抓。

那一天的接待,不仅仅是一场法律咨询,更是一位母亲内心长久压力的释放。小安是一名土生土长的上海姑娘,家境尚可,作为独生女的她获得了父母所有的关注、疼爱,是全家的中心。小安踏入社会后曾因为深陷"套路贷"赔了家里的一套房,现在又因为诈骗案,使父母不断奔波于上海、LC市两地,向受害人赔钱求谅解。因为小安身患恶疾(干燥综合征、白细胞减少症等)、牙齿几乎脱落,无法适应LC市以馒头为主的饮食习惯,头顶的大肉痣又急需手术,而当地医疗情况又不允许。在焦急、悲伤中,小安的母亲又在LC市遇到骗子被骗数十万元。

因为案件一审已经结束,我们提出要查阅判决书,怎料小安母亲说判决书她没有,当时的律师只是给她们看了看,说不能给她,甚至她对于一审律师是哪个律所、叫什么名字都不清楚。在小安母亲断断续续的哭诉中，我们了解了案件始末。小安被 LC 市抓捕后，小安父母急切难当，第一时间赶往当地。其间一女子主动找上小安的父母，说了小安的情况，并说能把小安救出来，并索要了很多钱财，在整个过程中，不仅以救小安来骗钱，还以给他们看风水、看面相等一系列封建迷信来骗取财物。

在听完小安母亲的介绍后，我们初步认为，小安并不构成诈骗。刑法上的诈骗要求以非法占有为目的，采用欺骗事实、隐瞒真相等诈骗手段，使受骗人陷入认识错误，并基于该认识错误而作出处分行为，并遭受损失。因此，行为人的诈骗行为与受骗人的受骗结果必须具有因果关系，受骗人的受骗结果与受骗人的处分行为必须具有因果关系。

小安与他人进行电子产品买卖交易。作为商业交易而言，商业交易的行为人或多或少会对自己的背景、身家、实力、资源、渠道等做一些虚假的或者夸大的宣传，因为这样能加大交易者的信任度，促成交易。但是，这只是商业交往中的不诚信行为，不能算作刑法上的诈骗。因为，只要商业交易的行为人只是为了促成交易，进而全面履行自己的义务，那么整个交易就是没有任何问题的。

小安也是一样。她虽然说她母亲有低价获得电子产品的渠道，但是，她在之后的交易过程中都是按照低价将正品电子产品卖给其他人，她履行了自己买卖合同中的货物交付义务。尽管之后因为资金问题，小安没能继续发货，但是，她给小亮打了借条。小亮可以通过民事诉讼的方式维护自身合法权利，要求小安退还未发货的货款或者是继续发货给付的义务。如果类似这样的买卖合同，只要一方没有完全发货，他在缔约的过程中有一些夸大或者虚假宣传，就是诈骗。那么，商业社会也太危险了！

即使要认定小安的行为属于诈骗行为，以合同诈骗罪来定性似乎更加准确。特殊优于一般，小安的行为是在签订、履行合同的过程中发生的，并且本案所认定的涉案财产也是与合同的签订履行相关联的。所以，即使要认定小安构成犯罪，其也应当认定为合同诈骗罪。

退一万步来说，虽然一审法院认定小安诈骗，但是诈骗金额不大，只有十余万元，而且钱款全部退还并取得了受害人的谅解；并且，小安身体情况无法羁押，其一直在监管医院治疗，病情越治越重，且花费的是当地财政费用。小安的情形符合判缓刑的条件,而且从实践情况来看,也应当判缓刑。但令人意外的是,小安一审仍被判三年有期徒刑。

新冠疫情下的会见之路

因为小安母亲对于案件情况并不清楚,只是听说要上诉,上诉状是否提交,有无立案,她都不清楚。接受委托后,我们联系一审法院后又联系了二审法院,确认有无上诉、二审有无立案、电子和纸质卷宗是否移送、什么时候能够阅卷、一二审过渡期监管医院如何会见、预约二审法官等。

因恰逢上海当时新冠疫情,小安因为身体原因被羁押在监管医院中,案件也处于一二审过渡期间,经过多方协调,我和周小羊律师只能在上海在线远程会见了小安。小安为了和好朋友小叶搞好关系,自己贴钱用正品市价买电子产品后再差不多以市价的一半卖给她。之后,小叶的朋友小亮也通过小叶按照同样的方式向小安买电子产品。后来实在是小安的经济能力无法支撑,才没能给小亮发货,她也没想跑,而是给小亮打了借条。怎料最后小亮报警她就被抓了。她一被抓就把情况全部交代了。在提审时,提审人员曾和她说,承认自己故意骗小亮,她就没事了。但是,她怎么也没有想到自己会被关这么久,一立案家里就给了很多钱给小亮,小亮还出了谅解,但仍被判了三年的实刑。

小安的牙齿因为干燥综合征掉了好多,LC市主要都是吃馒头,所以她基本吃不了。头顶上的肉痣,一碰就很痛,医生建议手术,但是因为她白细胞减少,LC市的医疗水平达不到手术要求。会见时,我们发现,她的状态挺好,很乐观。

与二审法官的沟通顺畅

案件立案后,因为对二审法官的姓名感觉有些熟悉,检索后发现其竟然是某知名案件的一审法官。当年某知名案件的当事人一审被判无期徒刑,法官也遭受了诸多舆论压力,也不知对于此案,法官是什么样的看法。

阅卷后,辩护人和法官一再强调从正常的逻辑和常情常理来看,小安都应当是无罪的,哪有"贴钱"还能变成诈骗,而且一审认定的诈骗金额只有十余万元，这个金额不多，案件逮捕前就退还给了所谓受害人，并取得了谅解，在小安身体如此情况下为何会逮捕，一审还判了实刑？值得庆幸的是，从第一次开始，辩护人和法官的沟通就非常顺畅。

经过基本阅卷，辩护人发现本案不仅存在实体问题，连基本的管辖权也存在争议，而且，本案中小叶和所谓的受害人小亮实际上才具有犯罪的故意。不过，正如会见中小安自己提到的，她曾被骗供，其笔录中确实有一些不利的点，但我们认为，这并不能让诈骗犯罪超越法律规定的范畴，也无法打破正常的逻辑判断和常情常理分析。在此基础上，我们初步拟定了辩护意见提纲。

拟定十大辩护意见

（1）LC市对本案无管辖权。因为犯罪行为地包括犯罪行为发生地和犯罪结果发生地，很多人就把受害人所在地宽泛地理解为犯罪结果发生地。但是，根据2000年公安部在受害人居住地公安机关可否对诈骗犯罪案件立案侦查问题的批复中明确规定：诈骗犯罪案件的犯罪结果地是指犯罪嫌疑人实际取得财产地。除诈骗行为地、犯罪嫌疑人实际取得财产的结果发生地和犯罪嫌疑人居住地外，其他地方公安机关不能对诈骗犯罪案件立案侦查，但对于公民扭送、报案、控告、举报或者犯罪嫌疑人自首的，都应当立即受理，经审查认为有犯罪事实的，移送有管辖权的公安机关处理。而LC市仅是被害人居住地，该地对诈骗案件没有管辖权。

（2）小安"高买低卖"的目的是取悦好友，这是案件的总背景，不能把小安与小亮的交易单独割裂出来评价，事实上割裂出来了金额也无法查清。在整个"高买低卖"的交易中，小安贴了很多钱。如果贴钱也能认定为是"非法占有目的"，那小安可谓是"史上最倒霉的诈骗犯"。

（3）一审将小安与小亮的交易割裂出来评价，导致金额（支付金额、发货价值和涉案金额）认定事情不清、证据不足。小安向小叶发的货包不包含小亮的？因为小亮的款项大部分是由小叶转手打给小安的，一审认定的发货里面没有包含。而小叶也在向小安买货，小叶还在她转手的交易里面赚钱，一审的金额认定明显依据不足，实际上如果不将所有交易（包括小叶等人）整体进行核算和审计，小亮和小安的交易金额只能是笔糊涂账。

（4）小亮、小叶等人主观上有恶意，这么低的正品电子产品要么是赃物，要么是倒贴，不可能不清楚。从笔录上看，小亮的内心其实怀疑是赃物，所以小亮有收赃的恶意。

（5）一审按照小安和小亮约定的价格（原价的半价或更低）来计算发货价格，是不能成立的。同上一点理由，该电子产品的正品价格的半价甚至更低是谁也拿不到的，小亮即使通过民事诉讼来主张权利，这个价格也会被认定为显失公平，就好比借贷利息虽然双方合意，但是过高的利息部分也得不到法院的支持。刑事涉案金额的认定标准必然高于民事标准，一审的金额认定不能成立，违反常识。

（6）涉案金额不大，且小安作为上海本地人，家里经济条件尚可，小亮与小安之间的争议可以通过民事诉讼途径解决，小亮根本就没有打赢官司执行不了的担忧。就这么点事情，把小安羁押了这么久，身体也羁押垮了，很过分。

（7）即使构罪，一审的法律适用也是错误的，明显不是诈骗罪，而应该是合同诈骗罪。

（8）羁押给小安带来了巨大的伤害，她的身体情况很不好，其干燥综合征非常严重，口腔内牙齿基本掉光，而监管医院以馒头为主食，其进食非常困难，又非常缺乏营养。小安的头顶还有一颗不断增大的肉痣，触碰非常疼痛。LC市第四人民医院诊治后认为，该肉痣需要手术割除，但因小安白细胞减少症，担心手术出现感染，无法给其手术。就是基于天理人情，也应立即取保候审。

（9）逮捕之前小安家人就让小亮最大限度赚了钱，本案小亮其实不是被害人，是最大受益人，他在批捕前就出具了谅解，但是检察院依然逮捕，一审依然判实刑。无法理解，不能接受。

（10）据小安家人讲，因为这个案件她家在LC市当地被骗了好几十万元，对她们家是双重重击。

现实情况下，辩护策略的妥协

对于本案我们原本坚决采用无罪的辩护的思路，但是也清楚地认识到：小安的病情严重亟须治疗，小安本人希望尽早出来恢复自由，其家人也只希望她能早日出来。那么，作为辩护律师，不能只想着无罪辩护，也要综合考虑实际情况，要重视当事人和其家属的目的。在这样的情况下，我们尊重小安及其家人的意愿，确定了以早日出来为终极目的的辩护方案。

通过数份的书面取保候审申请和无数的电话沟通，我们非常诚恳地向法院表达，小安有罪与否最后都是法院判，她的病情紧急迫切需要得到有效的治疗，继续羁押对她的生命安全有极大的现实威胁，而且监管医院也是如此意见。从沟通中，我们明白了法官的意思，他虽然理解也认可我们的意见，但是一审判实刑的案件他必须得协调各方的意见，而目前检察院方的意见是不同意。经过数次与法官关于取保的拉锯战，我们得到了一个不大好的消息，在二审结束前，小安不可能离开 LC 市。

二审法官告诉我们，二审案件直接判决无罪可能性不大，如果坚决对小安的案件作无罪辩护，因为小安的案件确实存在问题，他会将此案发回重审。

这是我们最为担心的问题。如果是其他案件，发回重审，我们没有任何顾虑，可以继续无罪辩。但是，小安的身体情况不允许。她和她家人也很早表达了其最大的目的就是尽早出来。果不其然，和小安母亲沟通时，小安母亲还是表示希望小安尽早出来，并不要求无罪。辩护人也向她进一步解释，法官话语中表达的这个案件别的走向，比如说缓刑和刑期"实报实销"。

不可预料的是，正好碰上上海新冠疫情。法官数次电话和我们沟通，提出提供上海司法所的社会调查函电子版，就可以根据程序改判缓刑。但是当时情况特殊，双方数十天内各种电话沟通无果。

无社会调查函，改判刑期"实报实销"

因为，没有上海司法所的社会调查函就无法改判缓刑。某一天，我们收到了 LC 市的电子文书，将小安改判合同诈骗，刑期"实报实销"，有期徒刑一年。从律师角度来看，本案不作坚决的无罪辩护稍显遗憾，但是刑期"实报实销"比缓刑的结果要更好一些，它没有那么长时间的缓刑考验期。而且，这样的结果也不用担心小安回上海后的社区矫正等现实问题，她可以安心接受治疗。

没有硝烟的战争最可怕

大多时候，刑辩律师的工作很难在判决书中全面的展现出来，刑辩律师很难从案件中获得成就感。

当时因为新冠疫情原因，线下开庭很难协调，对于本案，我们和与法官的沟通非常真诚。我们也为开庭做了充分的准备，还申请了本案所谓受害人小亮出庭作证，也一直和法官沟通取保。最后，本案二审虽然没有经过开庭审理，但是争取到改判刑期"实报实销"的结果。

承办律师

吴正红，北京盈科（上海）律师事务所执业律师，同济大学刑事辩护研究中心联席秘书长，苏州城市学院兼职导师，扬子鳄刑辩秘书长，长三角刑辩人才工程优秀刑事律师，民革文教三支部委员，获得第三届律师学术大赛"辩护词"类三等奖。

王凤琪，北京盈科（上海）律师事务所实习律师，扬子鳄刑辩团队成员，西北政法大学刑法学硕士、优秀毕业生，获得校级优秀硕士学位论文奖。